Mayong

Ce 10/06/88

Mme Madeleine Gérin,

Pour ce séjour à l'hôpital prenez du repos et reprenez le dessus au plus tôt, afin de vaquer sans tarder à toute vos activités.

Prompt Rétablissement

Jacques.

Sur la route de Nairobi

James Fox

Sur la route de Nairobi

Traduit de l'anglais
par Éléonore BAKHTADZÉ

Presses de la Renaissance
37, rue du Four
75006 Paris

ISBN 2-85616-448-X H 60-3500-0

Table

Première Partie

Le meurtre

Deuxième Partie

A la recherche de la vérité

Remerciements

Je dois une reconnaissance particulière à Francis Wyndham, Tom Mascler, Cloe Fox, Joanna Bridge, Faith Evans, Jonathan Galassi et Fred Seidel. Et, bien sûr, à Cyril Connolly.

Je voudrais aussi exprimer mes remerciements les plus sincères à tous ceux qui m'ont fait part de leurs souvenirs et de leurs conseils, qui m'ont aidé et bien souvent m'ont généreusement hébergé, aussi bien en Angleterre qu'au Kenya, lors de mon voyage dans ce pays en 1979 : David Allen, Jim Allen, Lady Altrincham, Hermione Baddeley, Sandy Birbeck, Anstis Bewes, Jack et Doria Block, Sir Michael Blundell, Patricia Bowles, Sir Evelyn et Lady Delves Broughton, Lady Elizabeth Byng, Julian Byng, Juanita Carberry, le comte de Carnarvon, Bruce Chatwin, Lady Clark, Quentin Crewe, Lady d'Avigdor-Goldsmid, Hugh Dickinson, Nina Drury, Dicky Edmondson, Lady Erskine, Charles Erskine, Francis Erskine, Mary Ann Fitzgerald, Alastair Forbes, Udi Gecaga, George Githii, Alfred Harwich, Cockie Hoogterp, Alan Horn, Sir Charles Johnston, Tim Jones, Deirdre Levi, Paula Long, Beryl Markham, Sir Iain Moncreiffe of that Ilk, Lady Mosley, Mark Peploe, Lady Antonia Pinter, Peggy Pitt, Benjamin Pogrund, Arthur Poppy, Peter Quennell, Tessa Reay, Dushka Repton, Mirella Ricciardi, Sylvia Richardson, Pamela Scott, Sir Sacheverell Sitwell, Louise Stjernsward, Xan Smiley, Dan Trench, Errol Trzebinski, Sbish Trzebinski, Humphrey Tyler, Lady Jane Wellesley, Martin Wilkinson, Stella Wilkinson, Marie Woodhouse.

Je voudrais aussi remercier Xan Smiley de m'avoir autorisé à reproduire des extraits du journal de sa grand-mère, Lady Francis Scott.

Et par-dessus tout, ma reconnaissance particulière va à Diana, Lady Delamere, pour avoir accepté de me parler des événements de 1941.

J. Fox, 1982.

Introduction

Le 24 janvier 1941, alors que la Grande-Bretagne se relève tant bien que mal des ravages du Blitz, on découvre aux premières heures du jour, gisant sur le sol de sa Buick accidentée à un carrefour non loin de la ville de Nairobi, le corps de Josslyn Hay, comte d'Erroll. Il a été tué d'une balle en pleine tête. Les deux Africains qui ont aperçu les premiers la voiture dans l'herbe au bord de la route, presque sur le flanc et tous phares allumés, n'ont pas vu trace de l'agresseur.

Lord Erroll était grand connétable héréditaire d'Écosse et, par préséance, premier sujet écossais après les membres de la famille royale. A l'âge de trente-neuf ans, il était l'une des figures marquantes de la communauté coloniale au Kenya et venait d'être nommé secrétaire d'État aux Affaires militaires pour la colonie. Il avait la réputation d'un séducteur de femmes mariées, et tous ceux qui l'ont connu, y compris à l'époque de son adolescence à Eton, évoquent son charme et sa prestance. Au moment de sa mort, cela faisait cinq ans à peine qu'Erroll poursuivait un objectif un peu plus sérieux que le plaisir, et l'on voyait déjà en lui le chef de file des colons blancs du Kenya.

Ceux qui ont une bonne raison de tuer Erroll sont alors nombreux au Kenya, ainsi que ceux qui en ont eu l'occasion cette nuit-là. Cependant, personne n'a été condamné pour ce meurtre. Qui l'a tué ? Qui a tiré à ce carrefour des environs de Nairobi ?

Cette mystérieuse affaire, qui a défrayé la chronique après la guerre, jette une lumière crue sur les mœurs licencieuses de la communauté blanche du Kenya à une époque où la Grande-Bretagne et l'Occident se débattent au bord du gouffre.

On a tué Erroll le jour même où, à Nairobi, l'armée britannique part repousser d'Abyssinie les troupes mussoliniennes. C'est Erroll, justement, qui au titre de secrétaire aux Affaires militaires, a été chargé de rassembler les troupes africaines et européennes en vue de cette campagne. Les troupes britanniques ont été évacuées de Dunkerque en mai-juin 1941, les villes britanniques bombardées, et cela pèse lourd sur la conscience de la communauté blanche du Kenya qui ne participe à l'effort de guerre que marginalement.

Les Blancs du Kenya voient donc d'un mauvais œil défiler devant les tribunaux toute la haute société de Nairobi, dont les frasques font la une des journaux à côté des nouvelles du front. « Un noble séducteur en prend pour son grade », peut-on lire en première page d'un grand quotidien.

Les colonies ont déjà en Grande-Bretagne et aux États-Unis une réputation de dépravation que cette affaire vient renforcer. Ainsi voit-on renaître la légende de la « Vallée joyeuse », cette partie des White Highlands (les hauts plateaux des Blancs) où depuis les années vingt se réfugient pour y vivre selon leur fantaisie toute sorte d'aristocrates en rupture avec leur milieu d'origine pour une raison ou une autre.

Erroll, précisément, et Lady Idina Gordon (sa future épouse) forment depuis l'origine le centre de gravité de la Vallée joyeuse où Idina s'est installée dès 1924. Les voyageurs anglais décrivent alors à leur retour du Kenya des divertissements étonnants au milieu d'un paysage enchanteur, en compagnie d'hôtes de marque servis par une myriade de domestiques.

A New York et à Londres, le bruit se répand que des membres de la haute société mènent dans les Aberdares une vie dissipée, consacrée à la poursuite des plaisirs les plus voluptueux. Vallée joyeuse est devenu synonyme de luxure. On parle, en termes souvent exagérés par la rumeur, d'orgies interminables, d'échanges de femmes, d'ivrognerie, de folles séances de déshabillage. C'est, dit-on, un subtil mélange d'alcools qui coule dans le lit de la rivière Wanjohi, et la plaisanterie : « Êtes-vous marié ou bien vivez-vous au Kenya ? » court de bouche en bouche dans divers milieux, avant de s'épuiser, victime de son propre succès. Avoir connu la Vallée joyeuse de près ou de loin signifie que l'on s'est rendu coupable des passions les plus perverses.

Après le meurtre d'Erroll et le scandale qui a suivi, rien ne sera plus jamais pareil dans la Vallée joyeuse. Pour les Blancs du Kenya, le charme est rompu. Fini la belle insouciance avec laquelle ils folâtraient depuis plus de trente ans !

Cependant le mystère demeure entier ; il s'est même épaissi et continue d'exercer une fascination étrange sur tous ceux qui s'interrogent à propos de ce meurtre. Ce qui reste de la communauté blanche au Kenya en parle aujourd'hui avec la même passion qu'au lendemain du drame. Le virus des conjectures s'est répandu et sur place, nombreux sont les gens ayant leur idée sur la question. On cite plusieurs personnes qui connaîtraient seules la solution mais n'accepteraient à aucun prix de divulguer leur secret. D'autres, tel un ancien gouverneur du Kenya, se sont rendus célèbres, là-bas, en promettant de livrer la clef de l'énigme dans leur testament, sans que le jour venu les exécuteurs testamentaires y aient jamais rien trouvé. Une grande part de cette tradition orale souffre de déformations folkloriques et chaque version se présente avec énergie comme la seule authentique, un préalable auquel on n'échappe jamais si on aborde le sujet au Muthaiga Country Club.

Le mystère est fascinant au point d'avoir dominé les pensées d'un homme de lettres aussi distingué que Cyril Connolly pendant dix ans. Au printemps 1969, alors que je faisais partie de l'équipe rédactionnelle du *Sunday Times*, Connolly et moi avons décidé, vingt-huit ans après les faits, de mener l'enquête à notre tour pour ce magazine. Nous avons alors découvert que tout ce qui avait été écrit sur le sujet, y compris le seul livre qu'il avait inspiré, s'appuyait exclusivement sur les annales du procès, sans rien ajouter de nouveau et sans proposer de meilleure réponse que celle offerte en 1941 par la haute cour de Nairobi. A notre grande surprise, personne n'est revenu aux sources premières, personne n'a pris en compte ou même seulement écouté la rumeur publique, et personne n'a entrepris de combler les vides criants qui parsèment les témoignages recueillis par la police judiciaire de Nairobi dans les semaines qui ont suivi le meurtre.

Notre article intitulé « Noël à Karen » est en fait le prélude à une autre enquête infiniment plus longue. Il a provoqué des réactions inattendues, éveillé des souvenirs et engendré dans la foulée une masse de témoignages nouveaux. Ainsi avons-nous été entraînés de plus en plus loin. Car Connolly, en véritable critique littéraire, allait jusqu'au bout de ses obsessions. Les volumes de notes qu'il m'a légués en témoignent abondamment. C'est d'ailleurs en les feuilletant, peu après sa mort en 1974, que je me suis repris d'intérêt pour l'affaire qui était au centre de nos préoccupations l'année de la préparation de notre article pour le *Sunday Times*, lorsque je jouais les Watson auprès de Connolly-Holmes. J'ai décidé alors de reprendre la piste sur laquelle nous nous étions engagés ensemble.

Cette énigme qui nous fascinait tous les deux, Connolly l'abordait en romancier, persuadé que la solution émergerait de l'étude des caractères. Mais l'affaire réveillait également son aversion mêlée d'envie et de curiosité pour le beau monde des années trente et pour l'aristocratie titrée et liée à un réseau dense de parentèle. Il consultait le *Debrett's* avec une révérence de bénédictin penché sur l'Ancien Testament.

Connolly trouvait en particulier très séduisant le fait que plusieurs protagonistes de l'histoire, parmi lesquels Lord Erroll, avaient fréquenté Eton à la même époque que lui, l'Eton qu'il dépeint dans *Enemies of Promises.* Ces personnages, il les retrouvait en outre au milieu des paysages grandioses de ce Kenya qui lui avait inspiré tant de pages éloquentes, coïncidence qui ne manquait pas de stimuler son imagination.

Sous la surface, gît un autre filon d'une grande richesse : l'histoire étonnante de l'aristocratie britannique au Kenya, plus ou moins livrée à elle-même, partagée entre les traditions de la vieille Angleterre et les coutumes africaines, sous l'influence conjuguée du climat tropical et des hautes altitudes. Les colons britanniques gardent leurs distances, toujours sur la défensive, déterminés à voir l'Afrique courber l'échine devant eux. Ils placent au-dessus de tout leurs privilèges de classe ; et l'Afrique doit accepter sans sourciller ces règles importées de toutes pièces, ainsi que l'étiquette, le train de vie, le service minutieux que requiert leur rang. Ils martèlent infatigablement à l'intention de leurs serviteurs les quelques leçons cruciales : comment disposer l'argenterie, chauffer l'eau et ne jamais manquer de respect à Sa Majesté le roi George... Les Africains réagissent à cette incursion par une infinie patience, cela souvent à la très grande fureur des *memsahibs*, qui les croient nonchalants, de mauvaise volonté ou simplement stupides.

L'Afrique est dans l'imaginaire des colons un pays redoutable qui incite à la violence et aux sentiments extrêmes tandis que se libèrent les désirs enfouis. Il y a, tout au fond, la peur inconsciente d'être incapable de garder son rang, celle de trahir sa patrie et sa classe pour « retourner à l'état sauvage ». Quelle forme peut prendre cette descente aux enfers ? Personne n'a jamais su formuler clairement la réponse à cette question.

Comme la plupart des Anglais exilés vivant en groupe, les colons connaissent souvent ce sentiment étrange de « marginalité ». Beaucoup ont de l'argent. Beaucoup bénéficient d'une rente que leur verse leur famille après les avoir envoyés en disgrâce. Dans ce paradis féodal, ils retrouvent rapidement bon moral et le sens de leur dignité ; alors la tentation de se livrer à toutes sortes d'excès devient irrésistible. Hommes et femmes succombent souvent aux « trois A » : altitude, alcool et adultère. Il n'est donc pas étonnant que la métropole se montre si sourcilleuse en ce qui concerne les colonies, et l'affaire Erroll n'a fait que raviver son ressentiment.

L'histoire de l'enquête, souvent inséparable de la démonstration elle-même, suit les grandes lignes du récit. Dans la première partie, le récit se construit à la manière d'un puzzle à partir de nombreux fragments rassemblés au cours d'une longue période. Dans la deuxième partie, où l'on recherche la solution de l'énigme, il y a des lacunes, des impasses, et aussi des révélations qui donnent son élan à l'enquête. Ainsi progresse-t-on dans la connaissance globale de l'affaire. L'on emprunte également certains détours en chemin, trop tentants pour être négligés.

Afin de rendre hommage à Cyril Connolly, enquêteur infatigable, je voudrais citer le conseil (à recevoir avant de s'embarquer, aurait-il dit) qu'il nous donne dans *The Missing Diplomats*, son ouvrage sur l'affaire Burgess et Maclean, qui fut, même si elle l'occupa moins longtemps, une autre de ses obsessions :

« Ce n'est certainement pas celui qu'obsède un puzzle qui le résoudra le plus aisément. En voici un qui m'absorbe depuis un an et dont je souhaite à présent me libérer. Certains éléments que j'ai posés causeront peut-être de la souffrance ; mais je ne peux pas reculer devant ce risque, car il est impossible, quand on parle des êtres humains, d'établir la vérité sans dire des choses douloureuses ; et je ne veux pas reculer, également, car mon récit pourrait bien un jour éveiller chez quelqu'un le souvenir d'un fait ou d'un simple bout de phrase qui permettra soudain de poser la dernière pièce du puzzle. »

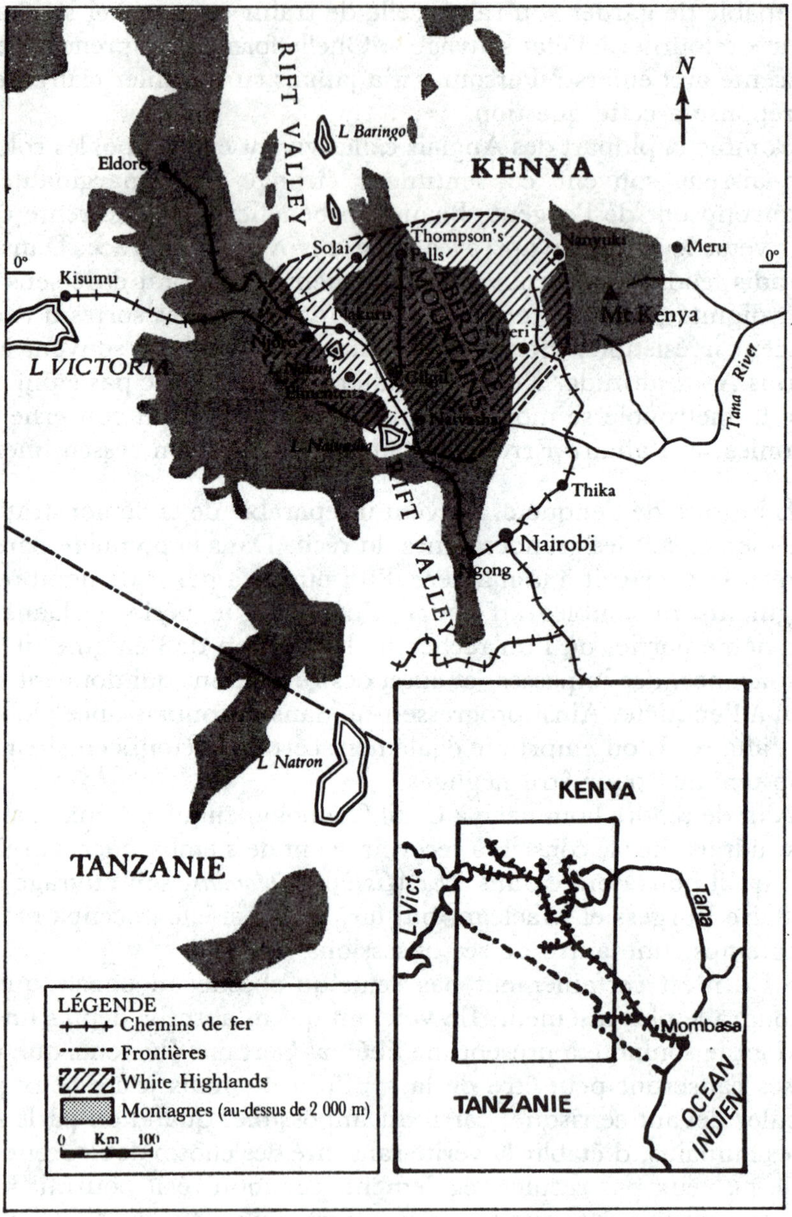

N
RIFT VALLEY
L Baringo
KENYA
Eldoret
Solai
Thompson's Falls
Nanyuki
Meru
0°
0°
Kisumu
ABERDARE MOUNTAINS
Nakuru
Njoro
Nyeri
Mt Kenya
L VICTORIA
Gilgil
Naivasha
L Naivasha
Tana River
RIFT VALLEY
Thika
Nairobi
Ngong
L Natron
TANZANIE
LÉGENDE
Chemins de fer
Frontières
White Highlands
Montagnes (au-dessus de 2 000 m)
0 Km 100
KENYA
L. Vict.
Tana
Mombasa
TANZANIE
OCEAN INDIEN

Première Partie

Le meurtre

1

Les White Highlands

> C'est en général à son plus grand bénéfice que nous prenons possession d'une région. Nous apportons la paix là où prévalait la guerre, la justice là où dominait l'injustice, le christianisme là où régnait le paganisme. Que les indigènes ne l'entendent pas de cette oreille est une autre affaire. J'ai l'impression qu'ils n'apprécient pas encore à leur juste valeur les avantages que nous leur offrons.
>
> Lord CRANWORTH, 1912.

> Je dois ajouter (à une liste d'indications à l'usage des épouses de futurs colons) la direction de la maison, chapitre que je n'aurais pas abordé, si commander à des domestiques indigènes n'était un art si particulier. Impossible, par exemple, de savoir d'expérience, quand on a vécu en Angleterre seulement, quel est le moment approprié pour faire fouetter un serviteur qui s'obstine, malgré plusieurs avertissements, à nettoyer l'argenterie en la frottant sur le gravier de l'allée.
>
> Lady CRANWORTH, 1912.

En 1912, Lord Cranworth rédige à l'intention des nouveaux arrivants un manuel — dans lequel son épouse dispose d'un chapitre. Il y relate les premières années d'implantation des Blancs en Afrique et dépeint le Kenya comme le paradis sur terre de l'homme blanc. Il intitule d'abord son livre *Profit and Sport in East Africa* (« Avantages et plaisirs de l'Afrique orientale »), puis, avec plus de mesure, à l'occasion d'une réédition : *A Colony in the Making* (« Une colonie en formation »). Il y décrit l'attrait d'une vie nouvelle, la noblesse des paysages au sein desquels les propriétaires terriens anglais et écossais ne pouvaient que se sentir en harmonie, les possibilités illimitées offertes aux chasseurs, la richesse des sols, les millions d'arpents de pâturages vierges attendant un propriétaire. Si les anciens élèves des collèges huppés se sont fait une mauvaise réputation de colons partout ailleurs dans l'Empire, dit-il, les conditions sont différentes au Kenya. Ils ont une haute opinion d'eux-mêmes ? Qu'à cela ne tienne, les indigènes, surtout masaïs, partagent leur avis ! Ils ont de l'agriculture une ignorance « souvent colossale » ? Tant mieux, car ils aborderont avec un œil neuf les obstacles inhabituels que peuvent placer sur leur route les tropiques. De même leur goût de la chasse trouvera un territoire approprié dans un pays dont les indigènes n'aiment rien tant que manger de grandes quantités de viande. En tout cas, Lady Cranworth, à l'instar des memsahibs à la voix stridente décrits par Karen Blixen, se prononce déjà ouvertement en faveur de mesures extrêmes contre les domestiques récalcitrants.

Le gouvernement britannique a pris officiellement possession du pays en 1895 ; c'est le Protectorat d'Afrique orientale créé pour contrer l'expansion allemande en Afrique de l'Est. Les Allemands sont alors occupés à construire une voie ferrée qui s'enfonce dans l'intérieur des terres à partir du port de Tanga. Les Britanniques s'empressent à leur tour de mettre en place leur propre voie ferrée, longue de neuf cent cinquante kilomètres, afin de relier Mombasa, sur la côte, au lac Victoria. Sa construction est achevée sous les applaudissements en 1901, cinq ans et demi plus tard.

Pour pénétrer dans l'intérieur des terres, il fallait, avant l'existence de la voie ferrée, emprunter les voies ouvertes jusqu'en Ouganda par les marchands d'esclaves arabes, ou alors se transformer en héros de roman de Rider Haggard et se jeter en solitaire dans l'aventure, comme un Thompson ou un Livingstone, avec une armée de porteurs ne songeant qu'à déserter, et avancer sous la menace continuelle des attaques des nomades masaïs.

Les Indiens importés pour l'occasion par les Britanniques meurent en grand nombre, non sous les lances des Moran (jeunes guerriers) masaïs, qui semblent accepter le chemin de fer et reconnaître la supériorité des armes britanniques, mais à cause de la dysenterie, de la malaria, de l'hématurie, de la mouche tsé-tsé, ou simplement de la chaleur. D'autres tombent victimes des lions mangeurs d'hommes de Tsavo, qui font des ravages et que l'on croit invincibles plusieurs semaines durant. La construction de ce chemin de fer, œuvre de génie civil admirable et ambitieuse, a été entreprise avec une confiance toute victorienne, en dépit des conditions effroyables. La voie traverse les déserts, escalade des montagnes, dévale des escarpements et attaque bravement forêts vierges et marécages. S'élevant à deux mille quatre cents mètres au-dessus du niveau de la mer, elle court à travers les pâturages des Masaïs et les terres des Kikuyus, ces derniers beaucoup moins bien disposés à l'égard de cette incursion. Le résultat semble dérisoire. Arrivera-t-il jamais à bon port, ce petit train mécanique, avec ses quatre wagons et sa locomotive courtaude, sur des rails que l'on croirait faits de fil de fer ? C'est pourtant un voyage prodigieux, d'abord dans la chaleur intense du désert de Taru, avec la poussière rouge qui colle à la peau, s'insinue partout et se dépose en petites ondulations sur le sol du compartiment. A Voi, dans la fraîcheur des plaines, c'est le spectacle inoubliable des grandes troupes de zèbres et de girafes, de kongonis, de gnous et de gazelles, qui paissent dans la savane ou galopent à huit ou dix de front.

Nairobi a été fondée en 1899 à la frontière entre les pays masaï et kikuyu ; ce sera la dernière gare avant que le chemin de fer n'attaque la montée de l'escarpement Kikuyu, face orientale de la Rift Valley. L'ampleur du paysage semble écrasante quand on abaisse pour la première fois le regard vers le fond de la vallée, comme si les sens se confrontaient pour la première fois à de telles dimensions.

On prend le thé en gare de Naivasha à l'orée des hautes terres, et c'est alors, pendant la montée jusqu'à Gilgil puis Nakuru, que se révèle avec lenteur la terre promise, immensément belle et diverse. Quelques kilomètres de roche rouge, de l'aubépine... avant de voir se dérouler à l'infini des hectares et des hectares de pâturages « anglais » ; un ample voile de gazon bleuté, en apparence inhabité et n'ayant jamais connu la charrue, ondule jusqu'à l'horizon. Il y a là quelque chose des paysages de l'ouest de l'Écosse avec les mêmes reliefs rocheux grandioses, les mêmes pâturages, les mêmes brumes chargées de rosée. Des cours d'eau serpentent de vallée en vallée, figuiers sauvages (arbres sacrés pour les Kikuyus) et oliviers croissent dans les forêts ; l'air délicieusement revigorant procure un bien-être extatique ; la lumière est d'une qualité inoubliable. Les odeurs — cette indéfinissable senteur poivrée de la poussière rouge et le parfum âcre de la fumée de bois — ne manquent jamais d'éveiller les plus profondes nostalgies.

Pourtant est-il bien utile, « ce train fou » — comme l'ont qualifié ses détracteurs en Grande-Bretagne — qui traverse des régions superbes, certes, mais improductives ? On l'a construit pour le prestige et dans l'espoir de devancer l'expansion allemande en Afrique orientale, mais son seul effet est de drainer le budget de la colonie.

Sir Charles Eliot, haut-commissaire de l'Afrique orientale — homme cultivé, diplômé d'Oxford et diplomate — met sur pied en 1901, peu après son arrivée, un projet : il s'agit de recruter dans l'Empire des pionniers capables d'exploiter ces terres, c'est-à-dire de rentabiliser le « train fou » en lui faisant transporter du fret des hauts plateaux jusqu'au port. Le développement de la colonie elle-même n'est qu'une préoccupation secondaire. On lance la campagne de recrutement depuis Londres et la première vague de colons arrive en 1903, de Grande-Bretagne, du Canada, d'Australie et d'Afrique du Sud. Ils sont, d'après les photographies, de l'espèce des chercheurs d'or du Yukon — des êtres aguerris auxquels ne ressemblent en rien les arrivants les plus tardifs issus pour la plupart de l'aristocratie edwardienne et de la haute société militaire britannique. Il y a néanmoins un grand nombre de pairs parmi les premiers arrivants, tels Lord Hindlip, Lord Cardross, Lord Cranworth, et les cadets de famille, victimes de la règle de primogéniture anglaise, tels que Berkeley et Galbraith Cole, les plus jeunes fils du comte d'Enniskillen.

On trouve également des millionnaires comme l'Américain Northrop MacMillan, fortement dimensionné et ami proche de Theodore Roosevelt. Il faut citer l'étonnant Ewart Grogan, un Anglais d'un chauvinisme féroce, qui est allé à pied du Cap au Caire. Il y a des fugitifs, des bons à rien, des spéculateurs...

Il y a surtout celui qui sera le leader incontesté des colons jusqu'à sa mort en 1931, Hugh Cholmondeley, troisième baron Delamere, qui a embrassé du regard les hauts plateaux du Kenya pour la première fois en 1897 au terme d'un exténuant périple à dos de chameau depuis la Somalie, à plus de trois mille kilomètres de là. Il est ensuite revenu passer six mornes années dans son Angleterre natale où il s'occupe de gérer ses propriétés ; mais la passion du Kenya le tient au corps lui aussi et il y revient en 1901 dans l'intention d'y acquérir des terres.

Les colons n'auraient pu trouver meilleur chef que Lord Delamere. Il a hérité de propriétés immenses dans le Cheshire ainsi que d'une vaste fortune, cela peu après sa sortie d'Eton — où il s'est distingué par son indiscipline et son peu d'intérêt pour l'étude des humanités. Il gère ses biens en véritable féodal, profond et instinctif. Arrogant et prodigue, il est sujet à de violents accès d'humeur. Petit et musculeux, il n'est nullement bel homme. Il possède cependant l'atout incomparable d'une absolue confiance en lui-même et dans ses vues concernant l'avenir de la colonie, des vues rétrogrades marquées par une conscience aiguë de son devoir envers l'Empire ; ce devoir se résume d'ailleurs de manière assez simpliste à annexer à cet Empire un maximum de territoire.

Après la première guerre mondiale, le Kenya a toujours été plus à la mode que l'Ouganda ou le Tanganyika parmi les aristocrates. L'Ouganda est un peu trop éloigné de la mer sur la voie de chemin de fer, et le Tanganyika a jusqu'alors toujours été une colonie allemande. Il y a en outre quelque chose de l'Angleterre dans les meilleurs sites des White Highlands du Kenya ; ils rappellent presque les collines crayeuses du Wiltshire, mais sur une échelle gigantesque et sous un ciel si vaste, traversé de nuages si hauts et si rapides qu'il est difficile d'échapper au vertige la première fois... au vertige et à la folie des grandeurs. Ces paysages grandioses séduisent irrésistiblement les colons anglais et leur montent souvent à la tête.

Le premier projet de colonisation attribue aux pionniers un million d'arpents avec un bail à 999 ans. Le contrat leur impose d'investir un certain capital dans les cinq premières années tout en versant un loyer annuel au gouvernement. Tout manquement aux termes du contrat signifie la confiscation.

Delamere reçoit le premier lot, à Njoro, le long de la voie de chemin de fer au nord-ouest de Nakuru. Là, à Njoro, il entreprend les expériences qui l'ont amené au bord de la ruine mais qui ont jeté, presque seules, les bases de l'économie agricole kenyanne.

La distribution des terres se fait de manière très chaotique à partir du ministère de l'Agriculture de Nairobi. En 1904, année de la construction de l'hôtel Norfolk — rapidement connu sous le nom de « Chambre des Lords » en raison d'une clientèle composée exclusivement de chasseurs de trophées anglais — Nairobi ressemble encore à un camp de transit surpeuplé limité à quelques rangées de cabanes identiques, traversé de vagues chemins soit boueux, soit tapissés de cette poussière rouge qui survole la ville en permanence. Les futurs colons qui ont planté la tente non loin du ministère de l'Agriculture attendent souvent des mois durant l'examen de leur candidature par des bureaucrates submergés. Le projet gouvernemental devient vite méconnaissable au milieu de la ruée ; de terribles bagarres éclatent presque chaque soir à l'hôtel Norfolk, et sous la pression on se montre souvent négligent concernant les droits territoriaux traditionnels des Africains. Par exemple, on traite comme si elles étaient inoccupées les zones de pâture des Masaïs de la Rift Valley et des bandes de territoire kikuyu sont annexées aux exploitations bordant la réserve, une erreur politique qui coûtera cher aux Britanniques.

Les colons anglais ignorent généralement tout de l'Afrique, de son histoire, des distinctions tribales, des animaux sauvages, qui, pense-t-on, se jettent par principe sur tout ce qui bouge. La virulence des maladies affectant cultures et bétail ne manquera pas de les surprendre ; certains s'installent sur des terres dont les Masaïs savent depuis plusieurs générations qu'elles ne conviennent pas à l'élevage. L'on montre de la mauvaise humeur face aux difficultés inévitables lorsque les mentalités edwardiennes se confrontent à la philosophie de l'existence plus cosmique des Kikuyus ou des Masaïs. Il y a des malentendus purs et simples. Les Africains sont fondamentalement patients et courtois, surtout à l'égard des étrangers et des invités. Cependant, la plupart des tribus ignorent les formes particulières de la politesse occidentale — il n'existe pas de mot pour dire « merci » en kikuyu. Les mensahibs, quant à eux, crient et crachent leurs ordres dans un mauvais swahili avec un accent anglais épouvantable, et le résultat ne manque pas de heurter les oreilles africaines.

Il existe quelques exceptions notables. Certains pionniers de mentalité féodale tels que Delamere établissent avec la population africaine une véritable relation ; il y a là de l'amitié, de la curiosité, un grand respect, mais cet exploit ne se répétera plus au cours des générations suivantes.

Cependant, les Européens ne redoutent rien tant que le soleil équatorial lui-même ; ses rayons ont la réputation non seulement d'endommager l'épine dorsale (d'où la ruée sur les « protections dorsales » vendues dans les magasins de vêtements tropicaux londoniens : une épaisse et très inconfortable bande de gaze de coton qui descend de la nuque jusque sur les reins), mais encore d'attaquer le foie et la rate. Lord Lugard recommande l'usage de lourdes ceintures de flanelle. Lors d'une visite non officielle au Kenya, Winston Churchill, alors sous-secrétaire d'État aux Colonies, craint les effets du soleil sur le système nerveux, le cerveau et le cœur. Si l'on doit ôter son chapeau, même pour un court moment, écrit-il, « il faut le faire à l'ombre d'un arbre au feuillage épais ». Certains conseillent de ne jamais l'enlever, même à l'intérieur, puisque la tôle ondulée — brillante invention britannique, pourtant, et mémorable contribution à l'architecture coloniale — est connue pour son peu d'efficacité contre les rayons du soleil. C'est ainsi que se répand la mode d'un double couvre-chef spécial composé de deux chapeaux à bord flottant placés l'un au-dessus de l'autre. Pour se dépouiller de cette armure, il faut se percher debout sur le lit, c'est-à-dire à distance respectable des terribles *siafu*, les fameuses fourmis tropicales qui ont la réputation d'encercler leurs proies (c'est-à-dire tout ce qui est de taille inférieure à une grande antilope) en exécutant de savants mouvements de tenaille, en colonnes pouvant atteindre un kilomètre et demi de longueur.

Les Blancs soumis aux fortes températures africaines dans de tels harnachements deviennent, on le comprend, irascibles. Mais la seule crainte de l'insolation ne semble pas justifier des mesures aussi extrêmes, qui évoquent d'autres peurs plus irrationnelles, héritées de l'ère victorienne où les bien-pensants jugent sensuel, impudique et indécent le fait de s'exposer au soleil... D'ailleurs, pourrait-on, en se dénudant, se mettre sur un pied d'égalité avec les Africains ? De tous ces tabous les plus bizarres sont réservés aux femmes, à qui l'on conseille de doubler leurs vêtements et leurs coiffures non de flanelle mais plutôt d'étoffe rouge vif.

On avertit les nouveaux arrivants de ne point céder à des accès d'irritabilité ou au contraire d'abattement, voire à la dépression nerveuse pure et simple ; l'on peut également être sujet à de brusques sautes d'humeur en passant de manière totalement imprévisible de l'allégresse à la tristesse la plus profonde ; de même, de petites misères peuvent soudain prendre des proportions énormes... tout cela étant dû à la chaleur et à l'altitude. « Prendre une grande quantité de vin après le coucher du soleil, recommande Lord Cranworth, en particulier du bourgogne et du porto. Ce sont d'excellents prophylactiques qui ont pour effet d'enrichir le sang. »

L'exploitation de ces terres s'avère d'une difficulté incommensurable ; ce n'est qu'une série de tâtonnements navrants qui accablent les tempéraments pionniers les mieux trempés. Bien qu'issus de milieux favorisés, les premiers colons se révèlent être du calibre qui convient. Ils souffrent pourtant de sous-financement chronique, et l'entreprise aurait rapidement tourné au désastre sans l'aide de Delamere, qui les appuie de toute son énergie et de son expérience, sans compter sa capacité à mettre dans la balance toujours plus d'argent. Delamere passe presque davantage de temps à conseiller ses voisins qu'à s'occuper de ses propres affaires, pourtant médiocres. En 1906 il exploite les quatre-vingt mille hectares de sa propriété, l'Equator Ranch, entièrement clôturée par mille six cents kilomètres de barbelés. Mais en 1909 il n'a plus un sou vaillant. Il ne peut plus rien tirer de ses terres du Cheshire qu'il est obligé de vendre et il emprunte, contre l'avis du conseil de famille.

Ses déboires quoique dramatiques n'ont rien d'original. Il a essayé l'élevage des moutons en croisant des brebis locales avec des béliers anglais et des béliers locaux avec des brebis de Nouvelle-Zélande, puis l'élevage des bovins en croisant des Hereford et des Shorthorn avec des Boran locaux. Ses bêtes sont diversement frappées par la peste bovine, qui pourrit la chair de l'animal, la péripneumonie et la piroplasmose qui s'attaque aux Hereford ; également par la variole ovine, la gale, la peste porcine, la fièvre aphteuse et par la theilériose, un redoutable virus véhiculé par les tiques.

Il arrive à Delamere de prendre son fusil et d'abattre une troupe entière de zèbres pour empêcher la propagation du virus. Il lave tout son bétail chaque jour, mais sans guère d'efficacité. Puis il découvre que la terre est déficiente en certains minéraux, aussi se lance-t-il dans la culture de l'orge et du blé, lesquels sont à leur tour balayés par le charbon des graminées. Après la moisissure viennent les sauterelles, ensuite la sécheresse qui frappe trois années de suite à partir de 1907. Il transporte alors ses bovins et ses ovins à Soysambu près d'Elementeita, qui devient le quartier général des

Delamere, au fond de la Rift Valley dans le voisinage du lac Naivasha. Là ses troupeaux commencent à prospérer. Il diversifie ses activités en faisant pousser de la luzerne pour améliorer la qualité des herbages. Il essaye même les plumes d'autruche, lesquelles passent de mode dès que se répand l'usage de l'automobile.

Les fermiers ont à subir, en plus de tous leurs problèmes, les lourdeurs bureaucratiques du ministère de l'Agriculture qui s'obstine à faire respecter une multitude de réglementations inutiles et mesquines. Il faut par exemple une autorisation écrite pour tirer de l'eau de la rivière traversant son exploitation. Les décisions les plus simples se prennent à Londres où les dossiers traînent des mois durant. Comme toujours Delamere mène la lutte. Une fois même, il empile du bois de chauffage au pied du ministère de l'Agriculture et menace d'y mettre le feu parce que l'administration lui refuse l'autorisation de construire un moulin sur un site déterminé. Le ministère de l'Agriculture revient promptement sur sa décision.

Il ne faut pas, clame Delamere, étouffer sous la paperasse les colons qui s'acharnent malgré de maigres profits à ouvrir des territoires vierges pour le compte de la Couronne. Les rapports entre les autorités et les colons ne cesseront par la suite de s'envenimer, et ces conflits sur l'administration des terres marquent toute l'histoire de la colonie jusqu'à l'indépendance.

En 1907, Delamere est un personnage fort extravagant, avec ses cheveux flottant sur les épaules pour se protéger du soleil ; il va le plus souvent accompagné de chefs masaïs couverts de peinture ocre qui, chaque jour, à l'heure du petit déjeuner, se rassemblent autour de sa table pour le regarder accomplir son rituel matinal, lequel consiste à faire tourner sur son phonographe à manivelle son seul et unique disque, *« All Aboard for Margate »*. Il vit presque dans leur tribu désormais, les admire passionnément et sait leur langue. C'est un homme d'une telle dignité, toutefois, que l'on n'osera jamais l'accuser d'être « revenu à l'état sauvage ».

Dès l'instant de leur première rencontre, Delamere s'est pris d'amitié pour les Masaïs, qui en riant de joie font éclater des crânes sous leurs longs bâtons. Il faut être un féodal dans l'âme comme Delamere pour se lier aux Masaïs qui à l'époque pillent du bétail depuis le lac Victoria jusqu'à l'océan Indien en s'enorgueillissant de tuer les bergers avec leurs femmes et leurs enfants. Au début les Masaïs enlèvent impitoyablement des bêtes appartenant à

Delamere, car selon leur tradition tout le bétail né sous le ciel est la propriété exclusive de leur tribu ; ils sont même persuadés que le taureau Hereford importé par Delamere leur a été volé longtemps auparavant. Cette conviction explique leurs visages méprisants lorsqu'ils assistent aux ventes aux enchères de bestiaux organisées par les Européens.

Les Masaïs attachent une valeur inestimable au bétail, le plus important étant ensuite leur goût de la parure. Ils ne mangent jamais de viande, n'abattent ni ne vendent jamais leurs bêtes, en sorte que les chefs masaïs avec qui Delamere s'est lié d'amitié possèdent plus de cinquante mille têtes chacun ; l'on évalue à trois millions de têtes les troupeaux appartenant à la tribu en 1910. Ils ont pourtant perdu un grand nombre de leurs pâtures lors des divers traités passés avec les Blancs depuis l'établissement des réserves tribales en 1905. Il n'a pas été tenu compte, par exemple, de leurs zones de repli traditionnelles en temps de sécheresse ou d'épidémie, aussi commencent-ils, dès 1914, à souffrir du manque de terres.

Toute bonne maison se doit alors d'avoir son serviteur somali, car les Somalis forment l'élite de la domesticité. Très fiers et élégants, ils incarnent toute la noblesse des peuples nomades ; ils portent gilet et montre de gousset en or, parlent d'une voix profonde et observent strictement la règle mahométane. Comme les Masaïs, un grand nombre d'entre eux possèdent de vastes troupeaux de bétail dans leur pays, de l'autre côté de la frontière au nord du Kenya. Du fait de leur fortune, un lien spécial les rattache à leurs employeurs ; ils sont parfois aussi célèbres qu'eux, et leurs noms deviennent indissociables : Delamere et Hassan, Berkeley Cole et Jama, Denys Finch Hatton et Bilea, Karen Blixen et Farah. Karen Blixen écrit qu'une maison sans Somali est comme une maison sans lampe : « Partout où nous allions, nous étions suivis à une distance de quelques pas par ces ombres nobles, mystérieuses et vigilantes. »

Les Kikuyus, dont le territoire s'étend de Nairobi aux pentes du mont Kenya et qui plus tard distanceront politiquement toutes les autres tribus, travaillent chez les Blancs comme ouvriers agricoles et simples domestiques. Lorsqu'éclate la première guerre mondiale, on les enrôle en même temps que les indigènes des autres tribus dans les King's African Rifles et dans les Carrier Corps comme porteurs ; ils meurent par milliers dans une campagne parmi les plus honteuses jamais entreprises par l'armée britannique, lors de laquelle, au début des hostilités, deux cent cinquante mille hommes de troupe de l'Empire britannique sont écrasés par dix mille Allemands sous le commandement du comte von Lettow-Vorbeck chargé de trouver des approvisionnements ; à la fin du conflit, les forces britanniques se réduisent à trente-cinq mille et les forces allemandes à mille trois cents.

A l'heure d'élever les monuments aux combattants africains, l'on ne manque pas de prononcer les phrases de convenance. Les indigènes ont, dit-on, « répondu tout à fait loyalement à l'appel du gouvernement qui avait grand besoin de porteurs ». Ils n'ont en réalité guère eu le choix. (Parmi les batailles oubliées de cette guerre, on peut citer celle où les Masaïs refusant l'enrôlement se sont affrontés aux forces britanniques elles-mêmes.) Les Kikuyus sont particulièrement mal récompensés pour leurs services. Après la guerre, on souhaite augmenter la population européenne et un nouveau projet est élaboré appelant les anciens combattants britanniques à venir s'installer au Kenya. Cette fois, la distribution des terres se fait par tirage au sort. Une nouvelle vague de colons envahit les plus hauts plateaux, et la pression exercée sur les Kikuyus s'accentue alors. On réduit les gages dus aux employés de ferme tandis que l'on prélève la capitation et un impôt sur les huttes. L'on délivre également des pièces d'identité qui rendent les Kikuyus encore plus dépendants de leurs employeurs blancs.

Vers 1920 les grandes zones de production sont déjà déterminées. Gilgil et Nakuru sont des centres commerciaux liés à l'élevage ; à Thika, on cultive le café, à Njoro les céréales ; Naivasha produit ovins et bovins et Londiani, à l'ouest, le lin.

Tous les plans agricoles favorisent nettement les Européens aux dépens de la population africaine. C'est une politique à courte vue. Les Kikuyus protestent pour la première fois d'une manière organisée en 1920, deux ans seulement après que le Kenya fut devenu officiellement Colonie de la Couronne.

Les colons ont désormais leur parlement, le Conseil législatif, mais le pouvoir ultime reste au gouverneur qui ne rend de comptes qu'à Londres. La tension s'accroît entre les deux parties. Lorsqu'ils se mêlent de politique, les colons manquent certes de finesse et se montrent volontiers querelleurs. Mais la dévaluation de la roupie en 1921 augmente d'un tiers leurs créances bancaires, ce qui signifie la ruine pour un grand nombre d'entre eux. Ils subissent en même temps un échec dramatique sur le marché du lin qu'ils tenaient pour une culture miraculeuse. Ils souhaitent acquérir leur autonomie comme l'a fait la Rhodésie en 1922. Ils veulent, disent-ils, diriger ce pays dont ils ont créé l'économie, sans que des bureaucrates tatillons ou des fonctionnaires frais émoulus de Londres viennent fourrer le nez dans leurs affaires.

Ils n'obtiendront pas gain de cause. Londres porte à présent son attention sur la question très épineuse des droits politiques du reste de la population. Le gouvernement, qui est l'objet de pressions, envisage d'autoriser l'immigration indienne au Kenya et d'octroyer le droit de vote aux populations asiatiques déjà installées.

Le ministère des Colonies, sous la direction du duc de Devonshire, met en place une politique donnant la « priorité absolue aux intérêts des indigènes » sur ceux des autres résidents. Incrédules, les fermiers avec à leur tête Delamere forment un « comité de viligance » déterminé à empêcher que l'on accorde le droit de vote aux Asiatiques. Delamere emmène à Londres un groupe de colons qu'il installe dans une belle demeure du quartier de Mayfair, et tous font pression avec la dernière énergie pour que l'on modifie le projet. Pendant ce temps, les colons restés au Kenya commencent à s'armer ; ils projettent d'enlever le gouverneur, un homme passionné de pêche, pour le détenir à proximité d'une rivière où abondent les truites, jusqu'à ce que l'on satisfasse leurs exigences. Le « compromis » qui résulte de toute cette agitation n'est pas pour déplaire aux colons. On déclare les hauts plateaux possession des Blancs à perpétuité ; il n'y aura pas d'immigration indienne et la représentation des Asiatiques au Conseil législatif sera minime. Dès lors, le ministère des Affaires étrangères administrera le pays en suivant invariablement les suggestions des colons et, en dépit des plus fermes déclarations, l'on ne se préoccupe plus guère des « intérêts prioritaires des indigènes ».

En 1920, donc, les Blancs sont solidement implantés, et c'est le début d'un âge d'or. Ils remplacent leurs maisons de terre et de clayonnage par des constructions plus élaborées. Ils se bâtissent des demeures de plain-pied de style Surrey Tudor, une architecture spéciale au Kenya marquée par les entrepreneurs indiens qui s'efforcent d'imiter Edwin Lutyens ; ce ne sont plus que toits de tuile (au lieu de la tôle ondulée), larges cheminées en pierre, salons confortables et grandes vérandas soutenues par des piliers de brique.

Ces maisons ont un petit côté provincial, un peu « mal ficelé », qui marque aujourd'hui encore les banlieues résidentielles de

Nairobi — c'est le style *Ealing équatorial**, comme l'a dit un jour le journaliste James Cameron. Cette impression est due en partie aux châssis de fenêtres métalliques universellement répandus, aux dimensions réduites des fenêtres elles-mêmes (en guise de protection contre le soleil tant redouté) et à cette pierre de taille jaune verdâtre que les artisans indiens utilisent pour monter des murs d'une solidité à toute épreuve. Sous la pluie, ces bâtiments paraissent particulièrement sinistres.

Cependant on les entoure de jardins splendides. L'on sème de longues pelouses puis l'on creuse des plates-bandes, le tout sur des étendues dignes du château de Sissinghurst. La terre est riche, il n'y a pas de morte saison, les jardins sont en permanence colorés : cannas écarlates, frangipaniers et bougainvillées y côtoient de tendres roses d'Angleterre, de hauts lis et des fuchsias, avec pour toile de fond les avenues plantées de jacarandas, de flamboyants et d'eucalyptus. Dans l'air flotte l'odeur du jasmin et du mimosa. Le jour durant, une multitude de jardiniers arrosent et taillent en balançant leurs pangas au-desssus de l'herbe kikuyu qui tapisse pelouses, courts de tennis et terrains de croquet.

Les colons sortent à présent les ornements de leur civilisation : argenterie, gravures et portraits de famille, un peu de beau mobilier, de la porcelaine, tout ce que recèlent d'utilisable les greniers des demeures familiales abandonnées pour toujours. Les artisans indiens réalisent pour eux des imitations très convenables de mobilier XVIIe siècle.

Des armées de serviteurs (à qui l'on doit donner des ordres au jour le jour) font tourner les maisons ; les majordomes surveillent et régentent. Aristocrates et fonctionnaires deviennent les esclaves de rituels immuables. On dresse la table — encore et toujours, plusieurs fois par jour — avec les napperons décorés de scènes de chasse, la coupe remplie de pétales de fleurs de bougainvillées, la bouteille de piri-piri (une innovation due à l'Indien Raj), et le vin de Xérès, que l'on prend avec la soupe. Les Africains réussissent avec un bonheur étonnant la cuisine européenne, en particulier les desserts chauds anglais, ce dont les colons retirent un bien-être inespéré. Cependant le nombre de repas et les quantités de nourriture engouffrée chaque jour par les Blancs surprennent

---

* Ealing : ville située dans la grande banlieue de Londres *(NdT)*.

beaucoup les Africains. Les Européens semblent passer le plus clair de leur temps à manger.

Les chants de l'engoulevent et de la huppe emplissent les nuits, accompagnés du cri aigu des damans, tandis que les calaos martèlent le sol en produisant la même musique rythmée qu'un petit ensemble de tambourins indiens ; parfois aussi les lions grognent et rugissent dans l'ombre.

Avec un talent surprenant, les colons parviennent à reproduire en Afrique le mode de vie des grandes familles anglaises ; le chacal remplace le renard, le costume indien le smoking, et le tour est joué. Ils mettent dans leurs divertissements de l'apparat, et toujours la même ferveur. Terrains de polo, champs de courses, déjeuners sur l'herbe, clubs et gymkhanas... rien ne manque, et surtout pas le champagne qui coule à flot. Bien qu'endetté, Lord Delamere donne en 1926 un dîner au cours duquel deux cent cinquante personnes parviennent à vider six cents bouteilles de champagne.

Il faut pour voir ses amis franchir de longues distances. Il n'y a rien de plus exaltant — mais quel supplice, parfois — que de négocier sous la pluie la montée de la Rift Valley ; la route est étroite, le précipice profond et la boue épaisse ; Bugatti, Hispano-Suiza, Ford Model T s'embourbent désespérément ; on est souvent bloqué pour la nuit, ce qui offre une occasion supplémentaire de festoyer.

Un autre grand défricheur prend le devant de la scène politique après la guerre ; il s'agit de Lord Francis Scott, fils cadet du duc de Buccleuch, qui deviendra le chef de file de la communauté blanche après la mort de Delamere en 1931.

Sa femme Eileen, fille du comte de Minton, tient un journal de bord qui met en lumière, avec une certaine naïveté, les expériences vécues par les premiers colons au milieu de ces paysages démesurés. Voici, par exemple, ce qu'elle relate d'une partie de chasse dans la région de Nakuru : « Terrain superbe, herbe magnifique et pas de trous. Dix couples de chiens courants, tous jeunes et vifs, la lignée Belvoir. » (Belvoir est le domaine familial du duc de Rutland.) Ailleurs, elle raconte qu'après avoir franchi à gué plusieurs rivières et escaladé tant bien que mal d'énormes rochers pour rendre visite à des voisins, ils finissent par les découvrir près de leur petite tente, occupés à déguster le contenu d'une boîte de chez Fortnum and Mason. Au retour d'un safari, elle écrit :

« Je ne pourrai jamais décrire ni oublier la splendeur du dernier matin au camp. Le soleil se lève vers six heures. Je me suis réveillée peu après et suis restée couchée à observer l'admirable métamorphose. Rien ne bougeait, une lourde rosée brillait sur l'herbe et une brume dorée était suspendue dans le lointain, comme chez nous par un beau matin de septembre. Notre feu ne s'était pas éteint et de temps en temps une bouffée délicieuse pénétrait dans notre tente. De tous côtés, des chants d'oiseaux. Oiseaux et papillons ont des couleurs étonnantes — verts, bleus et rouges éclatants. Un parfum divin monte des aubépines et l'odeur du mimosa flotte dans l'air en permanence. »

Lord Francis surveille ses terres depuis sa tente, ce qui ne l'a pas empêché de monter un club de polo et d'acquérir une écurie de poneys somalis ; la porcelaine de Lady Francis (un service pour la nursery, l'autre pour eux-mêmes) est rangée à l'intérieur de caisses dans un coin de la même tente.

Ils sont arrivés avec dans leurs bagages de quoi équiper de fond en comble une maison entière. J'ai été reçu en 1979 par leur fille, Pam, dans la maison de pierre construite par eux à Rongaï en 1922. Elle m'a donné une serviette de fil ornée d'un diadème et d'une date : 1916. Après toutes ces années, le linge de Lady Francis était comme neuf ; « presque rien n'est encore déballé », m'a expliqué Mlle Scott.

La génération d'avant-guerre juge sévèrement les nouveaux arrivants, qui n'ayant pas de difficultés financières ne s'intéressent guère à la mise en valeur des terres. Ils s'attirent même le qualificatif peu flatteur de « fermiers de véranda ». L'un des plus représentatifs de cette nouvelle espèce de colons se nomme Jack Soames. Ancien élève d'Eton, il est âgé de trente et un ans à son arrivée au Kenya en 1920. Il achète plusieurs milliers d'hectares à Burgeret, près de Nanyuki, au pied des Aberdares, où il va passer dix ans d'une vie totalement oisive. Chez lui, on sert aux invités des « pink gin » (cocktail de gin et d'angustura) à toute heure du jour. Son ancien serviteur somali, qui préfère garder l'anonymat même s'il est aujourd'hui septuagénaire, donne, en swahili, la description suivante :

« Il avait de nombreux domestiques et beaucoup d'argent. Il y avait par exemple un serviteur dont le seul travail consistait à préparer les whiskies soda, un pour s'occuper des chiens, un pour faire démarrer la génératrice, un pour l'équipement de chasse, et ainsi de suite… Ils gagnaient entre trente et quarante shillings par mois. Le bwana ne pouvait jamais rester seul dans cette grande maison, alors il allait tout le temps voir ses amis, malgré les longs trajets en voiture que ça représentait souvent. Je suis allé partout grâce à lui, parce qu'il m'emmenait toujours. Il y avait généralement beaucoup d'invités. On assignait à chaque invité un serviteur spécial et les serviteurs que les invités amenaient avec eux n'avaient pas le droit d'approcher de la maison. Chaque jour les invités descendaient lentement prendre le petit déjeuner et à une heure ils commençaient à boire. Ensuite ils jouaient au tennis vers quatre heures, et ils se remettaient encore à boire. Le soir ils dansaient et ça durait jusqu'au petit matin. Presque tous les soirs le bwana jouait du piano et du violon... »

D'autres voyageurs, purs produits des années folles, rejoignent cette « communauté de châtelains anglais installée sur l'Équateur », comme les a décrits Evelyn Waugh. C'est l'époque des grands safaris au Kenya, dont l'un des premiers a été organisé par Denys Finch Hatton et au cours desquels les privilégiés d'Europe viennent goûter un parfum d'aventure. Le frisson du danger, qui corse ce parfum, attire également de grandes aventurières, telles que Vera, Lady Broughton, qui aurait, dit-on, mangé de la chair humaine lors d'un voyage dans les tribus cannibales de Bornéo, et qui a certainement tué un grand nombre d'éléphants.

Au début des années vingt, quelques-uns de ces colons de luxe — totalement oisifs, bien qu'il y ait parmi eux quelques « fermiers de véranda » — s'installent dans une zone magnifique que l'on a fort justement appelée la Vallée joyeuse. Si ce terme désigne en fait toute la région située entre les Aberdares et la ville de Gilgil dans la plaine, le véritable centre de la Vallée joyeuse se trouve au bord de la rivière Wanjohi qui descend les pentes du mont Kipipiri avant de rejoindre l'escarpement des Aberdares en traversant une forêt de cèdres en forme de fer à cheval.

C'est un paysage d'une beauté suprême — la vallée elle-même, ample et herbeuse, l'escarpement boisé avec les grandes taches jaunes des buissons d'ajonc. Depuis la vallée de la Wanjohi, l'on surplombe l'autre montagne, le Kinangop, qui s'avance dans la Rift Valley en un long et mince promontoire.

Les courses de chevaux qui se disputent à Noël et au milieu de l'été sont les deux grandes occasions mondaines de l'année. Les fermiers viennent alors mettre la ville de Nairobi sens dessus dessous. Ils font la course dans les rues en pousse-pousse, tirent au fusil les ampoules des réverbères et se bagarrent dans les bars, tous parfaitement ivres, et Delamere, toujours en tête, vise volontiers les bouteilles alignées sur les étagères ; c'est alors que se nouent passions et liaisons latentes durant les mois précédents.

Les colons se retrouvent dans les quelques places fortes du grand luxe de la fin des années vingt. Le plus ancien est l'hôtel Norfolk dirigé par une dame de forte poigne surnommée « Tatie ». (« C'est quasiment elle qui dirige le pays », entend-on dire d'elle.) Il y a également le Torr's-Hotel surnommé le Tart's Hotel (hôtel de la Cocotte), construit par Grogan en 1928, avec son patio circulaire — le Palm Court Lounge — où l'on donne chaque après-midi un thé dansant.

Le club Muthaiga est le plus fermé de tous ces lieux. Un jeune visiteur français, le comte Frédéric de Janzé, donne une description du club Muthaiga dans son livre *Vertical Land**, un recueil de « portraits et de croquis de voyage » :

> Pourquoi appartenons-nous tous au club Muthaiga ?
> Pourquoi parcourons-nous dix kilomètres pour un cocktail ?
> Pourquoi doit-on se battre pour une chambre pendant la période des courses ?
> Pourquoi supportons-nous de nous faire voler nos effets et mélanger notre linge ?
> Pourquoi buvons-nous du champagne à trente-cinq shillings la bouteille ?
> Pourquoi nous envoie-t-on au lit à une heure, comme de sales gosses ?
> Pourquoi vivons-nous dans des chambres sans moustiquaires ? Pourquoi laissons-nous les copains courir à leur perte ? Pourquoi supportons-nous le sourire du Comité ?
> Pourquoi notre argent fait-il tourner le Muthaiga ?
> Cela deux fois l'an, en écrasant sous le nombre les « membres réguliers », tous ensemble, une fois de plus enchantés, le cœur battant, la gorge assoiffée ; venus de Moyale, de Londres, de Rhadjputna, de Queenstown, de New York et Tyrone, nous pouvons cogner sur le bar, casser les vitres et le lendemain nous repentir en gobant des œufs.

---

* Frédéric de Janzé, *Vertical Land,* Duckworth, 1928.

Le Muthaiga, avec ses pistes de danse, parcours de golf, terrains de squash et de croquet, est un club destiné exclusivement aux grands propriétaires terriens et dirigé dans la tradition des bons établissements de St. James Street. Si l'on est bien obligé d'accepter les femmes, les Juifs ne le sont pas ; le jour où quelqu'un suggère de lever l'interdiction, des mécontents mettent le feu au piano préalablement enduit de paraffine, et la proposition est promptement retirée.

Fonctionnaires et commerçants de Nairobi restent entre eux ; ils forment une classe séparée et fréquentent le club de Nairobi. Cette division que les deux parties observent strictement ne va pas sans certains ricanements de la part des fonctionnaires qui brocardent les mœurs dépassées ayant cours au Muthaiga.

Le club a été construit par des artisans indiens dans le plus pur style kenyan, c'est-à-dire en grosses pierres recouvertes d'un crépi rosâtre, avec les inévitables châssis de fenêtre métalliques et de petites colonnes doriques pour donner une impression de grandeur. Les murs sont vert et crème, comme dans les cliniques de luxe, et les sols de parquet ciré. Fauteuils profonds et couvertures de chintz… on se croirait dans une demeure bourgeoise de la vallée de la Tamise.

Les célibataires dorment dans « l'aile militaire » fort spartiate avec ses chambres en forme de cellule. Les chambres doubles, avec des lits jumeaux, sont spacieuses et austères, dans le style colonial, et les salles de bain luxueuses.

Tous les règlements se font au moyen de petits papiers de diverses couleurs — l'argent liquide ne circule jamais. On peut se faire servir à boire à toute heure du jour, mais le soir, de six à huit, le bar est réservé aux hommes exclusivement, ou aux « durs » comme Waugh dépeint ceux qu'il y a rencontrés. Le club est vide des jours durant, puis soudain il devient impossible d'obtenir une table, à moins de jouir des faveurs du puissant Somali nommé Ali, qui a la haute main sur la salle à manger et que certains considèrent comme un véritable génie de la « valse des tables ». Lord Delamere y donne une fois l'an un dîner réunissant les gouverneurs du Kenya, de l'Ouganda et du Tanganyika. A part cela les soirées sont consacrées au bridge, au trictrac et aux nombreuses réceptions privées, y compris le bal annuel d'Eton.

Une vie particulière anime le club pendant la période des courses. On commence à boire dès midi, pink gins avant le déjeuner, gin fizzes après, surtout à l'heure du thé, cocktails (Bronxes, White Ladies, Trinities) au coucher du soleil, whiskies et champagne le soir.

Pour danser le soir, les convives se parent comme pour une réception royale, et ces dames sont tenues de porter des toilettes différentes chaque soir. Plus tard dans la nuit, la réception vire souvent au chahut de collégiens ; s'organisent alors des parties de rugby impromptues au cours desquelles est mis en pièces tout le mobilier de la salle de bal. C'est un monsieur répondant au nom de Tich Miles qui offre l'attraction la mieux appréciée, laquelle consiste à grimper jusque sous le toit pour se balancer aux poutres à la manière des singes. Un autre, nommé Derek Fisher et habitant la Vallée joyeuse, ordonne aux serviteurs d'aligner les sièges comme les wagons d'un train, qu'il pousse ensuite de salon en salon en émettant divers bruits de sirène et de soufflerie, tout cela sous les ovations de ses amis. Enfin les sièges sont métamorphosés en « chaises musicales » qui volent une à une par les fenêtres.

Les bals durent jusqu'à six heures du matin, et cela quatre ou cinq nuits de suite en pleine saison. Parties de squash et de golf commencent immédiatement après. Car on n'aime guère aller se coucher. Le lendemain à l'heure du déjeuner, tous les débris de la soirée précédente ont été balayés ; on présente la note, réglable au moyen des coupons de couleur du club, et les fauteurs de troubles graves sont convoqués au secrétariat.

Il faut remarquer dans toutes les descriptions le peu de temps consacré au sommeil lors de ces nuits échevelées : le club est en revanche — et de notoriété publique — l'aboutissement obligé des escapades amoureuses. L'altitude, qui est censée fatiguer, semble agir dans ce cas comme un puissant stimulant. Rixes et querelles éclatent continuellement pendant la période des courses, et de terribles rancœurs sont nées dans cette atmosphère d'ivresse libidineuse.

Venu au Kenya en 1928, le Prince de Galles se sent instantanément à l'aise au Muthaiga. Sir Derek Erskine, seul et unique Européen à soutenir Kenyatta avant l'indépendance, évoque une des soirées auxquelles il a assisté :

« Edward P., comme nous l'appelions alors, montrait déjà des signes de mœurs dissolues, mais c'était une personne très aimable ; il tenait toujours une forme extraordinaire. Malgré des journées fort actives, il voulait absolument passer ses nuits à danser. Mais nous n'avions pas d'orchestre à demeure au club Muthaiga. Syd Zeigler et son orchestre ne venaient que le samedi soir. Les autres jours nous devions mettre des disques sur le phonographe. Un soir, alors qu'il dansait avec ma femme, Edward P. s'est soudainement emporté à cause des disques qui, disait-il, étaient mauvais ; alors ma femme (à mon très grand désespoir) et lui se sont emparés des disques pour les jeter par les fenêtres de l'ancienne salle de bal. Il ne faut pas chercher ailleurs, selon certains, la raison pour laquelle cette dernière s'est effondrée vingt ans après. Cette histoire, je ne suis pas près de l'oublier, parce que c'est moi qui ai payé la note pour les disques cassés. Après cela Edward P. allait au lit vers, disons, quatre heures du matin, et à six heures et demie il était déjà sur le champ de courses. Un jour, je m'en souviens comme si c'était hier, Sonny Bompas (qui habitait près du champ de courses où il entraînait des chevaux) m'a demandé : ''Cela vous ennuierait-il de faire le tour du champ au petit galop, parce que Edward P. voudrait courir en tenant votre étrivière ?'' »

Les anecdotes de cet acabit abondent. On est en 1928, un an avant le krach qui aura pour effet de réduire considérablement la population coloniale. Cette année-là également meurt le père de Josslyn Hay, et Josslyn devient comte d'Erroll et grand connétable héréditaire d'Écosse. Il vit au Kenya depuis déjà quatre ans, en plein cœur de la Vallée joyeuse.

2

La Vallée joyeuse

Fu I aimait le haut nuage et la montagne,
Hélas, l'alcool l'a tué.

Ezra POUND.

« 1923 : J'ai rencontré Josslyn Hay au milieu du mois de juin, à l'approche de l'été. Il était très beau et le savait, évidemment ; il était arrogant, aussi, et d'une élégance parfaite. Il coiffait ses cheveux blond pâle et raides avec une raie au milieu. C'était exactement le genre de jeune homme que mon père réprouvait et qui, d'ailleurs, en sa présence se montrait encore plus outrecuidant que d'habitude. Il ne l'appelait jamais ''monsieur'' comme faisaient la plupart des jeunes gens de mon entourage, et il le battait toujours au tennis. Josslyn regardait les gens, y compris mon père, d'un air méprisant — l'œil bleu et oblique entre ses paupières mi-closes.

« Mon père est entré dans une colère terrible en apprenant que pendant un bal j'étais sortie m'asseoir avec lui, dehors dans les escaliers. Le lendemain Josslyn m'a même envoyé un énorme bouquet de roses rouges, que j'ai été obligée de laisser se faner dans le lavabo de ma chambre à coucher... le premier bouquet de fleurs de ma vie !

« Les réticences de mon père n'ont fait qu'accentuer mon attirance pour Josslyn, bien sûr ! Et je commençais à me croire amoureuse de lui quand soudain il s'est enfui au Kenya avec une femme mariée*. »

Josslyn avait alors vingt-deux ans. Il s'était fait renvoyer — enfin, on lui avait demandé « de partir » — d'Eton à dix-sept ans ; événement fâcheux qu'il évoquait toujours avec humour, en racontant — avec beaucoup de succès grâce à ses dons d'imitation — une histoire farfelue où il était question d'un jeune Juif essayant de lui vendre une moto.

C'était probablement le garçon le plus séduisant du collège ; lors d'un jeu-concours, bien des années après, on a demandé à un pair britannique avec qui il lui aurait plu d'avoir une liaison « s'il avait été » homosexuel : « Josslyn Hay », a répondu sans hésiter ce monsieur, en plongeant tout le monde dans la plus complète perplexité.

Sacheverell Sitwell, un de ses camarades à Eton, dépeint également Hay comme un objet d'adoration de la part des autres collégiens. Dans une lettre à Connolly, il lui écrit : « L'époque à laquelle je pense doit se situer vers le milieu de l'été 1916. Je l'ai vu plus d'une fois descendre Keate's Lane avec sur ses talons une foule, ni plus ni moins, de jeunes garçons. J'en ai aussi beaucoup entendu parler.

« Un de mes amis proches, Victor Perowne, qui fut une fois ambassadeur au Saint-Siège — il est mort aujourd'hui — ''s'est laissé prendre sur toute la ligne''. Il a même fait paraître plusieurs poèmes et morceaux de prose intitulés *Haystacks*** (le jeu de mots est assez lourd, j'en conviens) dans la *Chronique d'Eton.* On doit encore pouvoir les y trouver. Le directeur du journal des lycéens les appréciait fort... il devait être un peu mordu lui aussi. Je ne garde quant à moi qu'un souvenir indistinct de Josslyn, en sorte que je n'ai jamais pu m'en faire une opinion personnelle. »

Hay était issu d'une famille de très grande et très ancienne noblesse. Les comtes d'Erroll, grands connétables héréditaires d'Écosse depuis 1315, marchaient directement derrière la famille royale lors des couronnements. Le grand ancêtre de la famille était le jacobite Lord Kilmarnock, mais la bisaïeule de Josslyn était une fille naturelle de Guillaume IV (qui n'avait pas de descendant légitime), qui légua peut-être à l'ardent fêtard des hauts plateaux

---

* Daphne Fielding, *Mercury Presides,* Eyre and Spottiswoode, 1954.

** *Haystacks :* meules de foin.

un peu de la vigueur de la dynastie hanovrienne. La famille avait possédé des châteaux à Slains dans le comté d'Aberdeen et Rosenglass dans le comté de Cumberland, mais le dix-neuvième comte, incapable d'économiser ou de gérer ses biens à son retour de Crimée, avait sérieusement entamé la fortune des Erroll. Une large part des propriétés de la famille fut ensuite vendue par le vingtième comte, le grand-père de Josslyn, ancien commandant de la cavalerie de la Garde royale et garçon d'honneur d'Edward VII, à la grande époque de l'Empire. Son père Victor, Lord Kilmarnock, était le filleul de la reine Victoria ; premier diplomate à se rendre en Allemagne après l'Armistice, il fut envoyé comme chargé d'affaires à Berlin en 1919. Il emmena Josslyn avec lui en tant qu'attaché honoraire — son seul et unique emploi après son départ d'Eton ; il espérait offrir ainsi à son fils une expérience pratique, utile au moment de passer le concours d'entrée au ministère des Affaires étrangères.

Josslyn revint à Londres en 1922, passa le concours d'entrée au ministère des Affaires étrangères et entreprit d'exploiter dans la haute société londonienne son admirable pouvoir de séduction. « Enfant gâté », disent de lui les aînés. Certainement, mais c'était aussi un être vulnérable.

L'année suivante, il tomba amoureux de Lady Idina Gordon, la femme mariée avec qui il devait s'enfuir au Kenya. Elle était née Idina Sackville, fille du huitième comte De La Warr et avait été mariée deux fois, d'abord avec Euan Wallace dont elle avait eu deux fils, et ensuite avec Charles Gordon, dont elle divorça en 1923. Charles Gordon ne fit aucune difficulté.

Idina était apparemment douée d'un charme irrésistible.

Elle était déjà fort mal vue dans la haute société, où on la taxait de « femme facile ». Elle avait eu pendant ses deux premiers mariages de nombreux amants, dont Oswald Mosley, qui lui avait offert une coiffeuse incrustée de perles. « Elle les menait par le bout du nez », raconte une vieille connaissance. « Elle n'aurait pas pris l'homme d'une autre, mais consolait volontiers ceux qui semblaient délaissés. » On admirait sa silhouette, fine et un peu juvénile ; elle était toujours d'une élégance parfaite et allait pieds nus le plus souvent possible, « pour montrer sa pointure fillette », disent les mauvaises langues. Elle aurait eu un beau visage sans son menton fuyant, et on la disait intelligente, cultivée, de très agréable compagnie.

La liaison de Josslyn avec Idina fit scandale : deux fois divorcée, n'allait-elle pas épouser un presque collégien, de huit ans son cadet et héritier d'un comté ? On lui reprochait de plus, à juste titre, d'anéantir les chances de Josslyn au ministère des Affaires étrangères, où il aurait pu faire carrière, grâce à l'appui de son père, malgré son renvoi d'Eton. Joss et Idina se marièrent au mois de septembre 1923. Même après cela, on laissa entendre en hauts lieux qu'ils « ne seraient pas bienvenus à Ascot ». Il ne leur restait plus qu'à s'exiler.

Idina avait déjà vécu un an au Kenya avec Charles Gordon, son deuxième mari, aussi Josslyn et elle décidèrent-ils d'y retourner ensemble. Ils partirent en 1924. La colonie devient du coup un lieu « malfamé », à part en tout cas, échappant aux normes et à la censure officielle. Pourtant ce qui s'y passe alors semble bénin comparé aux scandales à venir. Le couple s'installe dans un bungalow assez modeste et baptisé Slains, d'après le château vendu par le grand-père de Joss. Ils quittent Slains en 1925 pour une maison au fond d'une vallée et nommée Clouds. C'est une vaste demeure avec un toit de chaume bas et un grand nombre de chambres d'amis alignées sur deux ailes ouvrant sur une cour. Les amis venus d'Angleterre commencèrent d'affluer, et il était si malaisé de franchir l'escarpement détrempé en voiture qu'ils remettaient volontiers leur départ de semaine en semaine. Qui d'ailleurs aurait eu envie de partir de chez Idina ?

Idina ne devait atteindre le sommet de son pouvoir que dix ans plus tard, mais d'ores et déjà elle était au centre de toute la vie mondaine fort mouvementée de ce point reculé des White Highlands ; c'est là et sous son règne que naquit la légende de la Vallée joyeuse.

Idina, dit-on (et le palais du gouverneur, d'où elle était bannie, confirme ces dires), n'était satisfaite que si tous ses convives sans exception avaient troqué leurs partenaires, femmes ou maris, avant la nuit, en tout cas avant la fin du week-end ou du séjour chez elle. Elle organisait de temps à autre après le dîner un jeu consistant à « souffler la plume » sur un drap tenu par les convives attablés. Ce jeu créait une tension proche du délire ; lorsque la plume se posait, tous les yeux se tournaient vers Idina qui, telle une grande prêtresse dirigeant un rite sacré, jouait les devineresses avant d'annoncer qui dormirait avec qui.

Les chambres à coucher étaient fermées à clef, et Idina possédait des clefs numérotées avec leurs doubles disposés sur une table en sorte que les partenaires se trouvaient désignés — du moins en apparence — par un jeu de hasards successifs. « Nous appelions le lit d'Idina "le champ de bataille", racontait un contemporain, et nous y finissions tous à divers moments du jour ou de la nuit. »

Lady Altrincham (alors Lady Grigg, épouse du gouverneur) mit Idina sur sa liste noire. Elle se souvient d'avoir été choquée lors d'une visite à Clouds en voyant éparpillés au sol les vêtements et les perles d'Idina, les chiens pas encore nourris et les domestiques absents. Idina, jugeait-on, se conduisait d'une manière impudique devant les Africains ; elle donnait le mauvais exemple, ce qui était impardonnable. Rétrospectivement, on va jusqu'à affimer que, par son attitude scandaleuse, Idina aurait en quelque sorte favorisé l'éclosion du mouvement Mau-Mau et précipité la fin de l'autorité britannique.

Lord Francis Scott blâmait les jeunes officiers qui fréquentaient Clouds et la vallée de la Wanjohi. Eileen, sa femme, qui pardonnait mal à Idina la facilité avec laquelle elle s'était adaptée aux conditions de vie en Afrique, n'y était probablement pas pour rien.

Dans son journal, Eileen Scott note : « Elles portent presque toutes des shorts maintenant, ce qui est très laid et superflu. Cette mode a été inaugurée par Lady Idina, laquelle a fait beaucoup de mal à ce pays. »

« Superflu », c'est le mot clef. Labeur et sacrifice... voilà l'image qu'Eileen Scott, profondément convaincue du mérite et de la supériorité des êtres nés pour commander, souhaitait donner de la colonie à sa famille en Grande-Bretagne. Idina gâchait tout. Les excentricités de cette jeunesse dorée dévalorisaient la figure du pionnier : tout semblait soudain facile et agréable, ce qui exaspérait Eileen Scott. A la suite d'un déjeuner particulièrement médiocre chez des voisins, Eileen Scott écrit : « Je me demande quelle tête fera Idina quand il lui faudra avaler ce genre de nourriture et se laver dans une vieille bassine de métal fendillé... Ah, tout est d'une intense sécheresse. On a la peau craquelée, les cheveux cassants... Toutes les femmes ici, sauf Lady Idina, sont rouge brique à cause du soleil, ce qui n'est pas très seyant. » Et après l'avoir rencontrée aux courses de Nakuru : « Il y avait Lady Idina dans une robe style Ascot avec un joli chapeau marron à plume d'autruche. Qu'elle ne soit pas morte d'insolation tient du miracle pur et simple. »

Les plus proches voisins d'Idina étaient le comte Frédéric de

Janzé et sa jeune épouse américaine, Alice. Frédéric, vingt-six ans, était un homme élégant… le ton laconique, les manières aristocratiques… Il avait couru au Mans, combattu dans les montagnes du Rif et fréquenté le cercle littéraire de Proust, Anna de Noailles et Maurice Barrès.

Vertical Land de Frédéric de Janzé donne des portraits anonymes de certains habitants de la Vallée joyeuse, dont l'auteur a indiqué les noms au crayon sur l'exemplaire que je possède.

« Le dos au feu, cheveux d'or flamboyants, en kekoi rouge et or, elle est debout… Enfouis dans les fauteuils, jambes croisées sur le sol, adossés au mur, nous avons tous le regard fasciné, accroché à cette fine silhouette… Les flammes vacillent ; ses yeux mi-clos sont attentifs à notre appel muet. Comme toujours, désir et profondes bouffées de fumée de cigarette s'entrelacent autour de ses chevilles, enveloppent lentement son corps mince ; puis s'enroulent autour de son cou ; un frisson, les yeux clos. Contentement ! Pouvoir ! La silhouette au kekoi d'or. »

La Vallée joyeuse est selon ses termes l'habitat de « l'extravagance débridée » : « Dans ce décor vit un monde d'êtres remuants, qui ne sont pas vraiment des colons — des errants, peut-être, infatigables chercheurs d'amusements ; las ou rejetés de maints climats et maints pays. Désaxés, neurasthéniques, grandes lignées et beaucoup de charme, il leur a manqué le courage de grandir, la force de se relever pour construire sur cette terre. »

Janzé dépeint dans son livre les personnalités les plus marquantes, parmi lesquelles : Fabian Wallis, homosexuel et ami proche de Josslyn ; Michael Lafone, coureur de jupons impénitent, œil de verre, et mariage aussi bref que désastreux avec Elizabeth Byng, fille du comte de Strafford ; enfin et surtout, Raymond de Trafford, le modèle même de l'émigrant entretenu par sa famille.

Raymond, issu d'une grande famille anglaise du Lancashire, avait servi dans les Cold Stream Guards (deuxième régiment de la garde à pied) avant de venir au Kenya. Il était d'une séduction diabolique, vif et spirituel, original, cultivé, parfaitement déraisonnable, joueur et buveur invétéré. Bien disposé il pouvait se montrer délicieusement attentionné avec les femmes et il savait leur offrir parfois une oreille secourable. Evelyn Waugh voyait en lui un « distingué desperado » ; il se plaisait beaucoup dans sa compagnie à l'époque de leur rencontre au Kenya en 1931 et continua à le fréquenter par la suite. « D'un type rare, observet-il, très charmant mais terrible, il se bat, il fornique, il joue et il se soûle sans arrêt. » Ils séjournent ensemble chez les Delamere à Elmenteita. Dans son journal, Waugh note sur Trafford : « Il était complètement soûl et il a ramené à la maison une fille de bas étage. Un peu plus tard il m'a réveillé pour m'annoncer qu'il venait de copuler avec elle et aussi avec sa maman. »

Un petit air de music-hall était sur toutes les lèvres à Nairobi :

Y avait une p'tite jeune fille du Mau
Qui disait n'pas savoir comment on fait
Elle a pris des l'çons avec Raymond et Michael
Et tout c'qu'y faut savoir maint'nant elle le sait.

Le champagne coulait à flot, et la Vallée joyeuse n'ignorait pas les stupéfiants en vogue pendant les années folles, la morphine et la cocaïne. Frank Greswolde Williams, le principal revendeur, qui se fournissait à Port-Saïd, faisait son petit commerce ouvertement au club Muthaiga. L'Américaine Kiki Preston — une Whitney par la naissance — était une de ses meilleures clientes. Elle était belle, elle fréquentait assidûment la maison d'Idina et elle avait de nombreux amants, parmis lesquels les deux Valentino, Raymond de Trafford et Michael Lafone — sans oublier le défunt duc de Kent.

Kiki Preston envoyait son avion personnel à Nairobi dès que ses provisions s'épuisaient. Cockie Hoogterp, un ami intime de Kiki, se souvient avec quelle dextérité elle maniait la seringue :

« Elle était amusante, spirituelle. Toujours superbe. Elle ne faisait ni simagrées ni mystères avec la morphine ; il fallait la voir s'enfoncer tranquillement l'aiguille dans le bras pendant que nous prenions un verre tous ensemble. Elle ne se couchait jamais avant quatre heures du matin. Le lendemain tout le monde traînait au lit avec la gueule de bois, mais elle était debout à huit heures, ravissante, bien habillée, comme si rien ne s'était passé. »

« C'est triste à dire, raconte Sir Derek Erskine (dont la femme avait aidé le Prince de Galles à détruire les disques de la salle de bal du Muthaiga), mais la drogue jouait un rôle important à cette époque-là. On reniflait de la cocaïne dans la Vallée joyeuse et ça n'a sûrement jamais fait de bien à personne. » Lors d'un autre dîner donné en 1928 pour le Prince de Galles au Muthaiga, Erskine vit un chasseur du nom d'Archie Richie entraîner sans ménagement Greswolde Williams hors de la pièce. A Erskine qui demandait ce qui se passait il fut répondu : "Il y a des limites quand même... Même au Kenya. Et on est bien obligé d'intervenir quand, entre deux plats au beau milieu du dîner, quelqu'un propose de la cocaïne à l'héritier du trône." »

Équitation et polo occupaient une large partie des journées de Josslyn Hay : des remèdes douloureux, mais toniques, contre la gueule de bois. Il possédait à Nakuru une exploitation agricole, dont il ne se souciait guère. Près de Gilgil, dans la plaine que surplombe le Kinankop, on avait défriché et gazonné pour faire quatre terrains de polo une immense étendue couverte de cactus et d'aubépine, végétation que traverse aujourd'hui encore le chemin de terre permettant d'accéder à ces terrains. Josslyn venait là en short de velours côtelé blanc et moulant, portant sur les épaules, invariablement, un châle somali ocre rouge. Contrairement à Berkeley Cole et Denys Finch Hatton, qui l'arboraient un peu par romantisme, Josslyn Hay arborait le châle somali avec le plus parfait naturel, à la manière des « fils à papa » d'Eton autorisés à agrémenter d'écharpes aux teintes vives leur uniforme de collégien.

Le charme de Josslyn, son arrogance même rassemblaient autour de lui les mâles de son entourage. Le rôle du chef lui revenait spontanément.

Petal Allen, fille de Sir Derek Erskine, se souvient également de Josslyn Hay ; c'était, dit-elle, le premier homme vraiment élégant qu'elle avait vu étant enfant. Petal se revoit, petite fille, installée sur ses genoux au champ de courses : il resplendissait assis sur sa canne-siège en costume de soie sauvage blanche, nœud papillon à pois et panama. Il portait fréquemment le kilt et allait encore avec les cheveux plaqués de part et d'autre du visage. Beau, élégant, distingué, c'était la perfection absolue. Enjoué et spirituel, il jouissait d'une immense popularité dans presque toute la colonie... C'était une personnalité marquante qui laissa une impression durable chez ceux qui le rencontrèrent.

Et pourtant, sinon qu'il fut un grand séducteur, que sait-on de sa vie au Kenya ? Les quelques colons qui l'ont connu gardent de l'homme lui-même un souvenir vague, et il ne retourna que très rarement en Angleterre. Il se peut que le souvenir se soit envolé avec les vapeurs de l'alcool, à moins que le style sommaire du parler colon, dont chaque mot est définitif, ne l'ait tout bonnement rayé. « Oh ! Un charme fabuleux ! On ne saurait dire autrement. »

Le ton se raidit si l'on demande plus de détails. Mais les

jugements sont souvent révélateurs. David Begg, un Écossais, « Bwana » Begg pour les Blancs vivant encore autour du Kinankop, connaissait bien Josslyn Hay. Il vit dans une maison des Highlands au milieu d'un décor austère à Gilgil, près des terrains de polo qu'il défricha lui-même cinquante ans plus tôt. Il manie habilement le maillet à plus de soixante-dix ans, et parle encore avec un fort accent écossais. « C'était un gars de première classe, dit-il. Il était comme presque tous ceux qui n'ont jamais rien eu à faire. Malin. Il savait se servir de son cerveau. Il avait réponse à tout. J'ai joué au polo avec lui assez souvent. Je lui donnais un coup de main pour charger ses chevaux, et il ne refusait jamais un bon conseil. Il avait l'œil quand il s'agissait de taper la balle. Un gars solide et costaud. »

« Un dur, aboya une voix dans le bar du Muthaiga, mais c'est vrai qu'il était attirant. Les femmes l'ont bien exploité. Elles le trouvaient irrésistible. »

« Il était spirituel, vraiment agréable en société. Très bon au bridge, excellent au polo, dit un autre contemporain. Mais c'était un conquérant ; il avait un nombre incroyable de femmes. Évidemment, on pouvait mener la grande vie et en mettre plein la vue avec deux mille livres par an. »

Dushka Repton est une des rares à ne pas voir en lui la séduction personnifiée. C'était une beauté russe, dont le mari, un colon du nom de Guy Repton, était d'une jalousie maladive ; l'alcool a fini par le tuer. Mme Repton ne trouva Josslyn « irrésistible » qu'une fois, celle où il parut à un bal du club Muthaiga en robe de soirée noire à paillettes, un collier de perles au cou. Les perles appartenaient à Idina. Elle se souvient des paroles de Joss en entrant : « Les perles, il faut les porter. »

A Clouds, Joss et Idina donnaient des réceptions somptueuses, durant lesquelles on se livrait à toutes sortes d'excentricités. Nina Drury, la jeune épouse de Jack Soames, allait souvent dîner à Clouds avec son mari vers le milieu des années vingt. « Il y avait toujours des drames invraisemblables, raconte-t-elle. C'était peut-être à cause du climat. »

Les soirées débutaient de manière assez formelle et les préparatifs donnaient lieu à tout un rituel. Il y avait en permanence des amis de passage pour plusieurs jours à Clouds, mais pour ces occasions-là Idina conviait également ses voisins et tous ses amoureux. Elle ne souffrait aucun refus. Son chef somali mettait la dernière main au repas, tandis que ses nombreux serviteurs dressaient des tables séparées et remplissaient les pièces de fleurs fraîchement cueillies. Puis, à l'heure convenue, lorsque les invités commençaient d'arriver, Idina prenait son bain — la baignoire se trouvait au centre d'une très vaste salle de bain — et, à la manière d'une maîtresse royale, elle se baignait et s'habillait en présence de ses convives. Elle bavardait, exigeait qu'on lui tînt compagnie en permanence, appelait auprès d'elle les nouveaux arrivants.

Les nombreux cocktails absorbés pendant ce temps ajoutaient à l'euphorie produite par ce cérémonial, et au moment de passer à table, la plupart des convives étaient déjà dans un état proche de l'ivresse. Nina Drury raconte qu'une femme déclara un soir à voix haute qu'elle venait de dresser la liste de ses amants depuis son arrivée au Kenya. « Ce n'est pas très gentil, dit Josslyn, alors qu'elle a été ma maîtresse cet après-midi. »

Un autre soir, une querelle terrible éclata entre Raymond de Trafford et Frédéric de Janzé. Jack Soames dit alors à sa jeune épouse : « Écoute, ma chérie, ça va se gâter, il faut aller te coucher. » Nina était très dépitée de ne pouvoir assister au spectacle. « Mais après, raconte-t-elle, diverses personnes ont été amenées dans ma chambre ; on pleurait, on sanglotait, on parlait de duel... ils allaient s'entre-tuer... » Une autre fois, Raymond de Trafford, perdant la tête à cause de l'alcool, sortit mettre le feu à plusieurs maisons d'Africains. L'on commua le crime en dette de jeu, et il remboursa les dégâts commis.

Quant à Josslyn, il était plutôt sobre à cette époque-là. Il n'était pas moins turbulent pour cela, mais songeait plus à séduire qu'à s'enivrer. Il n'aurait toutefois jamais mis en question le droit de ses amis à se conduire selon leur fantaisie, sans s'inquiéter d'ailleurs du surcroît de travail qui en résultait pour ses domestiques africains. Par nature, les domestiques étaient là pour assumer tous les désagréments. « Hay ne payait jamais ses serviteurs, raconte un de ses anciens serviteurs somalis, mais les Somalis disaient "Ne vous inquiétez pas", et de temps en temps, quand ça lui passait par la tête, il remettait les gages au premier Somali. Il leur arrivait d'attendre leur paye six mois, mais ils étaient nourris, logés et habillés. »

Paula Long, une beauté réputée de l'époque, épouse de « Boy » Long, un éleveur d'Elmenteita, se souvient de l'attitude déplaisante de Josslyn avec ses domestiques. « Il était horrible avec les Africains. Il les insultait en swahili. Il n'avait aucun scrupule et les faisait même veiller toute la nuit. »

Josslyn pouvait à l'occasion diriger contre ses égaux son cynisme et sa brusquerie. Ses manières aimables et ses plaisanteries désopilantes ne rachetaient guère ses propos blessants ni l'indélicatesse dont il faisait souvent preuve. Ses multiples femmes avaient un point commun : elles étaient toutes mariées. « Au diable les maris », lançait-il volontiers. Taper dans le dos d'un homme et lui emprunter cinq livres tout en le faisant cocu ajoutait beaucoup à son plaisir.

Patricia Bowles se maria deux fois sans quitter la Vallée joyeuse. Voisine et amie intime d'Idina, elle participait à l'occasion à ses cérémonies. (Elle s'est depuis retirée à Kilifi.) Même si elle avait de l'affection pour Josslyn, elle se rappelle fort bien cette facette déplaisante de sa personnalité.

« Une fois à l'hôtel Norfolk, il a dit à un enfant : ''Viens donc dire bonjour à ton papa.'' Moi, j'ai pensé : espèce de goujat ! J'étais choquée qu'il ose dire des choses aussi abominables indirectement à quelqu'un se trouvant à portée de voix. Il trouvait très drôle ce genre de plaisanteries. Il pouvait aussi être extrêmement humiliant avec les femmes. Il lançait par exemple : ''Qu'est-ce que c'est que cette robe ? Pouah, j'ai horreur du mauve !'' Ce genre d'exercices se pratiquaient surtout au bar des hommes du Muthaiga. L'on pouvait également s'y vanter à loisir de ses conquêtes. Lors de ces conversations avec ses amis masculins, les femmes se trouvaient départagées en trois catégories : « Les édredons, les bandantes et les super-bandantes. »

« Il s'attardait souvent au bar des hommes à raconter des histoires cochonnes. Il adorait les ragots, dit Patricia Bowles. Jusqu'au moment où il apercevait une jolie frimousse à travers le guichet... alors il sortait aborder la belle inconnue. Il ne pensait qu'aux femmes, il les aimait riches et brisa beaucoup de mariages. »

L'un des premiers mariages brisés par Josslyn Hay fut celui de Frédéric et Alice de Janzé.

3

La meilleure gâchette de la gare du Nord

Alice tomba amoureuse de Joss dès l'instant où elle le vit, lors de son premier voyage au Kenya avec son mari en 1925. Elle avait vingt-cinq ans. Ils étaient mariés depuis trois ans et avaient deux petites filles. Patricia Bowles, sa meilleure amie, dit au sujet de sa liaison avec Joss : « C'était intermittent, selon les circonstances, je suppose. Mais je pense qu'elle a toujours été amoureuse de lui. »

Alice était probablement la plus dangereuse de ses maîtresses, peut-être la plus fascinante et sans aucun doute — avant que les excès des bords de la Wanjohi n'eussent causé des dommages irréparables — la plus ravissante de toutes. Le teint pâle, les traits délicats, elle avait les pommettes hautes et de grands yeux tranquilles d'un violet profond. Elle avait un joli corps un peu frêle et des cheveux noirs tirés et attachés sur la nuque. Elle ne portait que des pantalons de velours côtelé avec d'amples chemisiers de couleurs vives.

Alice était l'unique enfant de William Silverthorne, un riche fabricant de feutre de Chicago, d'origine écossaise, et elle était par sa mère héritière des emballeurs de viande Armour. Elle était riche, elle était mariée, elle était mystérieuse : elle possédait tous les atouts pouvant la rendre irrésistible aux yeux de Josslyn Hay.

Alice était cependant un être rebelle et instable, traits de caractère qui ne pouvaient que s'accentuer au milieu des extravagances des années vingt. Elle avait été une adolescente turbulente, figure des soirées jeunes de Chicago, et elle souffrait de troubles psychologiques, une sorte de mélancolie. Sa mère était morte phtisique quand elle avait cinq ans, et Alice elle-même était phtisique depuis la naissance. Elle avait été élevée par une gouvernante allemande dans de vastes maisons de New York.

A la suite d'un incident traumatique et inexpliqué mettant en cause son père, qui s'adonnait à la boisson, elle passa sous la tutuelle de son oncle. Mais son père l'avait souvent emmenée en Europe ; il l'habillait comme une princesse et la sortait dans les boîtes de nuit alors qu'elle n'était qu'une jeune adolescente. Alice développa un goût prononcé pour les cocktails et se prit de passion pour les animaux ; on la voyait arpenter la Promenade des Anglais à Nice tenant en laisse une panthère noire avec un collier blanc.

Elle rencontra à l'âge de vingt et un ans, dans un magasin d'antiquités parisien, le comte de Janzé, un homme sensible et féru de littérature. Ils se marièrent à Chicago en 1922. Ils passèrent en safaris au Kenya la plus grande partie des quelques années de leur mariage, entre les naissances de leurs deux filles.

Qu'il n'y eût quasiment pas d'enfants dans la Vallée joyeuse tenait du phénomène. Ils eussent sans aucun doute perturbé le programme des loisirs des adultes, et il faut reconnaître aux habitants de la Wanjohi le mérite d'avoir su les tenir à l'écart. Joss et Idina eurent d'ailleurs un bébé, appelée Diana, que Nina Drury aperçut une fois dans le garage, endormie, posée comme un paquet sur la banquette arrière de leur Hispano-Suiza. Alice quant à elle laissa tout simplement ses deux enfants en Europe, pour plus tard les éliminer complètement de sa vie. C'est la sœur de Frédéric qui les éleva à Paris et dans le château de la famille en Normandie. « Alice savait qu'elle ne serait pas une bonne mère, dit Patricia Bowles. J'admire beaucoup son honnêteté. »

Alice ne voyait ses filles qu'occasionnellement lors de ses rares passages à Paris, quand elle descendait à l'hôtel de Bourgogne. L'une d'elles, Nolwen, mariée à Lord Clark, se rappelle n'avoir jamais éprouvé lors de ces rencontres la moindre trace de ressentiment ou d'angoisse. « Au contraire, dit-elle, j'étais captivée par cette mère mystérieuse qui vivait en Afrique. Elle m'éblouissait et, plus tard, en grandissant, je me suis prise à l'admirer pour son courage et sa force d'âme... Toutefois, c'était sa beauté d'une qualité particulière, si délicate et transparente, sa grâce et son élégance... c'était cela qui me transportait quand je la voyais. Et ses chapeaux, ses foulards, ses chaussures... c'était magique pour moi. Elle s'habillait au-delà de la perfection, avec une subtilité instinctive et mystérieuse. »

Alice fit une forte impression dans la Vallée joyeuse, et sur Idina elle-même ; tous ses amis sans exception lui vouaient une affection sans mélange. Elle était toujours au centre des événements. Elle possédait un sens aigu du comique, et les divertissait en chantant d'une voix basse et cassée accompagnée de son ukulele. D'une très grande émotivité, elle exprimait sa révolte avec vigueur dès que l'on heurtait son sens de la justice, en particulier lorsqu'il s'agissait d'animaux. Frédéric lance cet avertissement dans *Vertical Land* : « Pas un homme ne touchera son âme exclusive, obscurcie par les souvenirs, instable, suicidaire. »

Il existe une belle photographie d'Alice assise dans un fauteuil d'osier sur sa véranda ; elle porte l'inévitable pantalon de velours côtelé et un grand chapeau de feutre ; sur ses genoux est installé un lionceau de près de vingt kilos, trop grand à l'évidence pour être un animal familier, avec les pattes de la taille de sa main, sa queue lui balayant les chevilles. Alice tourne les yeux de côté, elle a le regard lointain d'une Vierge d'icône. L'on a souvent dit d'elle qu'elle ressemblait à une madone perverse, et elle se parodie peut-être elle-même sur cette photo. Elle élevait ce lionceau baptisé Samson dans la ménagerie de dimensions respectables installée sur sa propriété. Il fallut ensuite fournir au lion qui grandissait deux zèbres par semaine ; Alice, qui ne pouvait se résoudre à cette situation finit par le relâcher.

Cette photographie évoque avec force cette année 1926 qui vit naître les amours orageuses d'Alice et Raymond de Trafford. Sa liaison intermittente avec Joss, qui se poursuivait en dépit de sa nouvelle passion, avait été entourée d'un certain secret et Frédéric l'avait ignorée pendant quelque temps. Mais de telles précautions étaient impossibles avec Raymond de Trafford qui se plaisait dans les situations dramatiques.

Alice avait d'abord éprouvé une violente antipathie pour Raymond, ce qui avait fait suspecter à Frédéric le début d'une autre liaison encore. Selon les dires d'Alice plus tard, Joss fut le premier à découvrir l'affaire. Au cours d'une réception à Clouds, il remarqua qu'elle s'éclipsait en même temps que Raymond. Il se glissa alors dans la chambre à coucher attenante, d'où il entendit à travers la cloison le couple préparer sa fuite. Joss les interrompit : « Et le pauvre Joss alors ? » Ils fuguèrent la nuit même, mais sans dépasser un pavillon sur la propriété d'Idina.

D'après Nina Drury, Idina s'était plainte la veille de voir la liaison d'Alice avec Joss prendre des proportions inquiétantes. Mais à présent elle disait : « Il faut absolument me retrouver Alice.

— Et ça ne te fait pas de la peine, ce qui se passe entre Joss et Alice ? demanda alors Nina.

— Tu sembles oublier qu'Alice est ma meilleure amie », répondit Idina.

L'on se réunit le lendemain matin pour décider du meilleur moyen de faire revenir Alice. Frédéric, l'infortuné mari, accepta de partir en éclaireur. Il les trouva donc dans le pavillon. Alice dormait dans un fauteuil, tandis que Raymond occupait le lit, ce qui semblait typique de ce dernier. « Je n'oublierai jamais l'accueil qui lui fut fait à son retour, raconte Nina Drury. Elle a été reçue comme une reine. Tous les hommes posèrent un genou à terre devant elle. »

Frédéric ramena Alice à Paris dans l'espoir de sauver leur mariage, mais elle retourna presque immédiatement au Kenya pour retrouver Raymond ; puis elle revint à Paris demander le divorce. Le 25 mars 1927, Raymond arriva de Londres à Paris pour annoncer à Alice que sa famille, des catholiques fervents, menaçait de lui couper les vivres s'il l'épousait. Un ami commente : « Raymond aurait aussi bien pu écrire, mais il adorait les complications. » Il fut comblé cette fois au-delà de toute espérance ! Avant de repartir pour Londres, il déjeuna avec Alice dans un cabinet privé chez Lapérouse. Ils se rendirent ensuite dans un magasin d'équipement sportif ; un petit paquet enveloppé fut remis à Alice au bout du comptoir pendant que Raymond examinait les fusils exposés. A la gare du Nord, Alice monta dans le wagon avec lui pour lui faire ses adieux. Elle s'agenouilla devant lui, l'embrassa, sortit un revolver et tira, sur lui d'abord, puis sur elle-même. Ils furent tous deux grièvement blessés, Raymond près du cœur et Alice au ventre.

Alice avait amené avec elle le chien d'une amie, un berger allemand, qui pris de panique menaçait d'attaquer badauds et policiers voulant s'approcher du couple blessé. Paula Long, la propriétaire du chien, raconte qu'au moment où on l'emportait couverte de sang sur un brancard, la seule inquiétude d'Alice était que l'on remît bien l'animal à la bonne adresse, qu'elle avait eu soin de répéter plusieurs fois. Une telle attitude ressemblait bien à Alice, ajoute Paula Long. A l'hôpital anglais, Alice raconta à Paula, non sans une certaine complaisance, qu'une infirmière s'était arrêtée à la porte de sa chambre avec un bébé mort sous chaque bras, pour lui dire : « Un instant, je reviens. »

Alice fut accusée de tentative de meurtre. La presse couvrit largement le scandale, elle bénéficia d'une vague de sympathie populaire et le juge la mit en liberté surveillée. L'on voyait en elle l'héroïne malheureuse d'un véritable « crime passionnel ». Le juge lui-même était séduit. *« Vous êtes une traîtresse, madame »*, lui dit-il avant de la relaxer. Il apparut au cours de l'audience qu'Alice avait déjà tenté quatre fois de mettre fin à ses jours. Lorsque l'on mentionna le fait qu'elle délaissait ses enfants, elle dit, avec une certaine ingénuité : « Je répondrai seulement que cela montre la force de mon amour pour l'homme pour qui j'ai fait ce sacrifice. »

Alice revint au Kenya au début de l'année suivante mais, déclarée « étrangère indésirable », elle reçut ordre du palais du gouverneur de régler ses affaires et de quitter le pays. Quelques semaines avant son départ, elle renoua avec Josslyn. Dans une lettre à sa mère, Karen Blixen* relate leur arrivée chez elle un après-midi du mois de février cette année-là. Ayant rencontré Joss à Nairobi, elle l'avait invité à passer boire un verre chez elle. Il avait demandé s'il pouvait amener Alice. Or ce jour-là Karen Blixen reçut une visite surprise de Lady MacMillan (Northrop avait reçu le titre de chevalier) accompagnée de « deux énormes vieilles Américaines » débarquées d'un bateau de croisière pour regarder le paysage. Elles espéraient par-dessus tout voir un lion, écrit Blixen.

« Elles se sont alors mises à déplorer le nombre de personnes horriblement immorales qu'il y avait au Kenya, parmi lesquels des Américains, hélas, et à mentionner Alice comme la pire de toutes ; et moi qui savais que celle-ci pouvait arriver d'une minute à l'autre, je les ai laissées s'étendre sur le sujet autant qu'elles le désiraient. Puis la voiture de mes deux autres visiteurs est arrivée, je suis sortie les accueillir et, lorsque je suis rentrée et que j'ai présenté Lord Erroll et la comtesse de Janzé, je ne crois pas que le diable lui-même aurait fait plus d'effet s'il était entré dans la pièce ; cela valait certainement tous les lions du monde et leur a donné de quoi raconter à bord du paquebot ! »

---

* Karen Blixen, *Lettres d'Afrique, 1914-1931*, Gallimard.

4

Le joli comte d'Erroll

En 1928, après la mort de son père, Joss devint comte d'Erroll. Son union avec Idina touchait à sa fin ; ce n'était plus qu'aigreur et créances douteuses accumulées par lui au nom d'Idina chez les commerçants indiens. Si elle tolérait des liaisons passagères, Idina ne pouvait accepter une idylle sérieuse qui perturbait sa vie mondaine en le tenant éloigné pour de longues périodes.

Erroll était tombé amoureux de Molly Ramsay-Hill, une femme mariée de nouveau, plus âgée que lui, jolie femme et riche héritière. Elle était petite et mince, très vive, avec des cheveux châtains. Son mari, le commandant Cyril Ramsay-Hill, était éleveur. Il avait fait construire sur les rives du lac Naivasha un immense château tout blanc dans le style marocain, avec murs crénelés, minaret et pelouses descendant doucement jusqu'au bord de l'eau. Cette demeure, appelée Oserian, était connue sous le nom de Djinn Palace depuis l'époque de la Vallée joyeuse. Cette maison d'une beauté captivante, comparée aux mornes lourdeurs de l'architecture coloniale inspirée de Lutyens, s'agrémentait d'un splendide bar Arts déco à l'extérieur de sa salle à manger.

La légende court encore à Nairobi que, pour le punir d'avoir séduit Molly, Ramsay-Hill cravacha Erroll devant l'hôtel Norfolk, « en présence d'un public composé d'Africains, d'Asiatiques et d'Européens ». Cependant le serviteur somali d'Erroll, qui souhaite garder l'anonymat, fut témoin de la scène et relate l'affaire différemment.

Il avait accompagné Erroll, invité à passer quelques jours au Djinn Palace. Un matin, Erroll lui donna l'ordre d'équiper les deux Buick du commandant Ramsay-Hill en prévision d'un safari dans la réserve masaï, vers Narok. La première Buick partit, emmenant Erroll et Mme Ramsay-Hill, la seconde suivait avec les bagages. Lorsqu'il s'aperçut de l'absence de sa femme et de ses voitures, le commandant Ramsay-Hill envoya à leur recherche son serviteur somali ; il se joignit lui-même un peu plus tard aux poursuivants. On ne sait plus avec précision combien de jours dura la poursuite, qui donna même lieu à un gigantesque « crochet » de cent soixante kilomètres pour s'assurer que les fugueurs n'étaient pas à l'hôtel Norfolk de Nairobi. En réalité, les serviteurs somalis savaient parfaitement où étaient allées les deux voitures, mais ils préférèrent n'en rien dire... Après tout, les bwanas n'avaient-ils pas choisi de passer leur temps ainsi ?

Ramsay-Hill découvrit finalement le couple sous une tente dans un camp à Narok. Il s'efforça alors d'atteindre Erroll avec le fouet en peau de rhinocéros dont il s'était muni, le poursuivant jusque dans la brousse. Il monta ensuite dans une de ses Buick et rentra chez lui à Oserian. Ramsay-Hill intenta une action en divorce et obtint trois mille livres de dommages et intérêts pour les dettes contractées en son nom par le couple. Molly gardait toutefois le Djinn Palace.

« Le codéfendeur est une canaille, c'est évident », dit le juge. Quant à Molly, c'était non moins évidemment une femme d'un tempérament assez bas, bien que cela « puisse être dû pour une large part à l'influence du codéfendeur ». Au moment d'estimer le dommage subi par le commandant Ramsay-Hill, il déclara : « Je croyais qu'il serait bien débarrassé de cette mauvaise femme, mais ce n'est pas son point de vue. Il lui voue une grande affection, c'est évident. » Entre-temps, Idina qui demandait également le divorce, produisait deux témoignages d'enquêteurs prouvant « l'inconduite » des deux amants au mois d'avril 1928 dans un appartement de Sloane Street à Londres.

Mariés en 1930, Erroll et Molly s'installèrent au Djinn Palace. Le lord écossais devait se sentir comme chez lui au bord de ce lac magnifique semblable à un loch des hauts plateaux de son pays natal ; tout autour, plaines et montagnes, larges berges gazonnées... rien ne manquait ; par beau temps, on admirait depuis la véranda l'étendue d'eau bleu clair avec, surgissant parfois au milieu des papyrus ondulants, hippopotames, hérons, canards noirs et aigrettes blanches.

Les chambres à coucher de la maison ouvraient sur une cour intérieure dont le centre était occupé par une fontaine et un bassin carrelé. Les entrées et les sorties de ces pièces étaient facilement observables. Il y avait dans l'appartement une baignoire de marbre encastrée, bordée de céramique noire et or, pour permettre, dit la légende, aux invités ayant commis quelques excès de vomir plus facilement. Pièces et terrasses étaient meublées de sofas profonds et de fauteuils recouverts de chintz à motifs fleuris. Un portrait grandeur nature d'Erroll dans le vêtement du sacre était accroché en haut des escaliers. Une fois de plus, il se trouvait financièrement à l'abri : la propriété de Molly donnait une rente de huit mille livres par an.

Puis bientôt, pour échapper à l'ennui et parce qu'il avait un sens aigu de ses capacités, Erroll songea à entamer une carrière politique ; son autorité naturelle s'affirmait ; Lord Francis Scott, qui avait décelé ses talents politiques, l'encourageait. Cette communauté offrait des possibilités illimitées d'exercer son pouvoir. C'était une circonscription électorale tranquille, où la compétition n'existait pratiquement pas. Le premier comte d'Écosse, qui exprimait de vigoureuses convictions politiques, avait toutes les chances de devenir une figure marquante. En 1934, il s'inscrivit à la British Union of Fascists.

Dans un livre posthume, intitulé *Letters from Africa*, Nellie Grant, mère d'Elspeth Huxley, raconte les exploits d'Erroll en faveur d'Oswald Mosley, le célèbre fasciste britannique :

« 11 décembre 1934. Mercredi dernier a eu lieu au club (Muthaiga) la réunion où Joss Erroll se proposait d'expliquer le fascisme britannique. 198 personnes, pas moins, et beaucoup de bonne humeur ; il suffisait que quelqu'un ouvre la bouche pour que tout le monde applaudisse. Le fascisme britannique signifie simplement fidélité absolue à la Couronne, pas de dictature, totale liberté religieuse et sociale, salaires élevés, coût de la vie plus bas, un "Empire protégé" dans les échanges commerciaux avec les sales étrangers.

« L'on acclamait haut et fort questions et réponses. Chaque fois que Joss disait que le fascisme britannique travaillait pour la liberté totale, on pouvait entendre à l'autre bout de la pièce Mary la comtesse (Molly) affirmer que Joss serait dictateur du Kenya dans les cinq ans à venir*. »

L'année suivante, Mussolini envahit l'Abyssinie et Erroll quitta la British Union of Fascists. Il fut en revanche élu, à l'âge de trente-quatre ans, à la présidence de la Convention des associations (Convention of Associations), le « parlement des colons » — organisme non officiel et rival du très légal Conseil législatif. Eileen Scott, qui trouvait qu'Erroll s'était « beaucoup amélioré », assistait à l'élection :

« A ma grande surprise et à mon grand plaisir, Joss Erroll a été élu au fauteuil présidentiel en battant largement l'aile gauche, alors que ceux du bureau sont des hommes très valables également. Quel dommage que Joss n'ait pas un an de plus de pratique et d'expérience ; c'est un esprit si vif qu'il a du mal à écouter patiemment les membres de cette communauté solide mais fort lente. Nous venons toutefois d'accomplir un immense pas en avant ; c'est un homme capable et un gentleman. Presque tout le monde s'attendait à l'élection d'un communiste. »

Entre-temps, Erroll s'était désintéressé de sa deuxième comtesse, ce fut là pour Molly le début d'un triste déclin. Elle souhaitait désespérément avoir un enfant et un héritier mais faisait fausse couche sur fausse couche. Sentant Joss lui échapper, elle commença à boire et aussi, parfois, à s'injecter de la morphine.

Les absences d'Erroll se faisaient de plus en plus longues et fréquentes : « Il était vraiment horrible avec Molly, disait Patricia Bowles. Il engloutissait tout son argent et s'en allait tout le temps. » Le serviteur somali d'Erroll se souvient : « Bwana Hay disait aux domestiques : ça m'est égal si elle meurt. Une fois, elle était tellement soûle qu'on voulait cacher les bouteilles. Il a dit : Donnez-lui tout ce qu'elle veut. Qu'elle boive ! Et qu'elle meure, si c'est ça qu'elle veut. Et puis elle est morte. » C'était au mois d'août 1939.

Le Dr Joseph Gregory, généraliste attitré des habitués du club Muthaiga, se rappelle l'odeur de champagne et de vomi régnant dans la maison chaque fois qu'il rendait visite à Molly. Son corps était couvert d'abcès dus à l'héroïne. Gregory évoque ainsi leur dernière conversation :

---

* Elspeth Huxley, *Nellie : Letters from Africa*, Weidenfeld & Nicolson, 1980.

« Elle était malade et solitaire depuis longtemps. Elle m'a dit : "Me promettez-vous de venir à mon enterrement même si vous deviez être le seul ?" Je lui ai dit que oui, bien sûr. Elle est morte l'après-midi même. Les fleurs emplissaient sa maison après sa mort, mais de son vivant, rien, pas une pâquerette. »

Les curateurs de Molly coupèrent alors l'afflux d'argent et Erroll ferma momentanément la maison, qu'elle lui avait pourtant léguée dans son testament. Il déménagea dans un pavillon du quartier de Muthaiga, non loin du club. Il n'avait plus un sou vaillant et vivait à crédit. Son père lui avait laissé un revenu de trois cents livres par an. A part cela, il ne lui restait que « ses droits seigneuriaux » et les perles de Molly.

Cependant, son goût pour la politique l'avait transformé en un travailleur consciencieux et acharné. Il était secrétaire de Sir Ferdinand Cavendish Bentinck (le futur duc de Portland) à la commission sur la production et la colonisation. « Il plastronnait volontiers, dit Cavendish Bentinck. Le sens de la repartie, fort intelligent, très superficiel. Un homme brillant, sans doute, mais guère profond. Beaucoup de vernis, en fait. Un gars très séduisant. »

En 1939, Erroll fut élu membre du Conseil législatif pour Kiambu. Ancien sympathisant fasciste, il était devenu opposant farouche à la politique d'apaisement de Neville Chamberlain (alors qu'en Grande-Bretagne une grande partie de la droite était favorable à une politique d'apaisement). Il est vrai que Hitler avait exigé le retour des colonies allemandes d'avant la guerre. Dans son discours d'introduction à la Chambre des lords, Erroll prit position avec la dernière vigueur contre le retour du Tanganyika sous l'autorité allemande.

En 1940, Erroll, âgé de trente-neuf ans, était secrétaire d'État aux Affaires militaires pour la colonie. Il avait rejoint le régiment du Kenya avec le grade de capitaine. Il dirigeait la commission des effectifs. Il avait pour tâche de rassembler les forces d'Afrique orientale en vue de la campagne d'Abyssinie. On louait volontiers ses talents d'administrateur. Selon Sir Wilfred Havelock, qui travailla sous ses ordres, « c'était un administrateur efficace ; un homme exigeant, un travailleur brillant. Pendant qu'il était à la tête de la commission des effectifs, les dossiers de tout le personnel militaire ont disparu dans un incendie. Erroll a reconstitué le fichier entièrement de mémoire. »

En 1940 également, Erroll avait une liaison avec une femme mariée qui vivait dans la Vallée joyeuse et que j'appellerai Nancy Wirewater. Les autres femmes ne l'appréciaient guère et se montraient très étonnées de l'intérêt que lui portait Erroll. Les amants ne pouvaient se rencontrer qu'à l'heure du déjeuner ; chaque jour, Erroll faisait mettre au frais une bouteille de champagne dans la salle de billard de l'hôtel Norfolk. Auntie, la propriétaire de l'hôtel, le surprit un jour faisant l'amour avec Mme Wirewater sur une table de billard.

Apparemment, Erroll ne perdait jamais l'affection de ses anciennes maîtresses. L'une même, qui ne réussit jamais à oublier vraiment leur brève aventure, lui gardait un attachement particulier. C'était Gwladys (prononcer Gladys), Lady Delamere, veuve de Hugh Delamere. En 1920, contre l'avis de tous ses amis, elle avait épousé Sir Charles Markham, plus jeune qu'elle, et que tout le monde jugeait comme un propre à rien. L'union dura sept années ponctuées par les nombreuses infidélités des deux époux.

Elle épousa Hugh Delamere en 1928, trois ans avant sa mort. Elle était venue au Kenya la même année en compagnie d'Edward, le Prince de Galles, dont elle était la maîtresse, lors de son premier safari. Tout le monde la trouvait très attirante avec son teint pâle et ses cheveux noir de jais, sauf toutefois Karen Blixen qui décrit, en plus de son « allure étrange », sa conduite fort relâchée. Dans une lettre à sa mère, elle écrit :

« ... Lady Delamere s'est conduite de façon vraiment inqualifiable lors du souper, m'a-t-il semblé, elle s'est mise à lancer de gros morceaux de pain sur le Prince de Galles et l'un de ceux-ci m'a touché à l'œil, car j'étais assise à côté de lui, de sorte que j'ai aujourd'hui l'œil poché, et elle a fini par se précipiter sur lui, renverser sa chaise et le rouler sur le plancher. Je trouve que ce genre de plaisanterie n'est absolument pas drôle et que ce n'est pas quelque chose à faire dans un *club* ; de façon générale, je ne la trouve pas particulièrement sympathique et elle a vraiment une allure étrange, on dirait une poupée de bois avec tout son bariolage*. »

Gwladys ne faisait plus partie de l'entourage du prince lors du safari suivant.

En 1940, Gwladys était encore plus déséquilibrée, ce qui était en

* Karen Blixen, *op. cit.*

partie, pensait-on, une séquelle d'une sérieuse attaque de typhoïde, et aussi une conséquence de ses multiples déboires amoureux. Elle avait perdu sa beauté. L'abus d'alcool lui avait bouffi le visage et elle s'affublait désormais de chapeaux extravagants. Elle se donnait volontiers en spectacle, se montrait susceptible et lunatique : elle pouvait soudainement se détourner de gens à qui l'instant d'avant elle manifestait la plus fervente amitié. Pendant sa réception d'anniversaire au club Muthaiga, elle jeta une assiette d'œufs au bacon au visage d'une autre femme, et il fallut la faire sortir. Elle exprimait son racisme sans aucune retenue, allant jusqu'à insulter publiquement une femme nommée Sybil Martineau qui aurait eu « du sang africain dans les veines » ; elle se trouvait également en tête des membres du club Muthaiga souhaitant faire interdire l'entrée du club à l'Aga Khan — chef spirituel de l'importante communauté ismailienne du Kenya. Brusque, tyrannique, finaude, le physique agressif et le verbe acéré, Gwladys, à l'époque maire de Nairobi, ne ménageait pas ses « bons conseils » pour faire et défaire à son gré unions et alliances. Ses sentiments pour Erroll s'épanchaient désormais sous la forme d'une possessivité toute maternelle. Elle tolérait assez mal les femmes plus jeunes et plus jolies qu'elle.

Cependant, Alice, qui avait été autorisée à revenir au Kenya, s'était installée dans la vallée de la Wanjohi. En 1932, cinq ans après sa tentative de meurtre et de suicide de la gare du Nord, elle avait commis l'erreur d'épouser Raymond de Trafford. A peine trois mois après leur mariage à Neuilly, ils étaient séparés. Paula Long se souvient des querelles incessantes et de la scène finale qui se joua à la terrasse d'un café parisien, à la suite d'une dispute sur les talents comparés de deux conducteurs. Alice portait un chapeau avec une courte voilette. Raymond lui jeta au visage son cocktail et la cerise au marasquin se colla à la voilette. Raymond éclata de rire. Ils ne se revirent jamais. En 1939, Raymond fut emprisonné pour trois ans après avoir tué un piéton en conduisant dans un état d'ivresse avancé. En 1946, il repassait devant un tribunal pour faillite. Il donna comme adresse le Riviera Hotel, Maidenhead, Berkshire.

Alice reprit dans la vallée de la Wanjohi sa vie facile ponctuée d'accès de dépression. Elle vivait seule la plupart du temps avec un élan apprivoisé — de taille gigantesque — et Minnie, son précieux teckel. Patricia Bowles raconte :

« Elle adorait ses chiens, elle lisait beaucoup, jouait au trictrac à peu près sans arrêt — c'était tout nouveau pour nous. Nous passions un temps fou à décider où aurait lieu notre S.S.S. (Soûlerie du Samedi Soir). Ces soirs-là, elle nous poussait à boire, nous résistions un moment, puis nous nous y mettions. Elle préparait un whisky au citron avec de la grenadine et du citron vert absolument délicieux. Elle avait découvert chez le *duka* (magasin local) des alcools très curieux, avec lesquels elle faisait des cocktails merveilleux, mais on décollait rapidement avec des whiskies au citron. Elle avait une maison de plain-pied, avec des pièces sans plafond et dont les cloisons ne montaient pas jusqu'au toit, en sorte que l'on entendait tout ce qui se passait partout dans la maison. Ça a souvent créé des problèmes. On aurait pû penser que c'était gênant, eh bien pas du tout ; c'était tout à fait stimulant. »

En 1940, Alice adopta un nouvel ami : Julian « Lizzie » Lezard, une figure haute en couleur de la haute société londonienne. Lezard était un boute-en-train — débraillé, mal rasé, d'une drôlerie irrésistible. Joueur perpétuellement désargenté, il avait été envoyé au Kenya non par son père, son régiment ou ses curateurs, mais par sa femme. Les hommes le trouvaient loufoque. Les femmes — son obsession — voyaient en lui « le sauveur des week-ends rasoirs ». Elles n'ont pas oublié, non plus, sa vitalité et sa profonde curiosité à leur égard. Il existe un portrait de ce personnage étonnant dans le journal de guerre au Caire de Sir Charles Johnston, *Mo and Other Originals**. (Lezard se fit connaître pour ses exploits derrière les lignes ennemies en France, comme « le type qui s'est cassé les reins à Monte Carlo ».) Johnston raconte la façon dont Lezard accueillit la nouvelle de ses fiançailles au Caire :

« Natacha et toi sortez ensemble, Charlieboy, dit-il. Quand j'ai rien de mieux à faire, je reste au lit et je m'amuse à cataloguer les gens. Et voici la conclusion à laquelle je suis arrivé. Votre vie ensemble va être comme un dîner bien mené. Tu sais, il y a les dîners où tout le monde est déjà soûl au poisson, d'autres où on est soûl à la viande. Mais dans ta vie, c'est à minuit et pas une minute avant qu'ils seront soûls. Évidemment, mon problème à moi, a-t-il ajouté songeur, c'est que j'étais déjà soûl avant le dîner et tellement malade que j'ai été obligé de partir quand on apportait la soupe. »

---

* Hamish Hamilton, 1971.

« Lizzie » Lezard était un ancien joueur de tennis de talent venu d'Afrique du Sud avec l'équipe de la Coupe Davis. Il était le marginal privilégié, la cible de plaisanteries incessantes qu'il retournait admirablement à son avantage. La proie d'une profonde incertitude sur lui-même, il était avide d'affection et d'éloges, surtout de la part des riches et des aristocrates ; il lui arriva même de franchir les limites de la décence pour satisfaire ce besoin.

Lezard put mener grand train pendant plusieurs années. Hilda Wardell, une dame d'un âge certain et fort riche, l'avait pris en main puis épousé ; elle l'introduisit dans le cercle des chasseurs du Leicestershire. En queue-de-pie rose, ses boucles noires s'échappant de son haut-de-forme, Lezard chevauchait avec grand courage et peu de style, tombant et remontant comme un clown acrobate. « C'était un besoin qu'éprouvaient les Juifs à cette époque-là, dit un habitué de la maison Wardell, il fallait absolument qu'ils se martyrisent eux-mêmes sur le terrain de chasse. Pour se maintenir au niveau des philistins, peut-être. »

Quelques années plus tard, Hilda Wardell ne le supportait plus. Il lui avait peut-être fallu acquitter une fois de plus — une fois de trop — une dette de jeu de Lezard. Ils divorcèrent à l'amiable et elle envoya Lezard au Kenya sans un sou vaillant. Il avait entendu dire qu'Alice de Trafford, à présent divorcée de Raymond, l'accueillerait volontiers. Alice le ramena dans la vallée de la Wanjohi à bord de son van. La pluie rendait la route de la Wanjohi presque impraticable, des trombes d'eau s'abattaient sur le pare-brise et la voiture dérapait par l'arrière au bord de l'escarpement. Se tournant vers Alice, Lizzie Lezard dit : « Écoutez, j'aime autant être une merde à Londres que pionnier au Kenya. »

Erroll et Lezard étaient parfaitement assortis : le comédien et le comte, aussi désargentés l'un que l'autre, et fous des femmes. Pour Lezard fasciné par le personnage d'Erroll, le lieu idéal où habiter, le centre de toute vie mondaine, était bien sûr la maison d'Erroll dans le quartier de Muthaiga.

5

Une virée en pays masaï

> Seule une passion heureuse peut faire renaître à la vie ces hommes riches aux épouses absentes. Travailler est trop bas pour eux, et ils sont trop intelligents pour se divertir. L'ennui les poursuit, puis viennent l'âge et l'aigreur. Ils se retrouvent dans la prison du *déjà vu*, avec de tous côtés bons conseils et cheveux gris ; mais au-dedans, l'esprit toujours jeune s'indigne : « Est-ce tout, vraiment ? »
>
> Cyril CONNOLLY.

Les Delves Broughton avaient fait leurs premiers safaris au Kenya peu après l'Armistice. Vera, la première femme de Jock Delves Broughton, aimait la chasse, et c'était une véritable aventurière. Broughton quant à lui souffrait de migraines et d'une excessive nervosité, et Sir Farquahar Buzzard, son médecin, qui avait son cabinet dans Harley Street, lui avait assuré qu'une « virée » en pays masaï serait salutaire contre ses troubles, lesquels étaient, selon Broughton, la conséquence d'une insolation contractée en 1914 à Portsmouth, pendant l'embarquement de son bataillon. Il avait fait l'acquisition en 1923 d'une plantation de café au Kenya. Il y revenait en 1940, âgé de cinquante-sept ans, avec une nouvelle femme, et fuyant une autre guerre.

Broughton avait vu le jour dans le monde protégé des classes oisives, celui des courses de chevaux et des grandes propriétés. Son père, le dixième baronnet, possédait trois maisons : Doddington Park dans le Cheshire, Broughton Hall dans le Staffordshire et la dernière à Londres, dans le quartier de Mayfair, Hill Street. La famille vivait à Doddington, une demeure un peu triste mais fort belle, bâtie par Samuel Wyatt au milieu d'un paysage gazonné, entrecoupé de bosquets et de lacs. Outre les maisons il y avait dix-sept mille hectares de bonnes terres agricoles, pour la plupart dans le Cheshire, dont la valeur s'élèverait aujourd'hui à plus de soixante-dix millions de livres.

Broughton naquit en 1883 (même si le *Who's Who*, dont il remplit lui-même le formulaire, donne la date de 1888). Sa mère mourut alors qu'il avait deux ans, et son père se remaria. Il n'eut jamais de bons rapports avec son demi-frère et sa demi-sœur, et il haïssait son père, qui le laissait perpétuellement sans le sou ; il en conçut un complexe d'infériorité indéracinable vis-à-vis de ses pairs. Le bruit courut à Eton, où on le jugeait fat et borné, que son père lui versait une allocation si faible qu'il en avait été réduit à voler ; on disait également que tous ses camarades s'écartaient de lui en raison de ses accès de colère incontrôlables. En quittant Eton, il suivit l'enseignement intensif d'un cours privé, et en 1902 il rejoignait le régiment irlandais de la Garde royale.

En 1913, il épousa Vera Boscawen, issue d'une branche appauvrie d'une bonne famille. Elle était grande, les yeux bleus, élégante, d'une beauté remarquable... Broughton fut peut-être amoureux d'elle ; il en était en tout cas très fier. Un voisin du Cheshire dit de Vera qu'elle était dure comme l'ongle, qu'elle n'aimait personne et qu'elle était résolue à obtenir de l'existence le maximum. Ce qui lui plaisait ? Les courses de chevaux, le bridge, la canasta et le mah-jong — tous jeux et sports rendant impossible la conversation et tolérable la fréquentation des imbéciles. « Et cela l'excitait de tuer de grands et splendides animaux. Elle méprisait probablement Jock mais trouvait son argent bien utile. »

Broughton avait trente et un ans à la mort de son père, en 1914. Avec Valentine, vicomte de Castlerosse, il était considéré comme le plus bel officier de la Garde irlandaise. Après avoir connu tant de difficultés à acquitter ses factures au mess des officiers, il devenait soudain propriétaire de maisons et de terres et disposait de revenus princiers.

C'est alors — le 12 août 1914 — que le régiment irlandais de la Garde royale (comprenant le futur maréchal Alexander) s'embarqua pour la France. Il y avait un absent, toutefois. Kipling, dont le fils fut tué dans le même régiment, écrivit dans *Le Régiment irlandais de la Garde royale dans la Grande Guerre* : « Juste avant d'appareiller, le capitaine Sir Delves Broughton, Bart, fut porté malade et l'on dut partir sans lui. »

Broughton fut ramené du paquebot le *Novara* par un ravitailleur et un télégramme arriva au quartier général demandant au capitaine Hamilton Berners de prendre sa place. Le *Novara* leva l'ancre à sept heures du soir. Il croisa à la tombée de la nuit, au large de Ryde, le vaisseau de Sa Majesté, le *Formidable*, et échangea des signaux avec lui. Dans son dernier message au bataillon, le bateau de guerre espérait qu'il y aurait « de la bagarre ».

Dans l'Aisne, un mois exactement après son arrivée, le remplaçant de Broughton fut tué. Trouvèrent la mort également le colonel du régiment George Morris, et deux autres officiers. Lord Francis Scott devint le nouveau commandant de Delves Broughton. Deux autres officiers encore furent rapatriés blessés en Angleterre : le capitaine Vesey et le sous-lieutenant, vicomte de Castlerosse, qui retrouvèrent Broughton au dépôt de Warley.

Quelle était la nature de cette maladie ? On parla plus tard d'« insolation » survenue durant les longues heures avant l'embarquement, mais comment ne pas évoquer une grave affection psychosomatique ? Un contemporain écrit :

« J'ai seulement entendu dire qu'il était tombé malade. La journée n'avait pas été si fatigante pour un homme dans des conditions physiques normales et cette affaire d'insolation n'est pas très plausible. Ce monsieur n'était guère belliqueux et il n'a certainement plus jamais servi dans un aucun régiment. »

Broughton fut néanmoins hospitalisé à Netley et à Millibank et il se retira de l'armée en 1919, avec une pension d'invalidité à cinquante pour cent. Il traînait désormais le pied gauche en marchant, il avait la main droite affaiblie par l'arthrite — conséquence d'un accident de voiture en 1915 —, et il était sujet à des accès de confusion et à des crises d'amnésie.

Le baronnet de trente-six ans entamait une période d'oisiveté qui se prolongea vingt ans. Comme pour rattraper le temps perdu, il se mit à dépenser inconsidérément, à jouer et à donner de coûteuses réceptions. Hanté par la peur de manquer d'argent, et malgré un revenu annuel de quatre-vingt mille livres, il liquida une large part du domaine familial dont il venait à peine d'hériter. Il adhéra au Turf Club, entretenant une écurie de trente chevaux, et il devint juge de paix à la cour de Nantwich. Excellent joueur de croquet, c'était aussi un passionné de bridge et de courses de chevaux, même s'il se trouvait toujours « dans un pays chaud » pendant la saison du steeple-chase. Vera commença à chasser le gros gibier et ils firent leur premier séjour au Kenya en 1919-1920. Ils y rencontrèrent Jack Soames, un vieux camarade de classe de Broughton installé à Nanyuki. Broughon acheta la plantation de café de Spring Valley, près de Nairobi. De retour au Kenya en 1928, il fit la connaissance au Muthaiga du comte d'Erroll et séjourna à Soysambu chez Lord Delamere et sa femme Gwladys.

Broughton tenait à ce que toutes les chambres d'amis de Doddington fussent occupées chaque week-end. Il louait les services de l'orchestre du Ciro, qui jouait dans le train emmenant ses hôtes dans le Cheshire ; il pouvait également, si des amis rentrant à Londres arrivaient en retard à la gare, faire attendre l'express à Crewe au moyen d'un coup de téléphone et d'une paire de faisans jetés dans le fourgon du chef de train. Son secrétaire de Hill Street envoyait les billets de train à l'avance à ses convives londoniens. Le *Sketch* et le *Tatler* rendaient compte de ces week-ends assez fréquemment, les invités paradaient sur l'allée de gravier devant les photographes, et l'on ne manquait pas de rappeler aux lecteurs que les Broughton étaient issus d'une vieille famille « fort considérée depuis des siècles dans les comtés du Cheshire et de Stafford ».

Tant d'hospitalité ne rendit pas Broughton, le généreux baronnet, plus aimable aux yeux de ses contemporains. Les hommes s'en méfiaient, à cause peut-être de sa grande fortune, ou parce qu'il ne savait se détendre qu'en compagnie des femmes. Il était certainement vaniteux, « avec ses hauts cols et sa voix affectée » (la date de naissance mensongère fournie au *Who's Who* porte à le penser) ; il nommait à tout-va les personnalités en vue qu'il connaissait, et il pouvait bouder une semaine durant sans explication. Il était distant, solitaire, assez dénué d'humour. Ses invités à Doddington notaient cette manière déconcertante qu'il avait parfois d'entrer dans une sorte de transe de cinq minutes ou plus, en général pendant les repas, et au cours desquelles il regardait droit devant lui sans entendre ce qu'on lui disait. « Caustique ! ainsi le qualifia un ancien homme politique.

— Vous voulez dire cynique ?

— Non, pire que ça. Caustique. »

« On aurait dit qu'il avait tout le temps une mauvaise odeur sous le nez, dit un voisin du Cheshire. Il aimait les blagues scatologiques. »

« Pas très aimable, dirent les serveurs du Club. Arrogant, comme ceux de Blenheim*. Personne ne l'aimait ici. »

« De mauvaise foi, guère avenant, sinistre, tels étaient les commentaires des membres du club. C'était un couard, il a simulé une insolation parce qu'il avait peur d'aller en France. »

Une femme le voyait triste et assez hargneux, ne souriant jamais, et une autre « vicieux, froid et par bien des côtés méchant ».

Vera allait aux courses avec Lord Carnarvon, Lord Rosebery et Sir Brograve Beauchamp, mais elle menait souvent sa vie aventureuse en des lieux inaccessibles, très loin du foyer. A partir du milieu de 1930, ce ne furent plus que safaris et croisières en compagnie de son grand ami Walter Guinness, troisième fils du comte d'Iveagh, qui devint Lord Moyne en 1932. Bien des facteurs déséquilibraient l'union de Vera et Broughton. Dynamique et curieuse, Vera débordait de vitalité. Par contraste ou par nécessité, l'ennui et une lassitude de plus en plus profonde face à l'existence affligeaient Broughton. Leurs chemins allaient se séparer. Le comte d'Antrim, un visiteur habituel à Doddington, écrivit à Cyril Connolly en 1969 :

« Jock s'ennuyait peut-être dans la vie ; rien ne l'intéressait sur le plan intellectuel et s'il allait volontiers à la chasse, on ne l'a jamais vu s'y distinguer. Je suis sûr qu'il avait grand besoin de compréhension et d'affection, et surtout il avait besoin qu'on le déride. On le voyait bien s'illuminer dès qu'il prenait plaisir à quelque chose. »

Le seul fils et héritier de Broughton, Sir Evelyn, l'actuel baronnet, est né en 1915. Dix-neuf ans plus tard, en 1934, Evelyn était étudiant à Cambridge ; le père et le fils étaient quasiment étrangers l'un pour l'autre. Les termes dans lesquels Evelyn décrit son père jettent une lumière particulière sur le personnage. Les

* Le palais de Blenheim appartient aux ducs de Marlborough et aux Spencer-Churchill.

quelques contacts existant avaient généralement lieu à l'extérieur, aux courses ou à la chasse. Il ne rendit visite à Evelyn qu'une fois en cinq ans de scolarité à Eton, et ne s'était même jamais déplacé pendant ses classes primaires. « S'il y avait un problème, dit Evelyn, c'était ma mère qui venait. »

Le 4 juin de chaque année, anniversaire du bienfaiteur George III, les autres parents arrivaient à Eton avec leur pique-nique, et Evelyn demandait alors à son professeur responsable une autorisation de sortie pour aller aux courses. (Le 4 juin coïncidait parfois avec la coupe du Sacre à Epsom.) Son père s'y trouvait le plus souvent et ils se rencontraient à la tribune, comme par hasard. Broughton infligea à son fils les mêmes souffrances qu'il avait endurées dans sa jeunesse. Il lui versait une allocation si faible que plus tard il se demanda comment Evelyn réussissait à sortir avec des jeunes filles, passer les week-ends à Paris et manger dans de grands restaurants... Certes, Evelyn entretenait deux chevaux de chasse à Cambridge et il adhérait à une association de chasseurs huppée, mais son père était favorable à ces dépenses qu'il réglait directement.

A la vérité, Evelyn bénéficiait d'une autre source de revenu. Il prélevait des commissions importantes sur les paris des employés aux écuries de son père et lui-même misait habituellement avec bonheur. Un jour, il joua sept cents et quatre cents livres sur un cheval invaincu appelé Windsor Lad ; il espérait rembourser ainsi plusieurs centaines de livres à un bookmaker. Ce dernier faillit refuser le pari. Evelyn désigna d'un geste son père dans la tribune et dit que celui-ci, qui faisait courir trois chevaux ce jour-là, paierait en cas de difficulté.

« Je suis sûr qu'il paiera, parce que c'est un gentleman, dit le bookmaker. Je prends votre pari, et bonne chance. »

« Alors je suis monté à la tribune, et j'ai vu mon père qui m'a dit : ''Eh bien, tu transpires beaucoup aujourd'hui, mon garçon ?'' J'ai dit : ''Ah oui, papa ?'' Alors lui : ''Tiens, je pense que Windsor Lad est vraiment bien aujourd'hui. Voilà cinq livres. Ce n'est pas souvent que je te donne de l'argent, mais voilà un petit billet quand même.'' ''Très bien, papa'', ai-je dit. Et j'ai fait toutes les mises. Je suis retourné tout droit voir mon bookmaker. Windsor Lad a gagné. Je suis revenu à la tribune. Il a dit : ''Que se passe-t-il, mon fils, tu as l'air d'aller beaucoup mieux ? On ne te reconnaît plus.'' ''C'est à cause de ton petit billet, papa.''

« Les jeunes de cette génération montraient une autodiscipline étonnante du fait de leur éducation. Nous étions habitués aux menaces. Nous redoutions le fouet. De nos jours, les jeunes claquent la porte et puis c'est tout.

« Je me souviens d'une altercation à un dîner. J'étais assis en bout de table, à Doddington ; il devait y avoir une trentaine d'invités. Mon père m'accusait d'avoir laissé ouverte la porte de l'écurie. Je n'avais pas mis les pieds à l'écurie de la journée. C'est ce que j'ai répondu, devant tous les invités. Le ton a monté dangereusement, finalement il a dit : "Tu ne dois pas discuter avec ton père", et il s'est levé de table, sa serviette à la main — ce n'était pas un gringalet, et je n'avais pas la moindre idée de ce qu'il allait faire. De toute façon, arrivé à la porte il est tombé. Moi, entre-temps, j'étais déjà à mi-chemin dans les escaliers. Il s'est fait une ecchymose et le majordome a dû l'aider à se relever. Ma mère riait à gorge déployée. Mais voyez, il ne fallait pas répondre. Encore moins devant les invités. »

L'ennui qui accablait Broughton se dissipa soudain un jour de l'année 1935. Il rencontra son destin lors d'un week-end à Tadcaster chez son ami Jack Fielden. Il rencontra, selon les termes de Connolly, « son Ange bleu, la femme qui allait lui redonner la jeunesse en le réveillant à la sensibilité du monde ». Elle s'appelait Diana Caldwell ; elle avait vingt-deux ans, et ce week-end-là justement Fielden lui-même l'avait demandée en mariage. Mais elle l'avait éconduit. Sans être une beauté classique, elle ne passait pas inaperçue avec ses yeux bleu pâle et son épaisse chevelure blonde ; et son visage rayonnant de plaisir, la vivacité de son sourire lui avaient fait gagner bien des cœurs.

Le personnage de Diana fascinait Connolly, c'était « une de ces femmes d'alors, aux cheveux de soie blond cendré, passionnées de beaux vêtements et de bijoux, qu'elles portaient à la perfection, et qui, aimant le plaisir, savaient l'éveiller chez les autres. Ils pouvaient trouver froids ses grands yeux pâles, ceux qui n'avaient jamais connu leur sourire, et dure sa bouche ceux qu'elle n'avait jamais embrassés ».

Son nom courait déjà sur toutes les lèvres : elle dansait à Londres, chassait dans le Warwickshire et s'envolait à bord de son avion privé pour Le Touquet, Vienne et Budapest.

Son père, Seymour Caldwell, de Hove dans le Sussex, jouait, et n'avait jamais rien fait d'autre ou presque depuis sa sortie d'Eton. Sa mère avait été une très belle femme. Diana avait été brièvement mariée à un playboy musicien appelé Vernon/Motion, second piano chez Carroll Gibbons and his Savoy Orpheans ; il était fort demandé dans les réceptions, mais sa famille l'avait renié. Diana obtint le divorce pour adultère peu après leur mariage. Elle habitait désormais Londres, au 4 Duke Street, Manchester Square.

L'univers des courses et des chasses de Grafton dans le Warwickshire était devenu tout naturellement le sien. Elle entretenait un poney dans les écuries de Grafton, où elle chassait tous les week-ends en saison. Son poney gris sautait les haies les plus hautes, en se tortillant bizarrement en l'air, et l'on demandait souvent à Diana de conduire la chasse, ce qui lui valut précocement de nombreux admirateurs. A Londres, elle dirigeait avec son amie Betty Somerset un « cocktail club » appelé le Blue Goose, situé à Bruton Mews, près de Bond Street. Elle menait une vie mondaine mouvementée d'un bout à l'autre de l'Europe grâce à son avion personnel. Elle volait avec la célèbre aviatrice Amy Mollison. Elle se lia à un groupe d'aristocrates férus d'aviation, parmi lesquels le prince Stahremberg, le vice-chancelier autrichien. Ils se réunissaient à Budapest, et le correspondant du *Tatler* était comme par hasard toujours présent à ces rencontres. Il existe une photographie des deux amis en maillot de bain dans une barque, Diana tenant ses chaussures à la main. Pour satisfaire à la mode, elle avait pris un peu de poids.

L'amère expérience de son premier mariage poussa peut-être Diana à s'intéresser à un homme plus âgé. Broughton quant à lui avait quelque peine à croire à sa chance. Homme d'âge mûr et solitaire — Vera était le plus souvent absente —, il ne souhaitait qu'une chose au monde : qu'on l'aimât pour lui-même, ou à défaut d'être autorisé à aimer une personne agréable à regarder et néanmoins intéressante. La froideur même de Diana Caldwell faisait partie de sa séduction. Par réaction après le relâchement des années vingt, une attitude posée et désabusée, une certaine sophistication étaient alors de mise. Cependant, toute sa vie durant, Diana excita la méfiance et la jalousie des autres femmes. Elle plaisait aux hommes ? Peut-être, disait-on pour se venger, mais elle était dure, intrigante et assez « commune » — une insulte typiquement anglaise qui s'applique en fin de compte plus aux origines de classe qu'au style personnel. Diana gagnait les cœurs des meilleurs partis — ce qui exaspérait ses rivales —, alors que rien n'existait la concernant dans le Burke's — ce qui les réconfortait.

On la comparait volontiers aux deux épouses de Valentine, vicomte de Castlerosse. Elle aurait conçu, par exemple, la même passion pour les bijoux que sa première femme, Doris Delavigne, surnommée « Mme Goldsmith & Silversmith » et qui aurait marmonné, tout en faisant le signe de croix : « diadème, broche, clip, clip ». « Elle avait les yeux froids et méchants d'Enid Kenmare » (sa deuxième femme), a dit un contemporain en 1968. Diana quant à elle se fût probablement identifiée à Carole Lombard et à Constance Bennett de Hollywood ou, dans l'aristocratie anglaise, à Diana Mosley, la plus jolie des sœurs Mitford. Mais ses très aristocratiques rivales, qui la jugeaient *arriviste*, l'assimilaient plutôt à Jean Harlow.

On la photographiait beaucoup. Il existe un cliché d'elle très mélancolique pris en 1937 par Lenare et publié dans le *Sketch* ; son cou ravissant était encore dénué de perles et elle était demoiselle d'honneur de Lady Patricia McKay. Elle apparaît aussi les cheveux permanentés sous un grand chapeau feutre, sur une photographie du *Tatler* prise en 1939 aux courses de Leopardstown en Irlande. Elle fut souvent photographiée en compagnie d'un lieutenant jeune et beau, nommé Hugh Dickinson. A la vérité, si Diana se trouvait quelque part, Dickinson n'était jamais très loin, et il fut souvent au nombre des invités à Doddington.

Brougthon se voyait à présent comme le principal « soupirant » de Diana, et il disait « ma blonde » en parlant d'elle. Ce n'était apparemment pas un amour exclusif ; il ne s'opposait ni aux soirées dansantes ni aux excursions en voiture ou en avion ni aux nombreux prétendants. Au contraire, il l'encourageait à se distraire. Il restait fréquemment seul à Doddington alors que Diana passait la soirée à Londres au Club des 400 dans Leicester Square.

Un membre des 400, alors âgé de vingt et un ans, garde en mémoire l'image de Diana et Broughton au Club un soir de 1938 : « Il avait l'air beaucoup plus vieux que les autres hommes, qui le trouvaient assez bizarre et un peu triste ; c'est que les 400 à l'époque étaient des jeunes gens séduisants, pleins de verve. Quant à elle, elle avait les traits presque lourds... Elle n'était ni grande ni particulièrement mince. Elle avait une abondante chevelure blonde et se maquillait peu. »

Diana Caldwell avait approximativement le même âge que les enfants de Broughton, ce qui créa des difficultés croissantes avec eux et avec Vera. Les réceptions et les week-ends à Doddington se firent de moins en moins fréquents.

Une amie fidèle de Broughton pendant ces années d'avant-guerre — je l'appellerai Harriet — l'évoque de plus en plus solitaire dans sa demeure de Doddington, où flottait une atmosphère digne de Gatsby le magnifique. Harriet, une jeune divorcée heureuse de vivre, avait rencontré Broughton pour la première fois à Highclere avec Lord Carnarvon à la fin des années trente. Elle l'avait trouvé charmant, bien que tortueux et dénué de scrupules — un personnage las de tout, un homme de plaisir avec maisons et écuries, et un sens légèrement exagéré de sa position. Au dîner, Harriet lui dit qu'elle aurait voulu dépenser un million de livres par an.

« Vous ne pourriez pas, répondit-il.

— Dites-moi le plus que vous ayez jamais dépensé ?

— Une bonne année — disons 1926 —, j'ai dépensé cent vingt mille livres. Les premiers quatre-vingts sont partis très facilement, mais à moins de jouer, le reste est de l'extravagance pure et simple. »

Ils devinrent amis, et Broughton invita Harriet à Doddington. Il lui téléphona pour l'avertir que ce ne serait pas une réception et que seule sa « blonde » serait là. Harriet, qui se disait elle-même snob, détestait Diana. Elle ne viendrait pas, répondit-elle, « parce que je ne voulais pas être polie chez lui avec quelqu'un à qui j'aurais tourné le dos ailleurs ». Son père qui entendait la conversation, la pria de n'être pas aussi grossière au téléphone et de dire simplement qu'elle ne pouvait pas y aller.

Broughton la fit ensuite changer d'avis en l'assurant que, finalement, Diana ne serait pas là.

A son arrivée, on la conduisit au bout d'une longue galerie pour lui offrir le champagne (Broughton était alors contre les cocktails). Diana Caldwell se trouvait devant la cheminée. Harriet dit : « Je crois que je vais reprendre le prochain train pour Londres. » « Ne faites pas d'histoires, ma chère, lui répondit Broughton. Et inutile de prendre ce train, parce qu'elle sera dedans. » Diana venue chasser le vendredi avait déjà prévu de rentrer à Londres. Néanmoins, quelle offense si elle s'était rendu compte de quoi il s'agissait ! Après son départ pour la gare de Crewe, Harriet demanda à Broughton ce qu'il lui avait dit. « Oh, plus ou moins ce que vous m'avez dit », répondit-il. « Alors, raconte Harriet, je me suis écriée : "Quelle horreur !" Mais vous savez, je suis persuadée que ça lui était complètement égal. »

Harriet conclut que Broughton, avant tout amoureux de l'argent, ne s'intéressait pas vraiment aux femmes. Il pouvait montrer une certaine attirance physique, mais — dans son cas du moins — il s'accommodait instantanément d'un refus. Il souffrait surtout de la solitude, selon elle, et il avait grand besoin de compréhension et d'affection. C'est également ce que percevait le comte d'Antrim. Il existait peut-être une trace de masochisme dans ses choix de femmes, en particulier dans le cas de Vera et de Diana — deux figures dominatrices — conséquence, sans doute, d'une enfance malheureuse. Broughton et Vera firent en 1938 leur dernière apparition en public ensemble, au mariage de leur fille Rosamund avec Lord Lovat. L'année suivante, Broughton vendait encore sept mille cinq cents hectares de terres, ce qui réduisait à moins de deux mille hectares le domaine de Doddington. Broughton House dans le Staffordshire était déjà liquidé, et la rumeur commençait à circuler qu'il était lourdement endetté à la suite d'erreurs catastrophiques dans ses investissements. Il avait peut-être aussi beaucoup perdu sur les champs de courses, même s'il affirmait que ses activités hippiques ne lui coûtaient rien. On ne pouvait expliquer autrement la désintégration de la fortune familiale. « L'extravagance pure et simple » ne suffisait pas à le justifier puisque le domaine était géré par un conseil d'administration.

Cette année-là, Broughton déclara deux vols et, chaque fois, perçut l'assurance. Pendant l'été, les perles de la famille Broughton, assurées pour dix-sept mille livres, furent volées dans la boîte à gants de la voiture de Mlle Caldwell garée devant un grand restaurant de la Côte d'Azur, où elle dînait avec, entre autres, Rory More O'Ferrall, Mark Pilkington et son vieil ami, Hugh Dickinson. Broughton était en Angleterre. Comme le fit remarquer Dickinson, « quelle drôle d'idée de les avoir laissées là ». Au mois d'octobre, pendant un séjour de Broughton à Londres, un voleur s'introduisit à Doddington et ôta de leurs cadres trois portraits de famille, dont deux œuvres de George Romney. Ces tableaux avaient été aussi assurés récemment et fortement. Le voleur était entré par une fenêtre ouverte du premier étage après avoir vainement tenté de découper au diamant une vitre du rez-de-chaussée.

Harriet évoque une conversation avec Broughton au sujet d'un ami qui venait de percevoir l'assurance sur trois maisons incendiées. Broughton qualifiait cela de « très belle réussite ».

« Vous rendez-vous compte de ce que vous venez de dire ? lança

Harriet. Vous insinuez qu'il a mis le feu à trois maisons pour récupérer ensuite cet argent ?

— Je voulais seulement dire que tout a très bien marché pour lui, répondit Broughton. Et après tout, pourquoi pas, s'il avait besoin d'argent ? »

La femme de Lord Moyne mourut en 1939, et Vera, qui souhaitait épouser son ami, entama une procédure de divorce contre Broughton. Broughton en fut profondément surpris et blessé. S'il avait toléré la liaison de Vera, la perdre l'atteignait trop fortement dans son orgueil, et des habitudes vieilles de vingt ans allaient lui manquer, si peu chaleureuses fussent-elles.

Au mois d'août, il écrivait à Harriet pour lui confier son désespoir ; il avait le sentiment, disait-il, que sa vie se désagrégeait et qu'il était entièrement responsable du départ de Vera. Il avait dit un jour, Harriet s'en souvient, que Vera était la seule femme qu'il avait jamais aimée. Harriet n'avait pas oublié cette déclaration si étonnante dans la bouche d'un homme qu'elle avait toujours jugé cynique.

Par réaction, Broughton demanda la main de Diana ; il songeait également à émigrer au Kenya. Il avait des biens à surveiller là-bas, et il s'imaginait contribuer à l'effort de guerre en nourrissant les troupes affluant au Kenya. En outre, la situation en Angleterre devenait de plus en plus alarmante, ce qui, indépendamment des dettes, constituait un motif supplémentaire d'éloignement. Il valait mieux partir en 1940 pour la même raison qu'il était plus prudent de rester en 1914. Diana accueillit très favorablement la proposition de Broughton, mais pour des motifs également négatifs semble-t-il. Son père venait de mourir. Sa mère, plutôt insaisissable, ne s'était jamais beaucoup préoccupée d'elle. La guerre ou le mariage lui avaient enlevé tous ses amis proches ; elle avait le sentiment, elle aussi, que sa vie se désagrégeait. Tout le monde n'applaudissait pas cette idée de mariage, que Harriet trouvait désastreuse.

Ils partirent en bateau par l'Afrique du Sud. Arrivés à destination ils apprirent qu'il fallait un permis pour entrer au Kenya, à cause des difficultés de logement à Nairobi. Ils attendirent donc, tandis qu'à Londres le divorce était prononcé en faveur de Vera. Broughton et Diana ne se marièrent pourtant pas immédiatement. Cockie Hoogterp, alors baronne von Blixen (deuxième épouse de Bror von Blixen après son divorce d'avec Karen Blixen) et qui rencontra le couple à Johannesburg — où la cérémonie eut finalement lieu quelques semaines plus tard — perçut une certaine incertitude de la part de Diana. Cockie passa une soirée seule avec Broughton, puis, son mari étant revenu de service commandé de manière inattendue, elle proposa une sortie à quatre.

« Jock m'a dit qu'il valait mieux faire cela une autre fois, raconte-t-elle. Et plus tard quand je lui ai dit que ça aurait pu faire une soirée agréable, il a répondu : "Oh, Diana et moi ne sortons jamais ensemble. Je sors toujours sans elle." »

Dans la voiture les menant au Country Club, Cockie lui demanda s'il songeait sérieusement à épouser Diana. Sa réponse fut alors : « Il y a loin de la coupe aux lèvres. »

Cockie commençait à douter du bonheur de son vieil ami.

« Jock m'a prié de ne parler de Diana à personne si j'écrivais au Kenya. Il avait déjà sollicité une autorisation d'entrer en donnant l'impression que la Lady Broughton devant l'accompagner serait Vera. »

Elle écrivit néanmoins... à Lord Francis Scott.

« Il m'a demandé ce que j'avais écrit. Qu'il était avec une très jolie fille, ai-je répondu, qui, selon moi, avait le cœur dur comme du bois et n'en voulait qu'à son argent. Alors il m'a dit : "Vous vous trompez complètement, elle n'est pas du tout comme ça." Peut-être que j'avais tort en fin de compte. »

Cockie poursuit :

« Quand j'ai rencontré Diana, Jock m'a demandé si d'après moi elle aimerait Nairobi. J'ai dit qu'elle allait adorer Nairobi, mais se rendait-il compte qu'elle aurait à ses pieds tous les hommes là-bas ? "Oh, ce n'est rien, a-t-il répondu, je ne suis pas jaloux du tout." Heureusement pour toi, ai-je pensé. »

Un mois et demi avant la cérémonie, Broughton conclut avec Diana un étrange contrat, tout à fait distinct des vœux de mariage. Si Diana tombait amoureuse d'un homme plus jeune et voulait divorcer, Broughton, du fait de la grande différence d'âge entre eux, promettait de ne pas faire de difficultés et de lui assurer un revenu annuel approximatif de cinq mille livres par an pendant au moins sept ans après le divorce. C'était un arrangement très généreux de la part de Broughton, qui ne demandait rien en échange à Diana, et semblait attendre remarquablement peu de cette union.

Le mariage fut consigné sur un registre d'état civil de Durban le 5 novembre 1940.

6

De l'apéritif au lever du soleil

Le couple nouvellement uni arriva à Mombasa par bateau le 12 novembre 1940. Ils y rencontrèrent brièvement Hugh Dickinson, désormais lieutenant dans les transmissions et en poste au Kenya. A dire vrai, Dickinson, qui était pourtant marié, avait demandé sa mutation pour se rapprocher de Diana. Il avait atteint Mombasa cinq jours auparavant seulement. Le même jour, les Broughton et leur nouvelle femme de chambre, Dorothy Wilks, prenaient l'avion à destination de Nairobi.

Sur le même vol voyageait un personnage diabolique nommé John Carberry, dont les exploits sadiques étaient toujours rapidement connus des nouveaux arrivants à Nairobi. Sa femme, June, l'attendait à l'aéroport. Entre elle et Diana la sympathie fut immédiate, et elles devinrent de grandes amies.

A un moment de sa jeunesse, probablement au collège, Carberry s'était pris d'une haine farouche pour son pays natal et d'une passion d'intensité équivalente pour l'Amérique. Né John Evans-Freke, il était devenu dixième baron et troisième baronnet Carbery en 1898, à l'âge de six ans (à la différence du nom de famille, le titre s'écrit avec un seul r). Il avait poursuivi ses études à Harrow, à Trinity College, à Cambridge, en Suisse et à Leipzig. Ensuite, pendant la première guerre mondiale, il avait servi dans le Royal

Naval Air Service. En 1919, il obtint la naturalisation américaine, qui lui fut retirée en raison d'activités liées à la contrebande d'alcool, et en 1920, au Kenya, il modifia son nom par acte unilatéral ; il abandonna donc son titre et devint John Evans Carberry. Carberry avait même acquis l'accent américain ; par exemple, il prononçait « Burrrll » pour s'adresser à Beryl Markham, la célèbre aviatrice kenyanne. Sa première femme avait obtenu le divorce pour cruauté en 1919. Sa deuxième femme, Maia Anderson, aviatrice elle aussi, était morte en 1928 en pilotant son avion. C'était aux yeux de sa fille, Juanita, un suicide dû à la brutalité et aux persécutions que lui infligeait son mari.

Carberry affichait à présent des sympathies nazies, cela par pur sentiment anti-anglais. Un peu plus tôt dans le courant de cette année 1940, lors d'une réception de mariage au White Rhino Hotel de Nyeri, il avait porté un toast : « Longue vie à l'Allemagne et merde à l'Angleterre. » Cette déclaration fut rapportée à la police qui jugea préférable de ne pas donner suite à l'affaire.

Une femme qui l'avait connu gardait quarante ans après un souvenir vivace du magnétisme de Carberry. « Non seulement il était grand et beau, mais il avait une façon de marcher sur la plage de Malindi absolument... fascinante. »

Il possédait une maison à Malindi, une piste d'atterrissage — pilote, il collectionnait les trophées — et un bar nommé l'Eden Roc, où les mesures à alcool contenaient des billes. Il était propriétaire d'une autre maison et d'une exploitation d'élevage à Nyeri appelée Seremai (du mot masaï signifiant « Lieu de Mort »), site historique d'une sanglante bataille entre Kikuyus et Masaïs. C'est là qu'il faisait fonctionner sa distillerie avec son associé, Maxwell Trench, qui avait appris de ses parents jamaïcains l'art de distiller la canne à sucre. Ils fabriquaient un mauvais gin, du rhum jamaïcain, de la crème de menthe et de l'eau de Cologne.

Carberry s'était marié pour la troisième fois en 1930, avec June Mosley, la seule que son attitude monstrueuse ne désarma pas. Dushka Repton se souvient d'avoir rencontré le couple à Paris cette année-là :

« A dix-sept ans, elle était incapable d'aligner trois mots et abominablement commune. John Carberry la présenta comme sa "baby". "Elle est un peu gourde, ma *baby*", dit-il avec un lourd accent américain. Quelle *baby* ! Nous sommes sortis dîner. Elle était mal fagotée. Elle avait une robe rouge vif et un chapeau bordeaux qui faisaient vraiment bon marché. Et avec ça, des chaussures marron, je crois. J'ai dit : "Où avez-vous déniché ces affaires ?" Mais elle était très jolie. Des yeux immenses, un peu à fleur de tête, longs cils, longs cheveux et lèvres très maquillées. Elle avait l'air d'une ravissante girl de cabaret. En épousant Carberry elle a dit : "Je ne veux pas de cadeaux", et elle faisait attention à ne pas trop dépenser. Peu après leur rencontre, Carberry l'a emmenée faire un tour en avion ; il lui a demandé si elle apprécierait de faire un peu de voltige. "Alors, *baby*, ça te dit de faire un peu d'acrobatie ?" Elle a détaché sa ceinture de sécurité pour montrer qu'elle n'avait pas peur. Par chance il a tout parfaitement réussi. C'est comme ça qu'elle a gagné son cœur. »

Plus tard, on la décrivait ainsi : « Épouvantable blonde décolorée. Voix grave. Une dure de dure. Mais une personne merveilleuse, avec un cœur d'or et pas une once de jalousie. Coupez-la en deux, vous trouverez surtout du gin. »

En fait, la boisson favorite de June était la fine à l'eau, et elle buvait toute la journée, en fumant cigarette sur cigarette. Carberry buvait lui aussi, mais jamais après dîner. Le couple, qui s'injuriait copieusement, avait de terribles disputes, mais Carberry adorait sa femme et l'admirait pour sa ténacité. Elle avait de nombreuses liaisons, dont Carberry ne se formalisait généralement pas. Un jour, alors que Carberry n'était pas là, elle partit en voyage à Meru avec Derek Fisher ; mais Carberry revint plus tôt que prévu, et en découvrant l'absence de sa femme, il remonta dans son avion. Il rattrapa le couple qui roulait dans les plaines de Cole, et il bombarda leur voiture de pierres de bonne taille dont il avait chargé son avion avant de décoller.

Ses serviteurs appelaient Carberry « Msharisha », du mot masaï désignant le long fouet utilisé pour conduire les bœufs, d'une part parce qu'il était grand et d'autre part parce qu'il les fouettait sous le moindre prétexte. Concernant son attitude avec les Africains, Lady Altrincham raconte :

« Il m'était très antipathique. Un jour, comme de l'essence avait disparu, il a dit : "Mettons ça sur le dos du boy." Alors moi : "Mais ce n'est pas lui le coupable !" "Non, et alors ?" a répliqué Carberry. »

Carberry avait de fortes tendances sadiques qu'il satisfaisait sur les animaux comme sur les humains. Par exemple, il avait pris en grippe une poule, qui jouissait de privilèges particuliers dans la maison ; June, qui aimait les animaux, s'était prise d'affection pour ce volatile, qui avait même le droit de pondre ses œufs sur le canapé. C'était plus que Carberry pouvait tolérer. Il fallait, déclara-t-il, faire subir une épreuve à cette poule pour voir si elle était digne d'un tel traitement de faveur. Il paria avec le gérant du domaine de Seremai que l'animal lâché d'avion réussirait à voler, du moins suffisamment pour survivre. Les invités à Seremai ce jour-là gardent en mémoire la vision de la poule tombant comme une pierre de l'avion de Carberry. On la crut d'abord morte, mais quelques heures plus tard on la découvrit qui se traînait dans la shamba de café. La poule retrouva dès lors tous ses privilèges.

Une table pour trois avait été réservée au Muthaiga pour le déjeuner du jour de l'arrivée (le 12 novembre) des Broughton, qui devaient loger là en attendant d'avoir trouvé une maison. Leur invitée était Gwladys Delamere, maire de Nairobi. Broughton qui l'avait connue à l'époque de son premier mariage en Angleterre, la considérait comme une amie proche. Gwladys Delamere agissait en tsarine dans la haute société de Nairobi, et Broughton était sage de lui présenter ses respects prioritairement. Peut-être Gwladys pensait-elle aussi le voir arriver avec Vera. Diana aurait grand besoin de son approbation.

En passant devant la loge du concierge pour pénétrer dans les salons tendus de chintz du club, Broughton dut trouver, après treize ans d'absence, que le lieu avait perdu un peu de sa splendeur d'antan. Le club, autrefois désert en semaine, bourdonnait d'activité, envahi d'officiers venus d'Afrique du Sud ou faisant la navette entre l'Angleterre et Le Caire. Nairobi et le Muthaiga étaient devenus des centres de distraction pour les troupes en permission.

Gwladys invita à son tour les nouveaux mariés à dîner ce même jour ; se joignit à eux un quatrième convive, Jack Soames, venu pour l'occasion de sa propriété de Nanyuki. Les sujets de conversation ne manquaient pas : la Grande-Bretagne subissant le black-out, la difficulté de maintenir une exploitation agricole en temps de guerre, les ragots du Turf Club. On commanda des bronxes* avant le dîner, et du champagne. Quelqu'un s'interrogea sur les raisons qui avaient poussé Broughton à quitter l'Angleterre. Un homme de son âge, répondit-il approximativement, n'aurait pu

* Cocktail américain : vermouth, gin et jus d'orange *(NdT)*.

trouver à se rendre utile pendant la guerre en Angleterre. Il pensait en outre qu'une nouvelle vie exigeait un cadre nouveau, et il était impatient de faire découvrir à Diana les splendeurs du Kenya.

Le couple partit presque immédiatement visiter l'intérieur du pays pour présenter Diana aux vieux amis de Broughton. Ils séjournèrent chez Lord Francis Scott, Mervyn Ridley, Soames, et « Boy » et Paula Long. Les Long, justement, voyaient Diana pour la toute première fois, et ils furent fort surpris d'entendre la jeune mariée déclarer devant son mari et leurs hôtes : « Pas question de partager une chambre avec ce vieux dégoûtant. Je veux absolument avoir ma chambre. »

C'était apparemment une clause non écrite du pacte. Broughton semblait très amoureux de Diana qui, après les années de semi-liberté, les nuits passées à danser, les excursions en avion et les fugues avec ses galants du club des 400, commençait déjà à trouver leur union pesante.

Leur visiste chez le « commandant » Soames à Bergeret ne contribua certainement pas à améliorer l'idée que se faisait Diana des anciens d'Eton. Soames avait poursuivi la même scolarité que Broughton, et ils avaient entrepris ensemble le long voyage de 1923 en direction du Kenya. C'était alors le deuxième séjour africain de Broughton. Soames avait divorcé de Nina Drury une dizaine d'années auparavant. Même si elle n'en souffrit jamais directement, Nina Drury avait parfaitement conscience des goûts particuliers de son époux. « Il pouvait se montrer si charmant que cette facette de sa personnalité passait le plus souvent inaperçue aux yeux des gens », disait-elle.

Victime de son imagination morbide, Soames pratiquait le voyeurisme de manière de plus en plus alarmante. Il en était venu à percer des trous dans le plafond au-dessus des chambres de leurs invités pour les épier à son aise.

« Cela avait pris des proportions importantes dès avant notre mariage, explique Nina Drury, et les gens commençaient à se méfier de lui. »

Il se montrait désormais désobligeant avec ses serviteurs, et se conduisait en tyran. Un jour, un domestique avait laissé se vider la réserve d'eau chaude en oubliant de remettre convenablement la bonde, ce qui avait « foutu en l'air » le bain d'un invité. Armé d'un revolver, Soames pourchassa le domestique terrifié à travers toute la propriété en jurant de le tuer. « Tu ne vas pas donner du gâteau à ces babouins ? » dit-il une fois à Gloria, sa maîtresse et future femme, qui proposait au domestique ayant servi le thé de prendre le reste du gâteau au chocolat.

Un matin où l'on était à court de distractions, Soames proposa à ses convives un petit exercice de tir. N'était-on pas en pleine guerre ? Broughton applaudit à cette idée ; il était essentiel, pensait-il, que Diana apprît à se défendre toute seule avec un revolver. On installa une cible. Sous les yeux des autres convives, Broughton, Diana et Soames tirèrent à tour de rôle cinquante à soixante coups en direction des broussailles. Diana toucha assez souvent la cible, et Broughton presque jamais.

Broughton et Diana regagnèrent Nairobi aux environs du 25 novembre. Broughton repartit presque immédiatement visiter l'exploitation dans laquelle il avait des intérêts, au bord du lac Naivasha. Le 30 novembre il était donc absent du Bal calédonien au club Muthaiga. Joss Erroll et Diana se rencontrèrent pour la première fois ce soir-là.

Diana avait attendu l'heure du dîner dans sa chambre en écrivant son courrier. En descendant l'escalier, elle vit trois hommes assis sur le canapé ; ils riaient, l'un portait un kilt. Quand leurs yeux se croisèrent, raconta-t-elle plus tard : « J'ai eu l'impression extraordinaire d'être soudain devenue ce qu'il y avait de plus important dans sa vie. » Erroll l'invita à dîner. Y aurait-il d'autres gens ? demanda-t-elle, car elle savait qu'il lui serait impossible de cacher ses sentiments, seule avec lui. N'était-elle pas mariée depuis moins d'un mois ? Erroll, quant à lui, était libre. Ses deux mariages appartenaient au passé, et sa liaison actuelle avec Mme Wirewater se poursuivait par correspondance entre Nairobi et Le Cap, où elle s'occupait de la rentrée des classes de ses enfants.

Lorsqu'ils finirent par se retrouver seuls ensemble pour la première fois, et avant même le premier baiser, alors que ni l'un ni l'autre n'avait évidemment déclaré son amour, Erroll lui dit : « Alors, qui va en parler à Jock ? Vous ou moi ? » Cela se passait à peu près un mois et demi avant que les deux hommes ne discutent véritablement de la situation. Entre-temps Diana devait tomber amoureuse pour la première fois de sa vie.

Au retour de Broughton deux jours plus tard, le couple s'installa dans une manière de routine consacrée aux parties de croquet, de bridge, de trictrac et d'invitations à l'heure du thé, le tout ponctué par les déjeuners et les dîners au Muthaiga. Erroll passait désormais le plus clair de son temps au club. Le quartier général militaire où il travaillait était proche et sa maison à quelques mètres à peine. Broughton, qui le connaissait un peu depuis ses séjours précédents, se prit d'amitié pour lui. Au début du mois de décembre, Erroll s'attablait en compagnie de Broughton et Diana à presque tous les repas, et si Diana avait d'autres occupations, Erroll et Broughton déjeunaient habituellement ensemble*.

Que pensait Broughton d'Erroll ? Il disait de lui : C'est « le type le plus amusant que j'aie jamais rencontré. » Or Broughton désirait par-dessus tout qu'on l'amusât. En outre, l'intérêt que lui portait un homme plus jeune le flattait en ravivant cette image de lui-même, quelque peu affadie par le temps, de fringant jeune officier du régiment irlandais de la Garde royale.

« S'il est possible de se faire un ami véritable en deux mois, dit-il au tribunal, alors je peux dire que Joss Erroll en était un. »

Ces repas étaient fort agréables. Broughton savait étonner son nouvel ami avec ses anecdotes sur les passions compliquées qui agitaient son entourage, sur la Coupe de Liverpool et les saisons londoniennes, sans oublier les affaires judiciaires parfois insolites qu'il avait connues lorsqu'il siégeait à la cour de Nantwich. Il goûtait en échange l'humour féroce d'Erroll et cette manière impudique, qui lui était particulière, de dévoiler soudain des pans entiers de sa vie privée mouvementée.

Diana s'était fait entre-temps deux amis assidus : Hugh Dickinson, qui était une vieille connaissance, et Richard (Dickie) Pembroke, qui était tombé amoureux de la femme d'un de ses camarades officiers du deuxième régiment de la Garde à pied et avait dû selon la règle solliciter sa mutation. La dame s'abstint toutefois de suivre Pembroke, en sorte qu'il se retrouvait « en supplément ». Il jouait de temps à autre au bésigue avec Broughton, et lui aussi tomba amoureux de Diana. C'était selon elle l'homme le plus insipide qu'elle eût jamais rencontré ; elle lui avait même

---

* Dans les descriptions qui suivent, les déclarations de Broughton et des autres, comme Gwladys Delamere, sont tirées des annotations manuscrites du procès, au cours duquel ces jours et heures décisifs furent examinés de très près. La plupart des informations relatives aux faits proviennent de cette source, mais j'y ai ajouté certains éléments de mes propres interviews, en particulier les conversations entre Erroll et Diana.

demandé de lui rappeler son nom à la fin de leur premier dîner ensemble. « Dickie, avait-il dit, Dickie Pembroke. »

Ces « sorties » de Diana ne surprenaient nullement Broughton. N'avaient-ils pas conclu un pacte selon les termes duquel elle était autorisée à se distraire ? Broughton, cependant, se pliait aux clauses du contrat avec un scrupule qui outrepassait de loin les limites de la simple passivité. Il semblait presque impatient de concéder le point essentiel de ce contrat.

Enfin, le 5 décembre, les Broughton quittèrent le club pour s'installer dans leur maison de la banlieue de Nairobi, à Karen, du nom de la baronne de Blixen. C'était une solide bâtisse Sunningdale Tudor avec onze hectares de terrain. L'on mit sous l'autorité de Dorothy Wilks, la femme de chambre, et d'Abdullah ben Ahmed, « débauché » du club Muthaiga, les quinze domestiques engagés en prévision de ce déménagement. Broughton prit contact en vue d'un emploi avec une de ses vieilles connaissances, Sir Ferdinand Cavendish Bentinck, président de la commission « Production et Colonisation ». Le couple avait selon toute apparence l'intention de s'installer.

Le 18 décembre, Broughton partit soudain passer quatre jours chez Erroll dans son pavillon près du Muthaiga. Il laissait donc Diana seule chez eux pendant quatre nuits. Ils se retrouvèrent le 22 décembre au club où Gwladys Delamere avait organisé une réception d'anniversaire commune pour elle-même et Diana. Il y avait quarante-quatre invités et l'on devait danser « de l'apéritif jusqu'au lever du soleil ». Ce fut en fait une des dernières soirées de l'*ancien régime**. Il y avait parmi les invités de nombreuses anciennes amantes d'Erroll, y compris Gwladys elle-même, Alice de Janzé et, peut-être, Idina. Paula Long décrivait Diana et Joss dansant « comme s'ils étaient soudés l'un à l'autre ». Comme devait le remarquer Broughton plus tard, lorsque deux êtres éprouvent l'un pour l'autre un désir suprême, on ne peut que se rendre ou s'enfuir. Il n'y avait nul endroit où s'enfuir en cette période de guerre.

L'histoire d'amour prit forme aux environs de Noël, et au début du mois de janvier la plupart de leurs amis remarquèrent que le nouveau couple était devenu inséparable ; le notèrent surtout, bien sûr, ses autres soupirants « autorisés », tels que Dickie Pembroke,

---

* En français dans le texte *(NdT)*.

qui disait : « Il n'y avait qu'à les regarder pour voir qu'ils étaient amoureux. » Certains se firent complices, comme en particulier June Carberry. Mais Broughton ne s'aperçut de son infortune que très lentement, c'est du moins ce qu'il sembla, à en juger par son comportement.

Le 3 janvier, Broughton était un mari trompé. Diana et Erroll passèrent le week-end à Nyeri dans la maison de June qui avait quant à elle pris discrètement la route pour Malindi sur la côte. Les amants regagnèrent Nairobi le lundi 6 janvier, tandis que Broughton trouvait dans son casier du club Muthaiga une lettre anonyme ainsi formulée :

« Vous sembliez sur des charbons ardents au club hier soir. Le triangle éternel, comme d'habitude ? Et alors, qu'est-ce que vous allez faire ? »

Il la montra à Diana au club le soir même. « Qu'est-ce que vous pensez de ça ? » dit-il. Tout le monde rit. Néanmoins, Broughton savait ce qui se passait. Il avait reparlé à Diana de leur projet de voyage à Ceylan prévu pour ce mois de janvier ; la décoration intérieure de la maison de Karen n'était pas tout à fait terminée, avait-elle objecté pour différer leur départ.

Broughton se trouva confronté au problème de manière plus directe lors du dîner donné à Karen le 12 janvier. Avaient pris place autour de la table Gerald Portman, Richard Pembroke, une demoiselle Lampson, Erroll, Gwladys et les Broughton. Le maire de Nairobi accapara l'attention presque toute la soirée en cherchant querelle au commandant Portman sur les contributions relatives à l'effort de guerre de la Grande-Bretagne et des colonies. Rien ne pouvait arrêter le flot d'invectives et quelqu'un brisa un chandelier de cristal en tapant sur la table.

« Cela a-t-il fini par régler les choses ? demanda-on plus tard au commandant Portman.

— Nullement, répondit-il. On était particulièrement échauffés. Si échauffés que je suis persuadé qu'il y avait un enjeu personnel dans tout ça. »

Mais que faisait donc là le commandant Portman, s'il pensait vraiment ce qu'il disait ? commenta le maire de Nairobi.

« Un dîner très désagréable dès le début, raconta Broughton. Il y a eu une dispute épouvantable entre Lady Delamere (Gwladys) et monsieur Portman qui se sont injuriés comme des poissonniers, ce qui est toujours gênant pour un hôte. Ensuite nous sommes allés dans la pièce où se trouve le piano et où l'on danse. Là tout a recommencé, comme si leur empoignade du dîner n'avait pas suffi, et je dois dire que j'ai trouvé cela extrêmement déplaisant. Je me souviens aussi que Lady Delamere a accompagné mon épouse dans sa chambre à coucher, où elles sont restées environ une demi-heure. Les hommes en bas s'ennuyaient beaucoup parce qu'ils n'avaient personne avec qui danser. »

Un disque tournait sur le phonographe, mais Gwladys avait déserté la piste de danse ; une affaire beaucoup plus pressante l'appelait soudain loin de M. Portman et des mérites comparés de la Grande-Bretagne et des colonies. Lord Erroll l'avait d'abord prise à part après le dîner dans une petite pièce du rez-de-chaussée.

« Il m'a dit qu'il aimait beaucoup Lady Broughton. Vraiment beaucoup, rapporta Gwladys. Qu'il était prêt à tout pour elle et qu'il avait décidé de l'épouser ; qu'il n'avait jamais été si heureux... et il m'a demandé ce que je pensais d'elle. Puis comme il voulait mon opinion, je lui ai conseillé de tout avouer à Sir Delves. Ce qu'il a dit de cela ? Il a dit : "Vous avez souvent raison. Je vais y réfléchir et je vous tiendrai au courant." »

Puis, à son tour, Diana la prit à part, à moins que Gwladys elle-même n'eût entraîné Diana dans le petit salon pour lui demander :

« Savez-vous que Joss est très amoureux de vous ?

— Oui.

— Alors, qu'allez-vous faire ? »

C'était une des expressions favorites de Gwladys.

Diana lui proposa une visite de la maison nouvellement décorée et la conversation se poursuivit dans sa chambre à coucher.

« Veut-il vous épouser ? » s'enquit Gwladys. Diana répondit que oui, et Gwladys lui fit part de son affection pour Joss, qu'elle souhaitait beaucoup voir heureux ; il avait été malheureux avec sa première femme, tandis que sa deuxième femme, Molly, était trop vieille pour lui. Elle laissa entendre qu'avec ce nouvel amour Joss rencontrait pour la première fois le véritable bonheur. Diana ne voulait pas faire souffrir Broughton pour qui elle éprouvait une grande tendresse.

« Oui, répliqua Gwladys, mais c'est un homme âgé, qui a sa vie derrière lui. Prenez le bonheur comme il se présente. C'est la guerre, savez-vous ? »

Elle lui donna finalement le même conseil qu'à Erroll, c'est-à-dire de tout avouer.

« C'est ce qu'il y a de mieux à faire, dit-elle. Il ne vous lâchera jamais, sinon. »

Joss avait essayé de convaincre Diana qu'il fallait désormais invoquer le pacte — Broughton n'avait-il pas donné sa parole ? Diana hésitait, cependant. Franchir ce pas lui semblait difficile. C'est sous l'influence de Gwladys que, finalement, elle passa outre à ses réticences.

Apparemment, Gwladys ne ménageait pas ses « bons conseils » pour encourager la liaison. Erroll lui avait déjà annoncé qu'il projetait « d'enlever » Diana.

« Pas de scène d'adieu, surtout, dit-elle. Laissez juste un mot sur son oreiller. » (Elle devait plus tard nier avoir tenu de tels propos.)

Puis, après sa conversation avec les deux amoureux, elle s'en fut annoncer à Broughton la mauvaise nouvelle.

Broughton était monté leur dire qu'au rez-de-chaussée les hommes s'ennuyaient, sans personne avec qui danser.

« Alors elles sont descendues, raconta plus tard Broughton. Et Lady Delamere est venue s'asseoir à côté de moi. Elle regardait Lord Erroll et ma femme qui dansaient... Moi aussi je les regardais... Et Lady Delamere m'a dit : ''Savez-vous que Joss est follement amoureux de Diana ?'' Ce qui, dirais-je, m'a donné matière à penser. Après cela j'ai été distrait au point de faillir à tous mes devoirs d'hôte envers Lady Delamere, et je n'ai plus été aussi attentif que j'aurais dû l'être. Elle venait de confirmer mes pires craintes et j'avais l'esprit ailleurs. » Malgré ce choc, Broughton invita Erroll à passer la nuit chez lui. Cette passivité, cette façon de dissimuler ses véritables sentiments en manifestant une amitié exagérée devait devenir caractéristique de Broughton, de même qu'étaient caractéristiques d'Erroll, le séducteur de femmes mariées, sa totale absence de retenue et son mépris du mari trompé. Les deux hommes firent même ensemble, et avec Diana, une promenade à cheval dans la réserve kikuyu le lendemain matin.

Plus tard dans la matinée, Broughton parla de la situation à Diana : « Il me semble que vous sortez un peu trop souvent avec Joss. » Ils déjeunèrent au Muthaiga en compagnie d'Erroll, puis chacun partit vaquer à ses affaires. Diana prit le train à destination de Malindi où l'attendait June Carberry dans une maison envahie d'officiers de l'armée de l'air. Personne ne savait qu'Erroll prendrait le même train en gare d'Athi, à la sortie de Nairobi, avec Waiweru, son serviteur, et son bar portatif. Hugh Dickinson devait également les rejoindre à Malindi.

« Très peu de gens savaient déjà qu'ils étaient amoureux, raconta Dickinson. J'étais en poste à Malindi mais dans des conditions fort inconfortables. J'avais la responsabilité d'un petit atelier, alors j'ai délégué l'autorité au caporal-chef et je suis allé habiter chez les Carberry. Diana et Joss m'ont annoncé qu'ils étaient amoureux dès leur arrivée. En fait, ils m'ont dit qu'ils voulaient que je sois le premier à l'apprendre. »

Dickinson prit sur le ferry de Kilifi une des rares photographies d'eux ensemble : Erroll en uniforme et en short, Diana en pantalon moulant et lunettes de soleil, tous les deux debout près d'une voiture de l'armée.

Broughton quant à lui était parti (le 13 janvier) chercher refuge auprès de son vieil ami Jack Soames, à Nanyuki. D'après Soames, il semblait dans son état normal à son arrivée, mais ensuite son comportement changea.

« Nous avons pris un whisky soda à six heures, dit Soames. On a branché la radio à sept heures moins le quart ; et puis on a bu deux autres whiskies soda ; c'est là qu'il a perdu pied. »

Broughton qui avait déjà bu avec excès pendant la semaine précédente, venait demander conseil à Jack Soames. Il craignait qu'Erroll, beaucoup plus jeune que lui, ne lui enlevât Diana ; il expliqua son point de vue en jargon hippique : « Il a l'avantage du poids, je lui rends au moins quatorze livres. » Soames donna donc son avis : Broughton devait rencontrer Erroll et lui demander s'il était amoureux de Diana. « S'il dit que non, qu'il décampe. S'ils sont amoureux, fais la part du feu. Fais tes bagages et rentre en Angleterre. »

Voyant son ami boire de plus en plus et l'effet désastreux que cela produisait sur lui, Soames commença à s'inquiéter. Broughton lui expliqua qu'il absorbait beaucoup de whisky et de gin depuis qu'il avait appris la liaison de sa femme, et que cela le rendait triste et larmoyant mais l'aidait à s'endormir ; il n'avait pas l'habitude des excès d'alcool. Cela faisait toutefois un moment, dit-il, qu'il prenait du whisky avant de se coucher. « Deux ou trois, peut-être », depuis son arrivée au Kenya. Soames jugea sans doute lors de ces quatre sinistres journées que son ami n'avait point résolu ses troubles du sommeil puisqu'il lui fit découvrir le Medinal, une forme de morphine. Broughton rapporta la bouteille à Nairobi et commença à en user de manière habituelle.

Il rentra le samedi 18 janvier. Erroll et Diana étaient déjà de retour depuis quatre jours, qu'ils passèrent chez Erroll. June était revenue le 17 janvier.

Erroll avait téléphoné à Gwladys Delamere, tandis que June Carberry écoutait la communication :

« Nous avons suivi votre conseil, Gwladys. Il n'y aura pas de scènes d'adieu, et nous ne laisserons pas de lettre. »

Le même jour, Broughton trouvait dans son casier du club Muthaiga une deuxième lettre anonyme : « Savez-vous que votre femme et Lord Erroll sont demeurés seuls chez les Carberry à Nyeri ? »

Broughton détruisit la lettre, cette fois sans la montrer à Diana.

Rien, apparemment, ne pouvait empêcher un déjeuner au Muthaiga — pour Broughton cela signifiait toujours une trêve — mais lors de ce repas du 18 janvier les réunissant tous les trois, ainsi que June, la tension croissante commençait à être sensible, sur Diana en particulier.

« C'était tout à fait agréable, dit Broughton plus tard, mais ma femme était dans un état de nervosité extrême. »

Elle lui dit alors qu'elle souhaitait lui parler, ce qui ne l'étonna certainement pas.

A leur arrivée à Karen l'après-midi, Diana lui annonça qu'elle était amoureuse d'Erroll. Broughton lui proposa — c'est du moins ce qu'il prétendit au tribunal — de venir passer trois mois avec lui à Ceylan pour mettre à l'épreuve cette passion naissante. Puis il téléphona à Erroll à son bureau.

« Joss, ne pensez-vous pas que nous devrions nous voir maintenant ? »

Ils prirent rendez-vous une heure plus tard chez Erroll. En avance, Broughton erra un moment dans la maison avant de regagner la véranda pour demander un whisky soda à Waiweru. Waiweru et le jardinier occupé à tailler la pelouse rapportèrent la confrontation entre les deux hommes. (« Le visage d'Erroll a changé comme s'il venait d'apprendre une nouvelle contrariante ; Broughton parlait fort et d'un ton vif, en tapant le fauteuil avec son poing, tandis qu'Erroll écoutait en silence d'un air compatissant. ») Broughton quant à lui affirma ensuite qu'il s'était montré ferme mais sans véhémence excessive — une discussion d'affaires.

La conversation, telle qu'on la rapporta au tribunal, débuta comme suit :

« Diana me dit être amoureuse de vous.

— Ma foi, elle ne m'en a jamais parlé mais je suis quant à moi terriblement épris d'elle. »

Broughton suggéra à Erroll de convaincre Diana de suivre son mari à Ceylan, « car nous avons été terriblement heureux tous les deux ». Il conseilla à Erroll de s'éloigner également.

En apparence du moins, Broughton faisait la part du feu, et il s'en tenait au pacte de mariage. Il affirma être resté de marbre lorsque Erroll avait refusé de partir. Quant à Erroll, cette situation lui était aussi familière qu'un très vieux pas de danse. Il demeura calme. Impossible de partir, dit-il ; désolé, mais « on est en guerre, voyez-vous ? ». Selon Broughton, Erroll répéta cela trois fois au long de leur conversation. Il essaya vainement de découvrir la situation financière d'Erroll.

Était-ce tout ?

« Il a dit aussi que tout ça l'attristait profondément, rapporta Broughton, parce qu'il y avait une grande amitié entre nous. Nous étions tous les deux aussi calmes que possible. »

Pour sauver les apparences, Broughton souhaitait que Diana restât chez eux à Karen au moins jusqu'à son départ à Ceylan. Il espérait même qu'elle ne quitterait pas leur maison pour vivre chez Erroll pendant les trois mois de son séjour en Asie.

L'arrivée de Diana et de June traversant la pelouse mit un terme à la discussion. Broughton ressortit avec June ; ni Diana ni Joss n'acceptaient de partir, lui dit-il alors, en sorte qu'il avait la nette impression de « déranger ». Peut-être était-ce à lui de dégager le terrain ? June crut qu'il parlait de suicide, et Broughton reconnut par la suite qu'il n'était pas impossible qu'il y eût songé. Il était six heures ; Errol rentra dans la maison préparer un cocktail pour Diana, puis il reconduisit Broughton en voiture jusqu'au club à quelque huit cents mètres de là.

Broughton repartit du club tout seul avec son chauffeur. Erroll, Diana et June y restèrent ; on les vit rire avec l'air de fêter un événement. Erroll réserva ensuite une table pour huit. Broughton dîna seul à Karen, pour la première fois.

Incapable de s'endormir, il attendit debout le retour de sa femme et de June Carberry. Elles rentrèrent du Muthaiga à trois heures du matin. Diana portait un nouveau collier de perles et Broughton ne manqua pas de s'en étonner. June Carberry expliqua plus tard qu'elle avait partagé le lit de Diana qui entendait « des craquements dans la maison ». Mais elle se mit à rire en voyant Broughton les épier par l'embrasure de la porte, et elle ne put s'empêcher de le railler : « Je lui ai dit que ça me rappelait la pièce *Love From a Stranger*, une pièce de théâtre tirée d'un roman d'Agatha Christie qui s'était jouée peu auparavant à Londres et qui traitait d'une relation triangulaire se terminant par un meurtre.

Broughton discuterait d'un point seulement à cette heure tardive. Diana lui dit qu'Erroll lui avait donné les trois rangs de perles qu'il voyait autour de son cou. Broughton lui rappela un autre bijou de grande valeur — des perles également — dont Diana avait payé la moitié du prix en Angleterre, Broughton ayant promis de verser l'autre moitié.

« Je lui ai demandé si elle souhaitait payer la somme restante et garder le bijou ; ou préférait-elle me le laisser une fois que j'aurais payé le tout ? »

En fait, Broughton lui annonçait ainsi qu'il désirait récupérer les autres perles. Il ne renonçait pas aussi aisément que l'on aurait pu le croire.

Le lendemain matin, Diana prit son petit déjeuner au lit, les perles d'Erroll toujours autour du cou. On était le dimanche 19 janvier et ils eurent ce jour-là, selon Broughton, un déjeuner « fort agréable » à Karen en compagnie de Derek Erskine et de sa famille, venus à cheval de chez eux à treize kilomètres de là ; Gwladys, Erroll et June étaient également présents. La fillette de Derek Erskine, Petal Allen, gardait un souvenir vivant de cet après-midi à Karen :

« On a fait plein de cabrioles en sautant dans la piscine. Diana a dit à sa femme de chambre : "Donnez à Petal le maillot de bain qu'elle voudra !" Elle en avait près de quarante. On s'est beaucoup amusés à se monter les uns les autres sur le dos et sur les épaules. Je me souviens que Broughton buvait trop et qu'il était mécontent. Diana et Joss étaient visiblement très attirés l'un par l'autre et ne faisaient aucun effort pour le cacher. Il y a eu pas mal de chahut et de serviettes brusquement tirées. »

Son frère, Francis Erskine, apprenait à plonger ce jour-là. Il se rappelle avoir été effrayé en jetant un coup d'œil vers la maison par la vision de Broughton qui les observait d'un air sombre depuis la fenêtre.

Plus tard, June annonça qu'elle rentrait à Nyeri. Au dernier moment, Diana décida de l'accompagner, car, dit-elle, elle ne pouvait pas rester à Karen avec son mari étant donné la situation.

Au lieu de cela, elles allèrent chez Erroll à Muthaiga. Le 21 janvier, la très honnête et fort vigilante Mme Phyllis Barkas, membre du club Muthaiga, vit Diana danser avec Erroll au Torr's Hotel. Mme Barkas surprit également une conversation téléphonique entre Broughton et Erroll ce même jour au club Muthaiga. Broughton disait : « Est-ce Lord Erroll à l'appareil ? C'est vous, Joss ? » Puis plus tard : « Vous m'avez compris, Joss. Vous m'avez très bien compris. » Et cela sonnait comme un ultimatum.

Pendant l'absence de Diana, Broughton dit à ses serviteurs personnels, Mohammed et Alfred, que deux revolvers, un coffret à cigarettes en argent et une petite somme d'argent (un billet de cinq shillings qu'il gardait en permanence dans son carnet d'adresses) avaient disparu du salon. Il le dit également à la police qui ne découvrit aucun indice sinon une rose détachée d'un rosier grimpant. « Je pense qu'on est rentré par une porte donnant sur la véranda et qui n'était peut-être pas verrouillée. » Il y avait sous le tapis une sonnette sur laquelle un intrus aurait sans aucun doute marché. Personne n'entendit la sonnerie censée retentir dans les chambres des domestiques.

Ce 21 janvier toujours, Erroll et Broughton se rendirent chez leurs avocats parler de divorce. Broughton qui avait annulé quelques jours plus tôt son passage pour Ceylan avec Diana, retourna réserver un passage pour lui seul. Il écrivit à Soames. Après avoir parlé du vol, il s'avouait vaincu :

« J'ai suivi ton conseil. J'abandonne le terrain à Erroll et Diana. Ils disent être amoureux et souhaiter se marier. C'est perdu d'avance et j'ai décidé de faire la part du feu. Je pense partir à Ceylan. Je n'ai plus rien à faire au Kenya. »

Une troisième lettre anonyme fit son apparition dans son casier du club Muthaiga :

« Il n'y a pas plus idiot qu'un vieil idiot. Alors, qu'allez-vous faire ? »

Mais le matin du 23, Broughton hésitait encore. Erroll dit à son ami Julian Lezard que Broughton devenait « vraiment difficile ». « Il n'arrive pas à prendre une décision. » L'on prit néanmoins rendez-vous pour un autre déjeuner au Muthaiga ; tous quatre, une fois de plus, s'attablèrent et ce fut, selon June Carberry, « une réussite... rien d'extraordinaire mais un moment très gai ».

Le déjeuner, comme souvent auparavant, avait déridé Broughton. A « Lizzie » Lezard cet après-midi-là dans son bureau,

Erroll annonça : « Jock a été terriblement charmant. Il accepte de partir. Le vieux bonhomme a été si gentil que ça en paraît louche. »

Erroll dit à Diana qu'il avait du mal à croire que Broughton eût renoncé aussi facilement. Au grand enthousiasme de Broughton, on organisa un dîner spécial pour ce soir-là ; Erroll projetait d'emmener ensuite Diana danser. Lezard se rappelait les paroles d'Erroll à ce sujet :

« Le vieux tient absolument à ce que je la ramène à trois heures parce qu'il la trouve fatiguée. Trois heures, pas plus tard. Au fond ce n'est pas plus mal parce que je suis fatigué aussi et que j'ai du travail. J'ai beaucoup de travail demain matin. »

Diana n'avait passé que cinq nuits avec son mari dans la maison de Karen depuis le début du mois de janvier.

Après le déjeuner, Broughton avait entraîné Diana sur la véranda pour lui recommander de ne plus s'inquiéter : il s'apprêtait à partir pour Ceylan et il lui laisserait la maison de Karen. Il rentrerait en Angleterre deux mois plus tard. Il espérait néanmoins qu'elle resterait à Karen jusqu'à son départ. « Je suis désolée que ce soit arrivé si vite », dit Diana. Broughton ne répondit rien.

Le dîner n'avait été prévu que depuis l'heure du déjeuner, en sorte que Broughton dut retourner à Karen prendre son smoking et une robe pour Diana, qui se changerait chez Erroll. Il voulait être de retour au club à cinq heures pour une partie de croquet avec Mme Barkas. Mais à son arrivée, il bruinait et ils décidèrent de jouer au trictrac à l'intérieur. Pendant le jeu, il lui dit, fort content, qu'il avait un dîner ce soir-là et qu'il allait danser.

Entre six et sept heures, Erroll arriva en voiture avec Diana et June Carberry, qui entra dans le club. Broughton, dehors, cherchait quelque chose dans sa voiture. Il s'approcha d'Erroll sur le point de sortir de la sienne.

« J'ai à vous parler, Joss, dit-il en s'asseyant près de lui. Comment va Diana ? Elle était dans un état épouvantable au petit déjeuner... mais je lui ai parlé et je crois qu'elle va beaucoup mieux maintenant.

— Elle est en pleine forme », répondit Erroll.

Les deux hommes restèrent encore quelques minutes dans la voiture avant de rejoindre les dames.

Broughton joua au bridge avec Mme Barkas jusqu'à huit heures. Ensuite l'on servit les boissons.

« Des cocktails au champagne, surtout, dit Broughton, et une ou deux autres choses, des bronxes, peut-être... et il y en avait beaucoup. »

Puis tous les quatre, toujours, prirent place autour de cette étrange table de fête. L'on commanda du champagne encore. Soudain, au milieu du repas et au grand étonnement des autres convives, Broughton leva son verre pour porter un toast, toute possessivité et toute jalousie apparemment oubliées, le champagne bouillonnant dans ses veines.

« Je leur souhaite un grand bonheur, dit-il, et qu'un héritier vienne bénir leur union. A Diana et Joss. »

Plus tard, il commenta : « Je me suis montré aussi large que possible. » Il n'y avait pas de place pour la souffrance de Broughton en présence de ces amoureux euphoriques follement épris l'un de l'autre ; sa bénédiction les soulageait d'un poids et ils lui en étaient reconnaissants. Broughton préférait adhérer, car demeurer à l'écart aurait ajouté l'humiliation à la solitude. Ce toast donnait peut-être la mesure de sa souffrance.

Le dîner se termina deux heures plus tard, à vingt-deux heures quinze ; Joss et Diana allèrent danser au Claremont Road House non loin de là. Restés seuls au club, Broughton et June commandèrent des fines champagne. Pour la première fois de sa vie, Broughton avait absorbé de fortes quantités d'alcool pendant plusieurs jours d'affilée. Il proposa à June d'aller danser.

« Je ne me sentais pas très bien, expliqua June par la suite, alors je lui ai suggéré de rester encore un peu au club. »

Vers vingt-deux heures trente, Broughton rencontra Richard Pembroke dans le hall et lui demanda quand il reviendrait jouer au bésigue avec lui. Pembroke fit une réponse polie. Une heure encore passa sans que personne prêtât attention à June et Broughton toujours attablés au club. A onze heures trente, ils étaient assis au bar du salon, quand, selon June, Broughton se fit « tout à coup assez hargneux ». Il éleva la voix, dit-elle, mais entre-temps d'autres gens les avaient remarqués, et l'on avait entendu Jock parler de sa femme. June rapporta ainsi ses paroles : « Je ne vais pas lui donner cinq mille livres par an ni la maison de Karen », et elle pouvait aller vivre chez Joss si cela lui chantait... Voyez le coup qu'on lui faisait après seulement trois mois de mariage. Elle s'efforça de le calmer. Phyllis Barkas entendit Broughton dire : « Penser qu'une femme le traiterait comme ça après deux mois de mariage. » Quelqu'un d'autre rapporta ses paroles sous une autre forme : « Juney, c'est bien beau tout ça, mais on est mariés depuis deux mois seulement, et elle me fait ce coup-là. »

Mme Barkas, le capitaine Llewellin, « Jacko » Heath et Gerald Portman qui soupaient d'œufs au bacon invitèrent Broughton et June Carberry à se joindre à eux. Broughton, toujours selon June, ne cessa de se plaindre d'être « très fatigué » ; il voulait rentrer.

June Carberry pensait que, malgré l'état d'ivresse dans lequel il se trouvait, la compagnie de ses amis pourrait l'égayer. Il était une heure trente lorsqu'elle accepta finalement de partir. Le chauffeur de Broughton les reconduisit à Karen, où ils arrivèrent aux environs de deux heures du matin.

Dorothy Wilks, qui n'était pas couchée, leur ouvrit la porte. June Carberry aida le vieil homme à monter les escaliers, en haut desquels ils se souhaitèrent bonne nuit. En entrant dans sa chambre, June demanda à Dorothy Wilks de la quinine pour lutter contre un accès de paludisme. Dorothy Wilks lui apporta le remède et parla quelques minutes avec elle dans sa chambre. June rapporta par la suite que Broughton était venu à la porte de sa chambre dix minutes plus tard lui demander comment elle allait et lui dire bonne nuit, mais ni Broughton ni Dorothy Wilks ne gardaient le souvenir de ce fait.

Diana et Joss avaient quitté le Claremont Road House aux environs de minuit. Ils passèrent une heure chez lui à Muthaiga. Ils parlaient, ils riaient et « ils avaient l'air très heureux », selon les serviteurs, quand ils prirent la direction de Karen avec les trois valises, qui contenaient les effets accumulés par Diana au cours des va-et-vient des semaines précédentes. La très attentive Dorothy Wilks ouvrit la porte une fois de plus et transporta les valises en haut des escaliers. L'heure se situait à présent entre deux heures quinze et deux heures vingt-cinq.

June Carberry entendit rire dans le hall, puis une portière claquer dehors et une voiture démarrer. Diana monta, gagna sa chambre et fit entrer son chien ; elle ressortit ensuite dans le couloir pour aller parler à June. D'après June, Diana resta avec elle une demi-heure, peut-être plus. Dorothy Wilks, qui était passée plusieurs fois dans la chambre de June, alla se coucher. Enfin June dit que Broughton lui rendit une seconde visite à trois heures et demie « pour me demander si je me sentais bien », mais Broughton par la suite ne gardait pas plus le souvenir de cette visite que de la précédente. June entendit le teckel de Diana aboyer, juste avant ou juste après cette visite.

7

Un corps dans une Buick

Vers trois heures ce matin-là (le 24 janvier), les deux Africains employés d'une laiterie atteignirent au volant de leur camion l'intersection des routes de Ngong et de Karen. La lourde pluie d'orage avait fait place à une bruine d'été. Ils tournèrent dans la route principale Ngong-Nairobi ; à cent cinquante mètres de là, les phares d'une voiture immobilisée, tournée vers Nairobi, éclairaient violemment l'herbe épaisse et l'aubépine du bas-côté droit de la route. En approchant, ils aperçurent la Buick presque renversée dans le fossé.

La voiture avait piqué dans l'herbe du mauvais côté de la route. En jetant un coup d'œil par la vitre, ils virent le corps d'un Européen en uniforme militaire. L'homme était recroquevillé à quatre pattes sous le tableau de bord, les mains jointes au niveau du visage. Ils firent demi-tour dans l'herbe avec leur camion et reprirent le chemin de Karen. Au poste de police de Karen, ils réveillèrent à coups de klaxon le troisième classe Luali, qui dormait dans son baraquement. Luali réveilla le caporal-chef, qui s'en fut avec trois agents constater l'accident.

Luali, le caporal-chef et les trois Askaris débattirent longuement sur le lieu de l'accident sans même ouvrir la portière. Près de trois quarts d'heure plus tard, ils se trouvaient toujours là, n'ayant pris aucune décision, lorsque passa Leslie Condon, un Européen exploitant d'une laiterie, qui se dirigeait vers Nairobi. L'un des agents lui fit signe de s'arrêter. Il était quatre heures du matin. Condon n'avait rien vu lors de son premier passage sur le lieu de l'accident à deux heures quarante (selon son estimation). Il remarqua derrière l'oreille gauche de l'accidenté une blessure qu'il identifia comme une blessure par balle. Reprenant sa voiture, il rapporta ce qu'il venait de voir au poste de police de Kilimani.

Cependant, peu après quatre heures, Luali avait gagné à bicyclette la maison du commissaire adjoint Anstis Bewes, un directeur de société affecté dans la police et qui vivait à Karen. Bewes qui avait peu d'expérience de la police, fut cette nuit-là plus efficace que bien d'autres.

Il arriva sur les lieux vers quatre heures cinquante. Il remarqua à son tour la blessure derrière l'oreille gauche, mais le sang avait coagulé depuis le passage de Condon et il n'identifia pas une blessure par balle. Il rédigea le constat suivant :

« Un peu de sang sur le siège avant gauche. Automobile en équilibre instable selon un angle de 40 degrés au bord du fossé de cinquante centimètres de profondeur. Portière avant gauche ouverte par Askari au moyen d'un mouchoir sur la poignée pour permettre examen plus rapproché. Forte odeur de parfum à l'intérieur. Phares au maximum. Horloge en marche. Départ du lieu de l'accident pour transmettre rapport au quartier général depuis poste de police de Karen. Quinze minutes aller-retour. Retour sur le lieu. Phares toujours allumés. Touché à rien pour ne détruire aucun indice. Position du corps rend impossible toute identification. Traces de roues clairement visibles grâce aux fortes pluies récentes, y compris de larges traînées partant de l'avant de la Buick en direction de Nairobi. »

Bewes avait appelé au téléphone l'inspecteur Fentum, en sorte qu'à six heures du matin six officiers de police blancs et au moins cinq policiers africains s'affairaient sur le site, tous persuadés de régler un banal accident de la circulation. Bewes, cependant, avait noté un certain nombre de détails : des traces de terre de pipe blanches sur le siège arrière, un tapis de sol à l'arrière tout chiffonné, les deux courroies de maintien arrachées et, enfin, le fait que l'on avait coupé le contact.

Informé de l'accident par téléphone, le commissaire Arthur Poppy, chef de la police judiciaire de Nairobi, avait ordonné que l'on prît des photographies. A huit heures, passait sur les lieux Geoffrey Timms, le médecin légiste qui, habitant aussi Karen, se rendait à son travail. Entre-temps, la pluie et les bottes des policiers avaient effacé toutes les traces de pas ou de pneus. Timms nota que les mains et le visage du mort étaient froids mais le corps sous les vêtements encore chaud. La tête et le cou avaient une teinte violacée de tissus congestionnés et la rigidité cadavérique commençait à s'installer. Tout à coup, Timms donna l'ordre de sortir le corps de la voiture pour l'étendre sur une civière afin de l'examiner plus aisément — une décision qu'il n'était pas près d'oublier, car c'est alors que l'on reconnut le corps de Lord Erroll.

Le commissaire Poppy fut appelé à la morgue à dix heures. En voyant le cadavre il pensa d'abord qu'Erroll, projeté en avant et de biais au moment du choc, avait eu le crâne transpercé par la tige dénudée du bouton de commande des phares. La tête portait aussi une ecchymose semblant due à un choc contre le volant. C'est seulement après le lavage de la blessure qu'apparurent les traces de brûlures dues à la poudre. Poppy comprit alors qu'Erroll avait été tué. La balle qui fut extraite de son crâne avait traversé le cerveau en ligne droite, d'une oreille à l'autre.

La voiture remorquée était déjà partie en réparation. On découvrit près de la pédale de l'accélérateur une deuxième balle qui avait préalablement percuté le montant de portière central, du côté du conducteur. L'on trouva également une cigarette de marque Player's imbibée de sang, une épingle à cheveux tachée de sang à l'avant de la voiture et des traces de sang sur le pare-brise du côté passager.

Poppy avertit le palais du gouverneur qu'il faudrait reporter l'enterrement à une date ultérieure, et il demanda que la nouvelle ne fût pas divulguée avant vingt-quatre heures.

Broughton était déjà réveillé lorsque Alfred, le valet de chambre, lui apporta son thé. Il était sept heures du matin. Il enfila une veste sport et un pantalon de flanelle grise et sortit pour sa promenade matinale. Ce n'est qu'au retour qu'il ressentit l'effet des excès de la veille. Il se déshabilla et se recoucha. Il réclama un autre thé au domestique. A huit heures et demie, il se levait pour prendre son petit déjeuner. Gerald Portman téléphona à neuf heures depuis son bureau pour annoncer qu'Erroll avait eu un accident de voiture mortel.

June Carberry, qui avait pris la communication, appela Broughton dans sa chambre. D'après elle, il s'exclama : « Mon Dieu », et s'assit sur le lit.

Les inspecteurs Swayne et Fentum arrivèrent quelques minutes plus tard, venant du lieu de l'accident, pour recueillir une brève déposition de Broughton. Nairobi était, et est encore, une petite ville, en sorte qu'ils avaient su dès l'instant de l'identification du corps dans la voiture où devait commencer l'enquête. Alors qu'ils remontaient l'allée en direction de la maison de Karen, Broughton dit :

« Est-ce qu'il va bien ? Est-ce qu'il va bien ? »

— Mais qui donc ? demanda l'un des deux hommes.

— Lord Erroll », répondit alors Broughton.

Les policiers décidèrent de ne pas interroger Diana, victime d'une crise nerveuse. Ils la voyaient les épier par une vitre. Broughton devait expliquer dans une déclaration ultérieure :

« Ma femme qui ne pouvait pas croire à la mort de Lord Erroll, m'a dit : ''S'il te plaît, va voir si c'est bien lui.'' Je l'ai assurée que je le ferais. Et je lui ai demandé, je pense, si elle ne souhaitait pas déposer sur son corps un objet personnel, lui appartenant à elle. Elle m'a donné un mouchoir. Si mes souvenirs sont exacts, j'ai téléphoné à la police pour savoir où se trouvait le corps de Lord Erroll. On m'a indiqué un hôpital en haut de la colline. J'y suis allé et il n'y était pas, mais on m'a indiqué un autre hôpital ; il n'y était pas non plus. Alors je suis allé au commissariat de Nairobi ; j'ai vu l'inspecteur May qui m'a dit qu'il était à la morgue de la ville. Je lui ai demandé si je pourrais déposer un mouchoir appartenant à ma femme sur le corps de Lord Erroll, qui lui était très cher. »

Broughton partit pour l'hôpital peu après le départ de Fentum et de Swayne. Passant en voiture sur le lieu de l'accident, il s'arrêta pour regarder le fossé. Secoué de tremblements nerveux à son arrivée au commissariat, il tenait le mouchoir à deux mains pour le montrer à Swayne. Selon Swayne, Broughton dit alors pour expliquer sa démarche : « Ma femme était très amoureuse de Lord Erroll. »

Alice de Trafford et Gwladys Delamere étaient déjà à la morgue à l'arrivée de Broughton. Alice avait mis sur le corps une petite branche d'arbre ; Gwladys, maire de Nairobi, avait demandé la plaque d'identité d'Erroll. Broughton ne fut pas autorisé à entrer dans le bâtiment, mais il convainquit un policier de prendre le mouchoir pour le déposer sur la poitrine d'Erroll. Alice dit à Broughton qu'Erroll souffrait d'une faiblesse cardiaque, qui pouvait bien être à l'origine de sa mort.

De là, Broughton se rendit directement à Nairobi chez l'agent de la compagnie maritime Union Castle. Il revenait réserver le passage annulé, une fois de plus, quelques jours auparavant. Il était de retour chez lui aux environs de douze heures trente.

June Carberry revint d'une visite éclair chez Erroll chargée d'un petit coffret à bijoux. Deux autres personnes s'attablèrent avec eux au déjeuner : Juanita Carberry, belle-fille de June, âgée de quinze ans, et sa gouvernante, Isabel Rutt.

Trois jours auparavant, l'on avait ordonné à Abdullah bin Ahmed, le serviteur principal de Broughton, d'acheter de l'essence chez le *dhobi* et de la stocker dans la chambre à coucher de Broughton. Broughton réclama cette essence et, sous les yeux d'Abdullah, en aspergea la fosse contenant les détritus de jardin ; le serviteur fit un bond en arrière en voyant Broughton gratter une allumette. Broughton lui ordonna alors de servir le déjeuner, mais comme le feu se propageait hors de la fosse, il se ravisa et demanda à Abdullah d'éteindre auparavant les flammèches.

L'on était encore attablé quand Broughton proposa à Juanita de visiter ses écuries. Juanita appréciait beaucoup Broughton qui, contrairement à ses parents et à sa gouvernante, lui montrait certains égards, et il avait comme elle la passion des chevaux. En sortant, Juanita fut étonnée de voir une paire de chaussures de tennis dans le feu. On ne brûlait jamais une paire de chaussures de tennis au Kenya, même complètement usée. On la donnait à un domestique.

Ils rentrèrent ensuite prendre le café et le cognac. June se mit alors à parler de la tragédie. Le visage appuyé dans la main, Broughton pleurait.

L'après-midi, Diana, June, Juanita et Isabel Rutt partirent à Nyeri chez les Carberry. Broughton avait exprimé le désir de rester seul à Karen.

Broughton parla au téléphone avec Gwladys trois fois ce jour-là. Il lui raconta en particulier le dîner de la veille, au cours duquel il avait bu à la santé de Diana et Joss. « Je leur ai donné ma bénédiction », dit-il. Le soir il la rappelait. Diana voulait laisser un mot dans la tombe d'Erroll, ferait-elle cela pour lui le lendemain à l'enterrement ? Gwladys refusa.

Le lendemain, le 25 janvier, le cortège funèbre quittait déjà l'église lorsque Broughton fit son apparition. Il semblait la proie d'un grand désarroi. A Gwladys, il dit que sa voiture était tombée en panne, et plus tard à la police qu'il s'était trompé d'une demi-heure sur l'horaire de la cérémonie.

Il demanda à Gwladys ce qu'il devait faire du mot de Diana.

« La tombe est derrière, lâcha-t-elle en la désignant d'un geste. Allez donc l'y mettre vous-même. »

Et elle poursuivit son chemin. Broughton alla jeter la lettre sur le cercueil.

Au club Muthaiga ensuite, Broughton demanda à Gwladys s'il pouvait déjeuner à sa table. Elle accepta, « à condition que ce soit un déjeuner rapide ». Gwladys déclara plus tard que Broughton avait tenu des propos insultants sur Diana pendant ce repas, qu'il lui avait « cassé du sucre sur le dos », en disant qu'il regrettait d'avoir rompu avec Vera, sa première femme, et ses enfants. Diana avait demandé à Broughton avant le déjeuner de la veille de l'emmener avec lui à Ceylan. En discutant de ce fait avec lui, Gwladys eut l'impression que Broughton était prêt à tout pour échapper à la solitude. Depuis le club, Broughton envoya un câble à John Carberry, à Nyeri, pour lui demander si June pourrait les accompagner à Ceylan. « Diana fait une dépression nerveuse », expliqua-t-il.

L'après-midi, de retour à Karen, Broughton faisait sa première déposition détaillée devant Poppy. Il raconta le dernier dîner. « C'était une soirée tout à fait joyeuse, dit-il, une excellente soirée. »

Ensuite, les deux hommes sortirent marcher. Ils passèrent près de la fosse où les détritus de jardin brûlaient toujours. Poppy fut surpris d'apprendre que Broughton avait allumé ce feu lui-même avec de l'essence d'avion et que le brasier était violent au point de brûler l'herbe environnante. Il décida de faire placer un garde-feu à cet endroit dès le lendemain. Broughton montrait des signes d'inquiétude quant au résultat de l'autopsie. Qu'est-ce qui retardait ainsi l'enquête ? demanda-t-il plusieurs fois à Poppy.

En fait, l'enquête débuta deux jours plus tard. Dès que le meurtre fut établi, Broughton partit en voiture à Nyeri porter la nouvelle à Diana. Dans la maison désertée, il ne trouva que Juanita. Il en fut contrarié : sa femme était donc en état de faire des visites ? Il passa l'après-midi en compagnie de Juanita, que l'on n'avait pas jugé bon d'emmener. De nouveau, ils allèrent voir les chevaux. Juanita tenait un cahier où ses amis devaient inscrire ce qui leur plaisait et leur déplaisait le plus... Sous la première rubrique Broughton écrivit : « Tous les animaux », sous la seconde : « La solitude. »

June et Diana rentrèrent une heure plus tard que prévu. Diana n'avait rien mangé depuis l'appel de Gerry Portman annonçant la mort d'Erroll, c'est-à-dire depuis quatre jours. Toujours dans un état nerveux très précaire, elle en vint à crier des insultes contre son mari en l'accusant directement du meurtre. Broughton essuya l'attaque en silence.

Il apprit que la police était venue chez les Carberry la veille. Il s'inquiéta. Que leur avait raconté June ? Leur avait-elle rapporté les propos qu'il avait tenus contre Diana au bar du Muthaiga la veille du meurtre ? Elle lui rappela qu'au cours de la nuit, il avait frappé à la porte de sa chambre. Il n'en gardait aucun souvenir. C'est qu'il était soûl ce soir-là, lui dit-elle. Elle lui annonça également son intention de partir en Afrique du Sud. Broughton protesta : elle ne pouvait pas lui faire ça, parce qu'elle serait le témoin principal dans l'enquête qui devait se poursuivre. Broughton était le suspect numéro un et il le savait.

Diana avait donc fait la veille sa première déposition à la police. On lui demanda son opinion sur les causes de l'accident survenu à Erroll. Erroll aimait la vitesse, dit-elle. Il avait dû perdre le contrôle de sa voiture.

Le 29, Poppy entendait à nouveau Broughton, qui lui apprit un certain nombre de faits : le vol des revolvers survenu le 21, le pacte de mariage conclu avec Diana, sa discussion avec Erroll et sa décision de lui céder la place auprès d'elle, ses allées et venues au long de la nuit du 23 au 24, la lettre de Diana jetée dans la tombe, le feu de détritus de jardin. Poppy ordonna le lendemain une fouille de la maison et de la propriété environnante. On retrouva à l'endroit du feu de jardin les restes calcinés d'une chaussette de golf, où apparaissaient nettement des traces de sang. Manifestement, Poppy axait son enquête sur Broughton, et s'en félicita dès qu'il eut en main ce qu'il pensait être sa principale pièce à conviction.

Poppy avait des informateurs parmi les domestiques de Broughton ; ainsi eut-il connaissance de l'exercice de tir qui s'était tenu chez Soames peu de temps auparavant. Le 2 février, il envoya deux inspecteurs de Nanyuki interroger Jack Soames. On replaça les cibles aux mêmes endroits et on tira ; ensuite en ratissant le terrain, l'on trouva, comme on s'y attendait, des balles tirées, des douilles, et des cartouches de revolver non tirées, de calibre 32. Les balles utilisées furent remises à l'expert en balistique qui ferait la comparaison avec les balles du meurtre — une opération qui devait prendre un mois et demi.

Broughton fit le 6 février sa dernière déposition et remit le certificat de détention d'armes sur lequel était inscrit le Colt de calibre 32, volé au mois de janvier.

Puis, dans le courant du mois de février, moins de trois semaines après le meurtre, l'on eut la surprise de voir Broughton et Diana partir ensemble pour un grand safari dans la réserve masaï le long de la rivière Mara. Le célèbre chasseur blanc John Hunter les accompagnait, ainsi que Hugh Dickinson, qu'ils n'avaient plus revu depuis la fin du mois de janvier. Le pied gauche infecté à la suite d'une piqûre de cactus, Dickinson avait été hospitalisé à Mombasa au moment du meurtre. L'infection était si virulente que l'on avait failli l'amputer. Il semblait cependant suffisamment rétabli pour endurer les longues marches du safari.

La chasse dura huit jours. L'on se déplaça en camion, en voiture décapotée et à pied. Diana soupçonnait déjà fortement son mari du meurtre et leurs relations étaient extrêmement tendues. Comment avait-on pu envisager cette expédition étant donné les circonstances ? Cela dépasse l'entendement, et l'affaire aurait sans doute tourné à la catastrophe sans la présence de Dickinson. Huit jours en brousse peuvent suffire à anéantir les plus belles amitiés, et Broughton était réputé, en des temps meilleurs, pour les scènes terribles qu'il faisait à Vera lors de safaris. Il avait une fois retourné toutes les tables du camp, avant de s'acharner sur sa femme à coups de pied, jusqu'à lui faire saigner la jambe. Mais, de même qu'une simple affaire de sentiments ne justifiait en aucun cas d'annuler un déjeuner au Muthaiga, de même tirer lions et buffles était un rituel obligé qui prévalait toujours sur les crises personnelles et avait en quelque sorte une fonction thérapeutique comparable à la saignée.

Diana avait retrouvé un certain équilibre nerveux puisqu'elle tira le premier lion. Elle prit même trois photographies de son futur trophée avant de mettre en joue. Broughton revendiqua un lion et une petite antilope, Dickinson deux lions.

Il ne fallait pas manquer de vigueur pour participer à ce safari. Broughton tirait avec une carabine à deux coups pesant près de cinq kilos et il aida à hisser dans le camion un lion de plus de deux cents kilos. Il parcourut un jour presque douze kilomètres en pleine chaleur sur la piste d'un buffle.

8

Une fois de trop

> J'espère n'avoir jamais eu la figure d'un assassin. Car ce n'est pas vraiment dans mes cordes et je pense que mes amis le savent. Mais en terre étrangère, Dieu seul sait ce qui peut arriver.
>
> Sir Jock Delves BROUGHTON.

Le commissaire Poppy n'avait pas en main ses deux principales pièces à conviction qu'il était déjà, comme la plupart de ses collègues, persuadé de la culpabilité de Broughton. Haute taille, œil perçant, attitude calme, manières affables : on sentait en Poppy l'homme prêt à vous dépecer sans se départir de son aimable sourire et, en même temps, le véritable Britannique ; un modèle de *fair play.* Il avait travaillé pour Scotland Yard pendant dix ans, comme membre de la brigade volante, avant de partir au Kenya, en 1935, organiser le service de dactyloscopie. En 1940, il se retrouvait chef de la police au Kenya et responsable de la police judiciaire.

Connolly et moi avons retrouvé Poppy en 1969, c'est-à-dire vingt-huit ans après le meurtre. Il se souvenait fort bien de Broughton, qui selon lui cachait sous des dehors plaisants, assurés et sans affectation, une grande froideur, un tempérament vaniteux et profondément rancunier — le genre d'homme qui n'oubliait jamais de se faire rembourser, qui attendait son heure sans jamais passer l'éponge sur un préjudice. Pourtant, Poppy avait un contact facile avec Broughton, qui l'accueillait toujours aimablement lors de ses fréquentes visites, même s'il se doutait bien, disait Poppy, des soupçons dirigés contre lui. C'était un homme orgueilleux, fier de sa position, qui aurait jugé très inconvenant de faire grise mine à un visiteur.

Poppy n'appréciait guère cette nouvelle espèce de colons, si différents des pionniers tels que Francis Scott, Grogan et Delamere, qui savaient se soûler en gentlemen. Il décelait dans leur attitude, comme chez Broughton, plus de cruauté que de passion. June Carberry, qui l'appelait « Popsky », était pour lui une écervelée : elle avait de bonnes manières mais aucune moralité ; et puis elle buvait trop de fines à l'eau, en sorte que l'on ne pouvait pas se fier à ses témoignages. Son mari, que Poppy avait envoyé dix-huit mois en prison pour infraction au contrôle des changes, ne lui était guère utile non plus. Quant à Diana, Poppy la jugeait dure et hautaine, et surtout intéressée ; Erroll l'aurait lâchée tôt ou tard. Mais Poppy trouvait Dickinson très agréable... tout en le soupçonnant : un peu trop conciliant, un peu trop obséquieux et un peu trop malin.

Peut-être Poppy avait-il plus de sympathie pour Dorothy Wilks, « la gouvernante typique »; il l'appelait « mademoiselle Wilks », ce qui la ravissait. Avec elle, en tout cas, il ne perdait pas son temps. Elle était follement amoureuse de Broughton, avec qui elle prétendit même avoir passé la nuit. Manquement rarissime à son calme habituel, Broughton se fâcha lorsque Poppy fit allusion à cette « révélation » de Mlle Wilks. Elle collabora avec la police dès le début sans se faire prier, et elle fournit des renseignements particulièrement utiles concernant Diana. Elle fut la seule à déposer de sa propre initiative, ce qu'elle fit environ six fois. Mais Poppy n'avait guère besoin d'elle ; il avait déjà ses informateurs au sein des domestiques.

C'est ainsi qu'il eut vent, entre autres, de l'exercice de tir sur la propriété de Soames. Le bwana utilisait-il parfois ses revolvers ? Non, mais il s'en est servi une fois chez le bwana Soames.

Poppy voulait voir le mot jeté par Broughton sur le cercueil d'Erroll, mais le procureur général, Walter Harragin, refusa l'exhumation du corps en raison des chinoiseries administratives que cette démarche occasionnerait.

« Mais rien ne m'empêche, dit Poppy, de planter un rosier où bon me semble ?

— Non, répondit Harragin.

— Même si je creuse un peu profondément ? »

A minuit, il se rendit avec six prisonniers au cimetière de Limury. Ils creusèrent et trouvèrent le papier qui avait glissé d'un côté du cercueil. On y lisait écrit de la main de Diana, au club Muthaiga, cette phrase adressée à Erroll : « Je t'aime désespérément. » Au dos de la feuille Erroll avait inscrit à son tour : « Et je t'aime pour toujours. » Poppy renvoya la lettre à Diana.

Harragin avait recommandé à Poppy d'aviser le gouverneur, Sir Henry « Monkey » Moore, au moins quarante-huit heures avant l'arrestation de Delves Broughton, « pour nous permettre d'en informer Lord Moyne ». Lord Moyne était à la fois le compagnon de Vera — la première femme de Broughton — et secrétaire d'État aux Colonies. Cette exigence fit naître chez Poppy le soupçon que l'on essaierait d'entraver le cours de la justice.

Enfin, l'après-midi du 10 mars, muni d'un mandat du juge résident, Poppy se rendit à Karen en voiture. Il arriva à dix-huit heures. Broughton se trouvait dans le jardin ; il lui posa la main sur l'épaule et l'arrêta sous l'inculpation d'assassinat. Broughton dit : « Vous faites une grave erreur. » Cet après-midi-là, lors d'une promenade à cheval avec Diana, tous deux s'étaient affrontés une fois de plus au sujet des bijoux et Broughton avait regagné la maison le premier. Diana arriva sur ces entrefaites et, voyant son mari entouré de policiers, lui demanda pardon pour la dispute. Broughton se tourna vers Poppy : « Ça ne vous ennuie pas si je prends un whisky ? » Poppy sortit sa flasque de sa poche et la tendit à Broughton. A dix-neuf heures, Broughton était dans une cellule du commissariat de Nairobi et il attendait la visite de son avoué.

Son arrestation surprit Broughton alors même que son avoué, Lazarus Kaplan, l'avait averti plusieurs fois qu'il devait s'y attendre. Il attendit son procès en prison presque trois mois. June et Diana, qui désormais soutenait désespérément son mari, lui rendaient des visites presque quotidiennes, de même qu'Alice de Trafford. Malgré le bouleversement que représentaient pour lui l'enfermement, la routine carcérale et l'exiguïté de la cellule, Broughton se montra un prisonnier modèle : calme, civil, d'une courtoisie scrupuleuse. Il ne laissa transparaître que rarement des signes d'abattement et de claustrophobie. A dire vrai, il semblait presque soulagé d'un poids.

A l'époque de l'arrestation de Broughton, on ne comptait que six

Européens parmi les mille deux cents détenus de la prison de Nairobi, et trois gardiens blancs sur un total de cent cinquante. Le geôlier de Broughton, le surveillant chef Victor de Vere Allen, était un homme intelligent, jouissant d'une excellente réputation. Il était à la retraite depuis treize ans lorsque je l'ai rencontré à Nairobi en 1969. Il se souvenait de la dignité avec laquelle Broughton endurait la vie carcérale, mais, disait-il, rejoignant en cela l'opinion de Poppy, il masquait sous des dehors sereins un désespoir de plus en plus profond.

« C'était un homme très gentil et très distingué, disait Allen. Il parlait tellement bien. Il avait vécu des tas de choses intéressantes. Il n'a jamais créé le moindre problème. Il était charmant avec ses codétenus ; il écoutait leurs histoires avec une patience... Eux se moquaient de lui. Il faut dire que la présence de ce vieux monsieur toujours tiré à quatre épingles dans cette cellule avait quelque chose d'assez incongru. Il n'avait vraiment pas l'air d'un assassin... Tout le temps à plaisanter, et sans jamais avoir de conflit avec quiconque.

« June Carberry et Diana venaient le voir deux ou trois fois par semaine. Drôle de clique, ces deux-là. »

« On parlait beaucoup tous les deux, poursuivit Allen. Mes deux sœurs en Australie s'étaient retrouvées par hasard dans le même collège que deux des épouses du rajah de Kooch Bahar, et son frère était un grand ami à moi ; on avait alors des amis communs, Broughton et moi. On avait chassé autour du même lac au Cachemire avec des buttes de tir au milieu de l'eau pour rabattre le canard. »

Des privilèges spéciaux rendaient l'épreuve moins dure pour Broughton. Un autre détenu balayait sa cellule alors que les Européens étaient généralement tenus de le faire eux-mêmes. Mais Broughton affirmait en être incapable, de même qu'il ne pouvait pas attacher son haut col et sa cravate sans aide à cause de sa main estropiée. Détenu non encore jugé, il avait le droit de se faire envoyer de la nourriture, ainsi que des chocolats, des cigares et autres produits de luxe achetés au Torr's Hotel.

« Il savait comment obtenir ce qu'il voulait, raconte Allen. Dix shillings, ça représentait une grosse somme à cette époque-là pour un gardien gagnant trente-huit shillings par mois... »

Tous les soirs, Broughton sortait des bâtiments de la prison accompagné d'Allen pour prendre de l'exercice. Ils faisaient une marche d'une demi-heure environ.

« Il était assez abattu par moments dit Allen. Il souffrait de claustrophobie et attendait ces sorties avec impatience. On a vite l'impression d'étouffer entre ces murs.

« Il m'a dit qu'il se suiciderait si on venait à lui tourner le dos. Apparemment, dans ce milieu-là, il ne fallait pas être mêlé à un scandale public ou on était fini. »

A la fin du mois d'avril 1941, Broughton écrivit de prison à une vieille amie, Mme Marie Woodhouse, femme d'un médecin vivant près de chez lui dans le Cheshire. Broughton avait trouvé en elle une amie affectueuse et platonique après le départ de Vera avec Lord Moyne. Ils avaient passé une fois des vacances ensemble à Madère. Il avait habituellement une écriture petite et soignée, mais cette lettre montre un tracé relâché, irrégulier, contrarié. Même si elles n'apportent rien de nouveau, ces pages sont reproduites là pour la manière dont Broughton y présente les faits. Il n'ignorait pas que Poppy serait la première personne à lire ces lignes.

Prison de Nairobi
29.4.41

Ma chère Marie,

Le câble que tu as envoyé m'a beaucoup touché ; c'est le plus gentil de tous ceux que j'ai reçus. J'espère que Jimmy et toi vous portez bien et que tout vous sourit. Je n'aurais jamais dû mettre les pieds dans cette s...ie de pays. Apparemment, c'était une fois de trop. Mon procès débutera le 26 mai, et pour moi va se jouer « le tout pour le tout ». Je vais brièvement te retracer les faits. Tu sauras ainsi ce qui s'est passé même si l'affaire est censurée. Le soir du 23 juin (sic), Lord Errol *(sic),* Mme Carberry, ma femme et moi-même avons dîné au club Muthaiga de Nairobi. Après le dîner, Lord Errol et ma femme sont allés danser dans une auberge. Mme Carberry et moi sommes restés discuter devant un verre avec des amis jusqu'à une heure trente du matin. Puis nous sommes rentrés chez moi à Karen avec ma voiture. Il était deux heures du matin. Lord Errol et ma femme sont arrivés dix minutes après nous. Il est resté dix minutes avant de repartir dans sa voiture, et on l'a retrouvé avec une balle dans la tête dans un fossé à trois kilomètres de chez nous. La balle qui a tué Lord Errol venait de l'un des deux revolvers qu'on m'avait volés quatre jours auparavant en même temps qu'un coffret à cigarettes et un peu d'argent. Or Lord Errol était au mieux avec ma femme. La police a mis longtemps à se décider, mais on m'a arrêté sept semaines après le meurtre. Leurs arguments : 1) Mobile du meurtre : jalousie ; 2) La balle l'ayant tué a été tirée avec un des revolvers qu'on m'a volés ; 3) J'aurais simulé ce vol. Toute l'affaire est fondée là-dessus, sur certaines conversations déformées à leur convenance et sur le fait que j'avais allumé un feu de jardin le lendemain du meurtre... Il n'empêche que mes amis ont été extrêmement gentils et présents lors de cette épreuve. Il faut me souhaiter bonne chance, ma chère. Comme je regrette Madère à présent. Toute mon affection à vous deux.

Jock.

Entre-temps, Poppy alla à Karen rendre visite « aux dames » qui l'accueillirent d'un ton badin :

« Ça alors ? Encore vous, Popski ? lança June Carberry. Diana est en train de s'épiler les jambes au papier émeri. »

Poppy se souvenait bien de leur accueil :

« Elles m'ont dit : ''Toutes les filles font ça une fois par semaine'', ou quelque chose d'approchant. Elles m'ont servi un Pimms maison particulièrement corsé. »

Le meurtre fit les gros titres des journaux londoniens. Depuis le mariage d'Erroll avec Molly Ramsay-Hill, sa fille, Diana, que tout le monde appelait Dinan, vivait en Angleterre dans le Wiltshire, chez sa tante, Lady Avice Spicer. Agée de quatorze ans, elle apprit la mort de son père en voyant les manchettes de journaux dans le magasin du village. Elle rentra chez elle et attendit vainement qu'on lui fournît des explications. Chaque matin, à l'heure où on livrait les journaux, avant le petit déjeuner, elle descendait en catimini pour lire les articles sur l'affaire, avant de remonter se coucher dans sa chambre. C'est ainsi qu'elle eut connaissance, quelques semaines plus tard, du procès intenté à Broughton. Lorsqu'elle revenait dans la salle à manger pour le petit déjeuner, elle trouvait les journaux découpés. Même si personne ne prit la peine de l'en informer, elle était désormais comtesse d'Erroll. On ne lui dévoila jamais les circonstances de la mort de son père.

9

L'Ange de la Mort

Si Broughton était reconnu coupable de meurtre, et cette possibilité commençait sérieusement à l'inquiéter, il serait vraisemblablement pendu. « En pays étranger, Dieu sait ce qui peut arriver », avait-il écrit à Mme Woodhouse. « Il n'y a pas d'avocats par ici... » Colonie de la Couronne, le Kenya possédait le même système judiciaire que l'Angleterre, ce qui n'empêcha pas Broughton, pourtant ancien magistrat, de demander un jour à Poppy : « Est-ce qu'on pend les Européens pour meurtre, ici ? » Trois semaines avant le procès, il n'avait toujours pas d'avocat. On était en guerre, il était donc impossible de faire venir un avocat d'Angleterre, et il n'y en avait aucun à Nairobi.

Finalement, ce fut Diana qui résolut la situation. Se sentant en partie responsable des événements, elle avait décidé de peser de tout son poids en faveur de son mari. Elle se rendit seule à Johannesburg, de sa propre initiative, pour s'attacher les services du meilleur avocat d'Afrique australe, Harry Morris K.C., connu pour son allant, ses plaidoiries flamboyantes et les acquittements qu'il avait obtenus. Morris accepta immédiatement de se charger de l'affaire, y voyant comme un couronnement de sa carrière s'il parvenait à obtenir l'acquittement. Il demanda 5 000 livres d'honoraires, ce que Diana accepta.

Le procès s'ouvrit le 26 mai devant la cour centrale de Nairobi. La cérémonie d'ouverture offrait un spectacle extraordinaire. Sous la coupole de verre, dans la grande salle lambrissée de style néo-classique, se pressait la communauté coloniale tout entière. Sur les bancs du public, alignés sur deux rangs le long des murs, s'entassaient des hommes élégants (souvent en uniforme) et des femmes qui avaient revêtu leurs robes de garden-party. Une ambiance trouble régnait dans la salle d'audience ; il allait falloir payer pour le champagne et l'exhibitionnisme, et le prix risquait d'être une condamnation à mort. Deux clans s'affrontaient : d'un côté les gens honnêtes et respectables, de l'autre ceux de la Vallée joyeuse, dont de nombreux membres attendaient dans les salles annexes réservées aux témoins. Quatre mois de battage publicitaire avaient transformé ce procès en événement mondain d'importance capitale. La colonie entière ne parlait que de ça, et les rumeurs les plus étranges comme les versions les plus invraisemblables avaient fini par être tenues pour vraies.

Il y avait de nombreux journalistes étrangers, dont une femme venue de Chicago qui envoyait quotidiennement un article à son journal. (Un jour, Broughton lui sourit en pénétrant dans la salle du tribunal et lui dit : « Tant que vous êtes là, ma tête est en sécurité sur mes épaules. »)

Les vieilles divisions de classe se retrouvaient dans la salle d'audience. Ceux qui estimaient qu'en cette période de guerre chacun devait consentir des sacrifices, montraient du doigt Diana, symbole de la richesse et des privilèges, objet de tous les fantasmes sexuels. Elle assistait tous les jours aux audiences et rentrait le soir dans sa suite du New Stanley Hotel. Le premier jour, elle fit une entrée remarquée. A la stupéfaction du public, elle avait revêtu une robe de deuil, un petit chapeau noir avec une voilette, et elle était couverte de diamants. La garde-robe de Diana fut l'une des attractions de ce procès et l'on raconte qu'elle ne porta jamais deux fois la même toilette. Elle s'assit devant la cour, à deux pas de l'avocat général. Puis Broughton fit son apparition, le teint pâle, amaigri par son séjour en prison. En traînant le pied droit, il gagna le banc des accusés pour écouter la lecture de l'acte d'accusation que lui donna le président, le Lord Chief Justice Sir Joseph Sheridan.

Harragin, un homme de haute taille, pâle, les cheveux grisonnants, commença son discours d'ouverture en disant que cette affaire avait « produit une impression profonde et douloureuse chez tous les habitants de la colonie. Presque tout le monde parmi vous a dû en parler, et peut-être même tirer des conclusions soit sur l'affaire elle-même dans son ensemble, soit sur les différents détails qui ont été portés à la connaissance du public... ».

Les débats, qui se sont poursuivis pendant trois semaines, ont été scrupuleusement transcrits dans un document dactylographié de six cents pages qui dresse le portrait passionnant d'une oligarchie sûre d'elle-même, dans les dernières années de son règne.

> On demanda un jour à Broughton : « Mme Barkas nous a appris comment vous aviez passé les jours suivants. Vous avez joué au croquet, au bridge et au backgammon au club. »
>
> Réponse : « Oui, tous les jours. »
>
> On évoqua alors les déjeuners, les apéritifs et les dîners.
>
> On demanda à Mme Barkas : « Vous souvenez-vous des sujets de conversation abordés avec Broughton, ce jour-là ?
>
> — Nous espérions que cela se passerait bien et que nous pourrions jouer au croquet.
>
> — C'est un jeu d'extérieur bien agréable, n'est-ce pas ?
>
> — Effectivement.
>
> — Après tout, il suffit de pousser une boule sous un arceau avec un maillet léger.
>
> — Pour moi, rétorqua Mme Barkas, ça n'est pas léger. »

Serviteurs africains et askaris apparaissent au long des pages ; on leur pose les questions de routine : « Savez-vous lire l'heure ? Quelle heure est-il, maintenant, à l'horloge de cette salle ? » Après chaque réponse, le sténographe porte la mention « correct » entre parenthèses. A l'un des témoins africains, Mutiso Wa Thati, on demanda : « Aviez-vous une montre avec vous, cette nuit-là, ou est-ce seulement ce que vous pensez ? » Il répondit : « J'avais une montre, mais elle avançait parce que je la mets toujours en avance d'une demi-heure. »

Les experts — médecins, chimistes, experts en balistique, scientifiques de toutes disciplines — côtoient les personnalités, dont les jeunes officiers : Portman, Pembroke, Dickinson, Llewellin, Lezard ; mais ce qui ressort le plus nettement des actes du procès, ce sont les déclarations de Broughton lui-même, qui accepta d'être entendu comme témoin*.

---

* Le droit anglais ne lui en faisait pas obligation *(NdT)*.

En parcourant ce procès-verbal, on se rend compte également à quel point Harry Morris fut un grand avocat. Cet homme, qu'une biographie publiée plus tard, *Genius for the Defence*, allait immortaliser, exaspérait la partie adverse. « Carré, dur, rude et froid, méprisant... enclin à la caricature, à la raillerie, et même à l'insolence », ainsi le qualifiait la partie adverse. Mais la lecture du procès-verbal semble infirmer ces jugements à l'emporte-pièce. Morris n'insulte jamais un témoin gratuitement, bien qu'il se soit acharné sur l'un d'entre eux jusqu'à s'attirer une riposte haineuse. Son style est percutant, et parfois rude. Il fait preuve d'un grand sens de l'humour, d'une intelligence aiguë et d'un don certain pour le sarcasme. Il jouit également d'une excellente mémoire et sait se saisir à son profit des moindres détails ; c'est ainsi que relevant les moindres contradictions de leurs dépositions, il finit par faire passer les experts cités par l'accusation pour d'aimables amateurs.

C'est son talent de manipulateur et de mystificateur qui faisait de lui un grand avocat d'assises. Pour lui, avec leur arrogance professionnelle, leur caractère péremptoire et leurs démonstrations soigneusement préparées, les médecins légistes et les experts de tout poil constituaient la proie idéale. En outre, Morris lui-même possédait des connaissances étendues en balistique. A son arrivée à Nairobi, il déclara à Broughton et à Kaplan qu'il se sentait capable de réduire en poussière le dossier de l'accusation sur la simple base de contre-expertises balistiques.

En fait, Morris était le premier étonné de la faiblesse du dossier de l'accusation sur un point capital de balistique ; l'accusation affirmait en effet que l'arme du crime était le Colt 32 dont Broughton s'était servi pour s'entraîner à Nanyuki, et qui avait été ensuite « volé » chez lui trois jours avant le meurtre. Mais il ne révéla à personne, pas même à ses clients, quel « argument tout simple » il entendait produire.

Le dossier de l'accusation, plutôt fragile, reposait essentiellement sur le fait que la balle qui avait tué Erroll devait avoir été tirée par le Colt de Broughton. L'accusation affirmait également que les cartouches non tirées que l'on avait découvertes dans les sous-bois où s'étaient entraînés Broughton et Diana étaient chargées de poudre noire, et que cette poudre n'était plus fabriquée depuis le début de la première guerre mondiale. Des traces de cette même poudre avaient été découvertes sur les bords de la blessure à la tête que portait Erroll.

La préméditation ne faisait aucun doute, affirmait l'accusation, et la première manœuvre avait consisté à simuler le vol de ses revolvers. Broughton avait commencé d'échafauder son plan le 18 janvier, lorsque Erroll avait refusé de s'en aller et d'abandonner Diana. Selon l'accusation, tout le reste, la renonciation magnanime à sa femme, le respect du pacte conclu, son ivresse la nuit du meurtre, l'oubli de certains détails par la suite, tout cela était de la mise en scène. En réalité, lorsque Broughton avait compris qu'Erroll menaçait son mariage, sa véritable nature s'était révélée : son incroyable jalousie, sa colère, son caractère sournois, et finalement son désir de tuer son rival. C'était bien la personnalité de Broughton que l'on allait juger.

L'accusation devait montrer que Broughton avait eu la possibilité de commettre le crime, mais Harragin ne put jamais démontrer comment il avait pu quitter la maison à l'insu de Mlle Wilks ou de June Carberry : tout au plus tenta-t-il de prouver qu'il était possible de quitter la maison en descendant le long du tuyau de gouttière ou en descendant l'escalier sur la pointe des pieds. (Poppy fit procéder aux deux expériences, bien qu'il eût à peine surveillé celle de la descente par le tuyau de gouttière. Hugh Dickinson, qui se trouvait à Karen ce jour-là, s'était porté volontaire pour cette tentative.) Harragin ne fut pas non plus capable d'expliquer exactement comment l'accusé avait agi une fois quitté la maison. S'était-il caché dans la voiture et avait-il tiré sur Erroll juste avant le carrefour ? L'accusation en était réduite aux suppositions. Les charges les plus lourdes pesant contre Broughton provenaient des policiers, des serviteurs africains et des experts. Pour le Dr Francis Vint, le meurtrier avait tiré depuis le marchepied de la voiture, à travers la fenêtre ouverte, ou depuis le siège avant, à côté d'Erroll. D'après les brûlures sur la peau, Vint concluait que l'arme ne devait pas se trouver à plus de cinquante-cinq centimètres de la tête d'Erroll. La deuxième balle traversa le haut de la colonne vertébrale, d'une oreille à l'autre. (La première balle était passée à côté, frappant le montant métallique entre les portières.)

Les ecchymoses relevées sur le front avaient peut-être été provoquées par le volant lorsqu'il aurait plongé en apercevant le revolver. La deuxième balle le tua sur le coup. A un certain moment, déclara Vint, le corps avait dû tomber sur le côté — il y avait des taches de sang à l'endroit exact où la blessure à la tête aurait touché le siège du passager. Vint fit également remarquer qu'il y avait du sang sur la jambe droite du pantalon d'Erroll, sous le genou, ce qui suggérait qu'il avait pu rester suffisamment de temps appuyé droit sur le volant, pour que le sang coule sur sa jambe — pourtant, on n'insista pas sur ce détail, qui aurait pu permettre de comprendre comment le corps avait pu se retrouver dans la position dans laquelle on l'avait retrouvé, à savoir sur le plancher de la voiture, les genoux repliés sous le corps, les mains jointes devant le front. Il y avait des taches de sang sur les deux mains, notamment sur la gauche.

Après plusieurs expériences, Poppy et Vint en arrivèrent à la conclusion que le corps avait été disposé de cette façon sur le plancher de façon à laisser libre l'accès au volant et aux pédales, et qu'il n'aurait jamais pu tomber ainsi naturellement : lorsque la voiture était tombée dans le fossé, le volant aurait empêché le corps de rouler sur le plancher.

Poppy estimait que Broughton avait dû bouger le corps pour pouvoir sortir la voiture de la route. Le contact avait été visiblement coupé à la main ; les phares étaient encore allumés, mais comme le bouton manquait sur la commande des phares, il fallut une paire de pinces pour les éteindre... et l'on trouva une paire de pinces dans la voiture.

Selon Vint, il aurait fallu une grande agilité pour tirer depuis le marchepied de la voiture en marche, mais tirer depuis le siège du passager aurait été très facile en se tenant dos à la portière. Il ne suggéra pas que la meilleure position — si la voiture était à l'arrêt — aurait été de tirer depuis de l'extérieur par la portière ouverte. L'accusation fit valoir également que les courroies de maintien avaient été non pas arrachées, mais dévissées et ôtées (d'après Mme Carberry, qui les utilisait toujours, ces courroies étaient en place la veille du meurtre).

Harragin tenta ensuite de démontrer que la conduite de Broughton, avant et après le meurtre, ne pouvait qu'entraîner la suspicion ; il cita notamment à cet égard sa seconde visite à June Carberry, à trois heures et demie du matin, après le meurtre d'Erroll, ce qui constituait d'après lui, une manière un peu trop voyante de se forger un alibi. N'était-il pas suspect, également, qu'à Nyeri il ait demandé à June Carberry si elle avait dit à la police que cette nuit-là, au club, il s'était montré maussade et irritable ? Et aussi qu'il lui ait dit qu'elle ne pouvait s'en aller parce qu'elle était « son » principal témoin (June ne se rappelait plus s'il avait dit « son » ou « un » des principaux témoins) ? Et qu'il ait demandé à la police, venue l'interroger, combien il y avait de chances de trouver un revolver « enterré quelque part en Afrique » ? Et qu'il ait demandé, une autre fois, si un homme serait pendu pour avoir tué l'amant de sa femme après avoir surpris le couple en flagrant délit ? Après que Soames lui eut appris que la police était venue rechercher des balles sur sa propriété, Broughton n'avait-il pas montré un soudain intérêt pour les questions balistiques, notamment les comparaisons sur les balles, effectuées au microscope, ce dont témoignait, entre autres, une discussion qui avait eu lieu à Karen avec Carberry ?

Et puis il y avait ce feu de jardin, allumé à la hâte, et dans les cendres duquel la police avait découvert une chaussette de golf, à moitié calcinée et tachée de sang (sans compter la façon obsessionnelle dont il avait rendu compte de cette affaire à Poppy) ; son arrivée au poste de police avec le mouchoir, tremblant, incapable de croire, selon les dires des policiers, que l'on pût mettre la mort d'Erroll sur le compte d'un accident de la route, et puis son impatience à connaître les résultats de l'autopsie. Au club, Broughton n'avait-il pas aussi dit à June Carberry : « Je ne lui donnerai ni Karen ni les 5 000 livres, elle peut bien aller se faire voir et aller vivre avec Joss », et : « Quand je pense que je ne suis marié que depuis trois mois et qu'elle me traite ainsi ! » Est-ce là l'attitude d'un homme qui s'est incliné de bonne grâce ? Et que penser de la visite de Broughton à l'agent de l'Union Castle pour reconfirmer son passage pour Ceylan, le matin même où fut connue la mort d'Erroll ?

Harragin montra aussi que loin d'être impotent, Broughton était encore capable de supporter de longues marches lors des safaris et de porter de lourds fusils, et qu'il était donc également capable d'avoir poussé le corps d'Erroll sur le plancher pour conduire la voiture, puis d'avoir franchi à pied, en pleine nuit, les quatre kilomètres et demi le séparant de Karen, et cela, bien qu'il prétendît boiter et ne rien voir dans l'obscurité. Rien de tout cela ne constituait une preuve formelle, mais Harragin s'efforçait de faire tenir ensemble les différents éléments de preuve, afin de donner un semblant de solidité à un dossier d'accusation bien fragile.

En dehors de Poppy et des experts en balistique, les principaux témoins de Harragin étaient June Carberry et Gwladys Delamere. En fait, June se révéla un précieux auxiliaire pour la défense. Elle fournissait à Broughton son unique alibi ; elle seule donnait l'heure de leur départ du club et de leur arrivée à Karen, et elle était le seul témoin de ce qui s'était passé à la maison après leur retour, puisque ni Mlle Wilks ni Diana ne déposèrent. Pouvaient-ils, en fait, être revenus à la maison beaucoup plus tôt que deux heures du matin, c'est-à-dire l'heure approximative donnée par June ?

Son témoignage ne fut jamais réellement mis en doute, quant à Broughton lui-même, il expliquait ses trous de mémoire par son ivresse. June confirmait entièrement ses dires. Elle déclara même l'avoir aidé à monter les escaliers en le soutenant par la taille. Elle était sûre qu'à ce stade-là, Broughton était incapable de ressentir la moindre « émotion » (l'appréciation ne manque pas de piquant venant d'une buveuse invétérée comme June, à moins qu'elle eût voulu dire qu'il était inconscient). Mais elle déclara ensuite qu'à deux heures dix, Broughton, en robe de chambre, vint frapper à sa porte et lui souhaiter bonne nuit. Vers deux heures vingt-cinq, selon les estimations de June, ce fut l'arrivée de Diana ; cette dernière entra dans la chambre de June vers deux heures quarante et y demeura environ une demi-heure. Broughton lui rendit alors une deuxième visite vers trois heures trente, « pour s'assurer qu'elle allait bien », vingt minutes après que Diana l'eut quittée pour gagner sa chambre.

« Quelque chose d'autre aurait-il attiré votre attention cette nuit-là ? lui demanda-t-on.

— Oui, après cela (après que Diana se fut retirée), Jock Broughton fit son apparition.

— Combien de temps après, environ ?

— Environ dix ou vingt minutes. Il est difficile d'estimer le temps.

— Aviez-vous un moyen de connaître l'heure ?

— Non.

— S'est-il passé autre chose dans la maison vers ce moment-là qui ait attiré votre attention ?

— Le chien de Diana aboyait.

— Fort ?

— Oui, assez fort.

— Que s'est-il passé lorsque Sir Delves est venu jusqu'à votre chambre ?

— Il a simplement frappé à la porte et a demandé si j'étais sûre que tout allait bien. »

La seule fois où June parut accabler Broughton, ce fut lorsqu'elle rapporta sa tirade contre Diana après que les amants eurent quitté le club, mais ces propos avaient été également rapportés par d'autres témoins. En revanche, elle décrivit de façon favorable la personnalité de Broughton, sa gaieté, son humeur égale, son sens de l'humour, son absence totale de jalousie voire même d'amertume. June semblait très sûre d'elle dans le box des témoins, et lorsqu'elle en sortit, le secrétaire de Harragin l'entendit dire : « Grâce à moi, sa tête tient plus solidement sur ses épaules. »

Gwladys Delamere fut le seul témoin qui fit réellement preuve d'hostilité, et ses réponses aux questions de Morris semblent bien sujettes à caution.

Q. : Lord Erroll devait avoir trente-neuf ans, environ ?
R. : Oui.
Q. : Était-ce un homme de bon sens ?
R. : Oui, mais pas au sens commun du terme.
Q. : Y avait-il une raison particulière pour qu'il vous ait pris à part, vous et non quelqu'un d'autre, au cours de ce dîner à Karen, pour vous raconter ces choses ?
R. : Je suppose qu'il devait me trouver une certaine finesse, voire du bon sens.
Q. : Pourquoi vous intéressiez-vous à cette affaire, Lady Delamere ?
R. : A cause des circonstances tragiques qui l'entouraient. Je voulais être sûre que tous deux avaient bien pesé leur choix.
Q. : En quoi cela vous concernait-il ?
R. : Simplement parce que, depuis des années, j'étais une bonne amie de Lord Erroll.
Q. : Ainsi, vous vouliez savoir parce que vous étiez une de ses amies.
R. : Je m'attendais à des problèmes, à des difficultés.
Q. : Alors pourquoi vous en être mêlée si vous vous attendiez à des problèmes et à des difficultés ?
R. : Parce que Lord Erroll semblait consulter ses amis à propos de ces affaires.
Q. : Vous voulez dire à propos de ce *genre* d'affaires ?
R. : C'est ce que j'ai voulu dire.

(Ici, Morris souligna le fait qu'Erroll avait d'autres ennemis que Broughton.)

Elle décrivit en ces termes l'expression qui se peignait sur les traits de Broughton tandis qu'il observait Erroll et sa femme qui dansaient. « On lisait beaucoup de choses : la colère, le dépit, la rage, la rumination, une intense irritation et de l'impatience.

— On lisait de l'impatience sur son visage ?

— Oui. »

Gwladys nia lui avoir dit : « Savez-vous que Joss est follement amoureux de Diana ? » et que cette remarque pût avoir été la cause du trouble de Broughton.

Le président du jury lui demanda : « Quand vous dites que l'accusé était maussade, voulez-vous dire qu'il l'était habituellement ?

— Oui, je l'ai toujours pensé. »

Le juré demanda ensuite : « Serait-ce qu'il se montrait maussade seulement avec vous ?

— Dans ce cas, il aurait été maussade depuis vingt ans. »

Plus tard, alors que Broughton se trouvait dans le box des témoins, on lui demanda : « Pourquoi laissez-vous entendre qu'elle se serait retournée contre vous ?

— Son témoignage le prouve, répondit-il. Elle a dit que je me montrais maussade, alors qu'elle sait très bien que ce n'est pas vrai ; et quand elle prétend décrire ma détresse lorsque j'étais assis à côté d'elle et que je les regardais danser, tout cela est inventé, ainsi que les sentiments de haine pour ma femme qu'elle aurait lus sur mon visage au club Muthaiga. J'ai été le premier surpris par son témoignage. »

Deux témoins essentiels ne furent pas appelés à déposer : Diana et Mlle Wilks. Diana ne pouvait être obligée de témoigner contre son mari ; avant d'apprendre la façon dont était mort Erroll, elle avait cependant fait une déclaration à la police dans laquelle il lui avait échappé que le chien avait commencé à aboyer fort à trois heures et demie du matin. Le chien avait-il aboyé en entendant Broughton rentrer à nouveau dans la maison ? Diana ne quitta qu'une fois la salle d'audience, le jour où l'on présenta comme pièce à conviction l'oreille d'Erroll dans un bocal de formol. « Pauvre Joss. C'est insupportable ! » s'exclama-t-elle. Et tandis que Morris énumérait avec force détails les handicaps physiques de Broughton, on l'entendit déclarer : « Ce n'est pas le vieux shnock qu'il décrit. »

Mais il est plus surprenant que l'accusation ait omis de citer

Mlle Wilks, la seule qui eût pu confirmer ou infirmer le témoignage de June Carberry. L'accusation a prétendu que l'on ne pouvait ajouter foi au témoignage d'une domestique de Broughton, mais cela ne l'a pas empêchée de faire comparaître les autres serviteurs, ou ceux d'Erroll, Waiweru, ou son chauffeur somali. Il semble qu'en fait, Mlle Wilks ait fait plusieurs déclarations contradictoires et que ni l'accusation ni la défense ne tenaient à la voir figurer dans le box des témoins.

Morris ne cita que huit témoins pour la défense, dont Broughton lui-même et le loyal major Pembroke, tandis que l'accusation en produisait vingt. Mais ces huit témoins étaient amplement suffisants : Morris avait déjà retourné en sa faveur de nombreux témoins de l'accusation, et tous, sauf Gwladys, témoignaient avec la plus parfaite correction de l'amabilité et de la tolérance de Broughton, de son absence de colère et de ce que Broughton lui-même appelait « son amitié indéfectible » avec Erroll tout au long de cette crise. (L'accusation, elle, voyait dans cette attitude de Broughton un piège tendu à Erroll, une façon de pouvoir le surveiller et de l'avoir toujours à portée de la main.) Morris cita aussi son propre expert en balistique, le capitaine Thomas Overton, bien qu'il eût déjà mis à mal les experts en balistique de l'accusation lors de ses contre-interrogatoires.

L'extraordinaire habileté de Morris se révéla lors des expertises balistiques. La bataille technique qui fit rage pendant des jours autour des marques sur les balles décelées au microscope fut souvent confuse et en tout cas difficile à suivre par un jury qui n'était pas spécialiste de ces questions. A certains moments, on avait l'impression qu'avocats et experts s'affrontaient par-dessus la tête des jurés. Morris s'arrangeait pourtant toujours pour que le jury comprenne lorsqu'il avait marqué un point, tandis qu'en face, les expertises balistiques fournissaient à l'accusation ses principaux arguments.

Pour résumer, Morris avait deux propositions à réfuter. La première était que les balles tirées à la propriété de Soames (les « balles de Nanyuki ») et les balles du crime avaient été tirées par la même arme. Si ces deux séries de balles n'étaient pas identiques, alors, de l'aveu même de Harragin, « le dossier de l'accusation s'écroulait comme un château de cartes ». La deuxième proposition à réfuter, était que l'arme qui avait tiré toutes ces balles était un

Colt 32 qui appartenait à Broughton et dont il avait simulé le vol (en même temps qu'une autre arme qui n'était pas en cause). Ce Colt 32 figurait sur la déclaration de détention d'armes de Broughton.

Morris prouva que, étant donné les marques sur les balles, aucune ne pouvait avoir été tirée par aucun Colt (c'était là l'« argument tout simple » sur lequel il comptait pour réduire à néant la thèse de l'accusation). Mais l'accusation pouvait rétorquer que Broughton possédait un autre 32 caché, probablement un Smith & Wesson. Pour contrer cet argument, Morris fit preuve tout à la fois de pédanterie et d'un usage presque terroriste quoique judicieux de traités de balistique ; il tenta ainsi de semer le doute dans l'esprit du jury sur le sérieux des méthodes utilisées par les experts de l'accusation. Les experts étaient formels, mais si un doute subsistait dans l'esprit du jury, Broughton devrait être acquitté.

Morris commença par attaquer sur le dernier point. Avant qu'il n'ait débuté son contre-interrogatoire, la démonstration des experts de l'accusation, Ernest Harwich et Maurice Fox, semblait inattaquable : les deux séries de balles présentaient un grand nombre de points communs. Fox, le principal expert, avait passé presque deux mois dans son laboratoire armé d'un microscope, photographiant et analysant les balles, répertoriant avec soin les similitudes.

Une balle cheminant dans le canon d'une arme portera ensuite imprimées, en creux, les arêtes, les rainures et les stries causées par les irrégularités du canon. Fox avait photographié ces marques aux fins de comparaison, mais en raison d'erreurs d'étiquetage et de classement, ses piles de photos — comme Morris le démontra — se révélaient pratiquement inutilisables pour un jury qui se trouvait dès lors plongé dans la plus grande perplexité. Morris laissa entendre que Fox avait travaillé en pure perte pendant deux mois. Depuis le début, Fox se tenait sur la défensive face à Morris, se montrait obstiné, contestant toutes les définitions de l'avocat et s'efforçant d'esquiver ses questions. (Alors que Morris citait un ouvrage du major Burrard intitulé *Identification des armes à feu et expertise balistique*, Fox rétorqua : « Ce n'est pas un livre de balistique. — Comment le définiriez-vous, alors ? demanda Morris. — Je ne définirai pas le livre d'un autre », répondit Fox.)

Fox passa sept heures dans le box des témoins. Morris le questionna à son tour durant quatorze heures, et le président fut plusieurs fois obligé d'intervenir alors que les deux hommes semblaient près d'en venir aux mains. La cour qui s'était assoupie à la suite des fastidieuses démonstrations de Morris à propos des gorges, des stries et des arêtes sur les balles, semblait à présent goûter le comique du spectacle offert par ces deux hommes qui ne dissimulaient plus leur antipathie réciproque. A un moment donné, Morris demanda à Fox ce que pouvaient bien signifier les lettres S et W sur une cartouche.

« Que cette cartouche convient pour un Smith & Wesson, répondit Fox.

— D'où tirez-vous cela ? demanda Morris.

— C'est ma mère qui me l'a dit.

— Essayez-vous d'être insolent ou impertinent, monsieur Fox ?

— Non.

— Pourtant, vous y réussissez bien. »

Les similitudes sont une chose, arguait Morris, mais qu'en est-il des différences ? Morris savait bien, pourtant, qu'il y a toujours des différences minimes entre deux balles tirées par la même arme. Il soulignait à présent les moindres différences d'éraflures comme si elles avaient autant de valeur que les nombreuses similitudes relevées par les experts de l'accusation. Il produisit une foule de détails, transformant l'ordre en chaos et faisant chavirer les certitudes d'un jury déjà passablement dérouté par les subtilités de la science balistique. Et puis, en l'absence de l'arme du crime (que l'accusation ne parviendrait jamais à produire) la comparaison entre des balles pouvait-elle être concluante ? Poussé dans ses derniers retranchements par Morris, Harwich avait déjà admis que sans l'arme elle-même, l'identification d'une balle par ses seules marques « est une affaire extrêmement délicate ». Ayant ainsi contraint Harwich et Fox à lui céder du terrain, Morris, après s'être tourné vers le jury d'un air exaspéré, demanda à nouveau aux experts : « Et vous maintenez quand même que ces balles ont été tirées par la même arme ? »

Il ne lui restait plus qu'à porter l'estocade. Il rappela que d'après les experts eux-mêmes, les balles provenaient d'un revolver dont le canon comportait cinq rainures orientées vers la droite, c'est-à-dire qui tournaient dans le sens des aiguilles d'une montre.

> Morris : Le sens des marques est-il le même sur toutes les balles ?
>
> Harwich : Oui, elles sont toutes orientées vers la droite.

Morris : Les rainures du canon d'un Colt sont-elles orientées vers la droite ou vers la gauche ?
Harwich : A gauche dans le canon.
Morris : Pouvez-vous dire par quel arme ces balles ont été tirées ?
Harwich : Je peux simplement dire qu'elles ont été tirées par un revolver.
Le président : Mais pas par un Colt.
Harwich : D'après mon expérience, tous les revolvers Colt possèdent six rainures qui sont orientées à gauche.

La défense venait de marquer un point décisif, et l'on ne comprend toujours pas comment, alors qu'elle disposait de toutes les expertises balistiques alors que Fox travaillait sur le sujet depuis deux mois, l'accusation avait ignoré un tel gouffre dans son dossier.

Demeurait pourtant la déclaration de Soames à propos de l'arme qu'avait utilisée Broughton lors de la séance de tir. D'après lui, Broughton s'était servi d'un Colt, mais il n'en était pas tout à fait sûr. Il pensait aussi qu'il s'agissait d'un revolver dont on peut faire basculer le canon.

Là encore, Morris poussa son avantage : « Si Sir Delves déclarait au président et au jury que son revolver n'était pas de ceux qui basculent, mais de ceux dont le barillet pivote sur le côté, le contrediriez-vous ?

— Non, je le croirais », répondit Soames.

Les similitudes entre les deux séries de balles, que personne, pas même Morris, ne contestait plus à la fin, demeuraient une des énigmes les plus irritantes de l'affaire. Il y avait aussi les traces de poudre noire relevées autour de la blessure d'Erroll, alors même que les cartouches non tirées retrouvées à Nanyuki étaient chargées avec la même poudre noire ; cette poudre, extrêmement rare à l'époque du crime, était cependant fort répandue avant 1914.

Harragin : Quand nous avez-vous dit que vous aviez acheté ces revolvers ?
Broughton : Je ne me souviens pas exactement de la date... il y a douze ou quinze ans de cela.
H. : Vous souvenez-vous où vous les avez achetés ?
B. : Je suis client de nombreux armuriers et je n'arrive pas à m'en souvenir, mais je dirais probablement les Army and Navy Stores.

H. : Les avez-vous achetés ensemble ou séparément ?
B. : Je les ai achetés ensemble.
H. : Vous souvenez-vous pourquoi vous avez soudain acheté deux revolvers ?
B. : Cela fait plus de quinze ans, je ne m'en souviens plus très bien, mais comme on n'a pas besoin d'un revolver en Angleterre, j'ai dû me dire que je pourrais en avoir besoin si j'allais à l'étranger.
H. : Avez-vous acheté en même temps des munitions ?
B. : Je crois que j'ai acheté en même temps une boîte de munitions pour le 32 ; il me semble par ailleurs qu'il me restait des vieilles munitions de 45 à la maison et je ne crois pas en avoir acheté de nouvelles.
H. : Vous ne vous en êtes jamais servi en Angleterre ?
B. : Non.
H. : Finalement, vous ne vous en êtes jamais servi jusqu'à ce que vous vous rendiez à la propriété de Soames, et là je crois que vous n'en avez utilisé qu'une.
B. : Oui.
H. : Avez-vous utilisé les munitions que vous aviez achetées douze ou quinze ans auparavant ?
B. : Oui, c'était les seules munitions que j'avais.
H. : Combien de cartouches aviez-vous ?
B. : C'était une boîte intacte, de cinquante cartouches, je crois.
H. : Combien en avez-vous tiré ?
B. : Environ quarante. J'ai dû en tirer vingt ou vingt-cinq et elle (Diana) quinze. J'en ai tiré plus qu'elle.
H. : Et si l'on trouvait là-bas des cartouches de calibre 32, non tirées, pensez-vous qu'elles pourraient vous appartenir ?
B. : On n'a pas pu trouver là-bas des munitions m'appartenant.
(Pourquoi pas ? Il est extraordinaire que l'on n'ait pas relevé une telle réponse.)
H. : Vos cartouches étaient-elles chargées de poudre noire ?
B. : Je n'en ai pas la moindre idée, mais il est tout à fait improbable qu'un bon armurier vende des munitions chargées de poudre noire, même il y a quinze ans. C'est un type de poudre très ancien. Je me servais de poudre noire quand j'étais jeune garçon, mais ça a disparu avant la

dernière guerre, il me semble. J'aurais été très surpris de découvrir des cartouches de revolver ainsi chargées.

H. : A votre avis, comment se fait-il que l'on ait découvert là-bas des cartouches à la poudre noire, même si elles n'étaient pas à vous ?

B. : Je n'en ai pas la moindre idée.

Pendant les vingt heures que dura son témoignage, Broughton fit preuve de la plus parfaite urbanité, se montra imperturbable, presque insouciant : un aristocrate devant la guillotine n'aurait pas fait meilleure figure. Une fois, pourtant, l'impassibilité de Broughton évoqua celle de *L'étranger* de Camus. Le témoin était le Dr Joseph Gregory.

Q. : Admettons qu'un homme soit accusé de meurtre ; si vous remarquiez son calme parfait, s'il vous semblait presque satisfait de ce qui lui arrive ou indifférent, cela traduirait-il à votre avis un quelconque dérangement mental ?

R. : Non, monsieur.

Q. : S'il semble indifférent à la prison ou au tribunal, trouveriez-vous cela normal ?

R. : Je dirais plutôt que c'est un philosophe.

Q. : Ou un homme qui a la conscience tranquille ?

R. : Oui, l'un des deux.

Morris courait un risque calculé en laissant son client témoigner. Beaucoup d'affaires criminelles que l'on croyait gagnées grâce à l'habileté de l'avocat avaient été finalement perdues à cause d'un lapsus de l'accusé qui avait décidé de déposer comme témoin. Broughton déclarait qu'il avait honoré le pacte passé avec sa femme, et que cela expliquait la facilité avec laquelle il avait cédé devant Erroll. D'après lui, il avait compris que tout était fini le jour où il avait vu Diana étendue sur le lit avec June Carberry, portant les perles d'Erroll.

Pourquoi s'était-il tenu à l'écart du dîner, le 18 ? Broughton répondit qu'il était exaspéré. Diana lui avait dit que si elle ne pouvait pas obtenir le divorce rapidement, elle attendrait des années, il ne se souvenait plus combien, voire la vie entière. « J'avais toujours envisagé la possibilité que ma femme tombe amoureuse de quelqu'un d'autre, mais cela était arrivé plus tôt que je ne le craignais. C'était idiot, parce qu'une femme peut tomber amoureuse de quelqu'un d'autre aussi bien deux mois que dix ans après son mariage. J'ai toujours été très attaché à ma femme et je le suis encore. J'ai compris qu'elle avait encore toute sa vie devant elle, ce qui n'était pas mon cas, et que la seule chose qu'il me restait à faire c'était de faire la part du feu et de partir pour Ceylan. Je devais rester là-bas trois mois et j'espérais qu'à mon retour au Kenya elle ne serait plus amoureuse de lui et qu'elle reviendrait à moi. Je n'avais pas perdu espoir. » Il dit également à Diana qu'il aimerait bien qu'elle reste à Karen jusqu'à son départ, pour sauver les apparences, « car, à ma connaissance, personne n'était au courant de rien ».

Morris lui demanda : « ... en vieil habitué des courses, vous saviez qu'Erroll avait l'avantage du poids, et que vous lui laissiez gagner la course ?

— Oui, répondit Broughton en adoptant le jargon, je lui rendais dix-huit livres. »

Harragin envisagea la chose sous un autre angle. « Vous vous rendiez compte que dans dix ans vous auriez soixante-sept ans et elle trente-sept ?

— Ce n'est pas très jeune, pour une femme.

— C'est plutôt vieux, pour un homme !

— Cela dépend de l'homme.

— Même pour un homme invalide à quarante pour cent ?

— Invalidité dont il s'est partiellement remis. »

Le 18, alors qu'ils se promenaient dans le jardin de chez Erroll, il avait laissé entendre à Mme Carberry qu'il allait se suicider.

> Q. : Comment conciliez-vous cet état d'esprit et le fait que vous veniez d'avoir une conversation tout à fait amicale avec Lord Erroll, et que pour respecter votre pacte, vous étiez résigné à voir partir votre femme ?
>
> R. : On ne dévoile pas ses sentiments à un homme, alors qu'on le fait très souvent à une femme, surtout si elle est une grande amie. Je me sentais encore à bout, même à la fin de la discussion. Je ne voulais pas m'abaisser en révélant ce genre de sentiments à Lord Erroll.

Pourquoi, après que ses soupçons eurent été éveillés, avoir jugé nécessaire de déjeuner avec Lord Erroll tous les jours ?

« Pourquoi pas ? répondit Broughton. Dans une petite communauté comme Muthaiga, on ne peut pas empêcher ce genre de choses. Comment aurais-je pu faire ? Ma femme et moi nous nous rendions au club Muthaiga tous les jours. A moins de dire à Lord Erroll que je ne voulais pas le voir, comment aurais-je pu l'en empêcher ? Tout le monde déjeunait au club tous les jours. »

Pourquoi avoir invité Erroll à passer la nuit là, alors qu'il savait déjà ce qui se passait entre Diana et lui ? Si c'était Diana qui l'avait fait, s'y serait-il opposé ?

« Elle aurait pu le demander à qui bon lui semblait. De toute façon, je n'aurais pas cherché à l'en empêcher. Je n'en vois pas l'utilité. Nous le voyions tous les jours au club, et il est indifférent qu'il soit resté là-bas la nuit. Cela aurait été de la très mauvaise tactique. Vu mon expérience de la vie, je sais que si on essaye d'empêcher une femme de faire quelque chose, elle aura d'autant plus envie de le faire. Avec une femme jeune, la seule chose à faire c'est de la divertir. »

Harragin évoqua ensuite la jalousie de Broughton, lui rappelant qu'il avait été trompé deux mois seulement après son mariage.

> Q. : Pouvez-vous nous expliquer pourquoi vous avez accepté avec autant de calme ce vol qui se commettait sous vos yeux ?
>
> R. : A quoi sert de conclure un pacte, si on ne le respecte pas ? Je maintiens qu'entre un homme de mon âge et une fille de l'âge de mon épouse, cela n'a rien d'anormal.
>
> Q. : Je souligne simplement que votre femme était votre bien le plus précieux, et après avoir évoqué la terre, je vous demande maintenant comment il se fait que l'on vous enlève sous vos yeux votre bien le plus précieux et que vous preniez la chose avec flegme simplement parce que vous avez conclu un pacte.
>
> R. : Évidemment, autrement à quoi aurait servi de conclure un pacte ?
>
> Q. : Il me semble aussi que vous êtes allé plus loin et que vous avez dit qu'il était flatteur qu'un homme tombe amoureux de votre femme.
>
> R. : Je le pense, effectivement.
>
> Q. : Flatteur pour vous ?
>
> R. : Oui ; on aime voir admiré ce que l'on possède. Tant que ça n'était pas réciproque, cela ne me faisait rien.
>
> Q. : Il est donc flatteur qu'un homme tombe amoureux de votre femme, avec tout ce que cela implique ?

R. : Depuis ces trois dernières années, j'ai été très habitué à ce genre de situation. Je crois que tout le monde aime voir admiré ce qu'il possède.

Q. : De la même manière que si vous possédiez un beau tableau ?

R. : Exactement.

Q. : Mais les choses ne commencent-elles pas à être différentes lorsqu'au lieu de simplement admirer le tableau, votre ami le décroche du mur et l'emmène avec lui ?

R. : Comme je l'ai déjà répété plusieurs fois, j'avais conclu un pacte et je n'avais pas le droit de m'y opposer.

Q. : Votre fierté elle-même n'était-elle pas touchée à l'idée que l'on emmenait votre femme ?

R. : Non. Celui qui l'emmenait était un homme plus jeune que moi, un homme très intelligent, très beau, et jouissant d'une position sociale très élevée.

Q. : Cela rendait-il la chose plus plaisante ?

R. : Cela atténuait le coup.

Q. : Et même votre sens de la propriété n'était pas blessé ?

R. : Je n'ai jamais considéré ma femme comme un objet dont j'aurais été propriétaire.

Q. : Mais le fait de perdre l'être aimé ?

R. : On en revient toujours à la même chose. Bien sûr que cela me touchait, mais j'étais lié par le pacte.

Par ailleurs, n'était-il pas exaspérant pour Broughton de savoir que pendant quelques années sa femme et l'amant de celle-ci allaient vivre à ses crochets ? Broughton répondit qu'il n'avait jamais imaginé que Diana pût réclamer les 5 000 livres sterling annuelles auxquelles elle avait légalement droit.

Q. : Qu'est-ce qui vous fait dire « jamais » ?

R. : Une foi implicite en ma femme. Je la connaissais depuis longtemps et dans les questions d'argent, c'est la personne la plus droite que j'aie jamais rencontrée… je la connais. Je sais qu'elle n'aurait jamais réclamé cet argent.

Et qu'en était-il de ce toast au champagne porté la nuit du crime ?

« C'était une petite fête intime entre les trois principaux intéressés et une grande amie de ces trois personnes, et en ce genre d'occasions on dit des choses qu'on ne songerait même pas à dire à d'autres moments. »

Q. : En portant ce toast, étiez-vous sincère ?

R. : Bien sûr. La soirée était très gaie et tout le monde était au mieux de sa forme. J'étais résigné à perdre ma femme et j'avais fait la part du feu.

Plus tard, Broughton répondit à Morris : « J'acceptais la situation et je pense que ça montrait mon entière résignation. J'avais dans l'esprit que c'était le geste le plus extrême que je pouvais accomplir. »

Broughton se décrivit ensuite comme « très ivre » au cours de cette soirée, après le champagne et le cognac qui faisaient suite aux cocktails au champagne, et d'après lui il se souvenait à peine de ce qui s'était passé. Il se souvenait de s'être plaint auprès de June Carberry et d'avoir dit à propos de Diana : « Nous ne sommes mariés que depuis trois mois et regardez ce qu'elle me fait. » Mais il ne se souvenait pas d'avoir dit qu'il ne lui donnerait pas les 5 000 livres sterling.

Ayant décidé d'abandonner Diana à Erroll, pourquoi Broughton avait-il insisté pour qu'elle fût de retour à Karen vers trois heures du matin, d'autant que depuis le 1er janvier, elle n'y avait passé que cinq nuits ?

Broughton répondit : « Je l'aimais toujours et elle était toujours ma femme, elle le resterait vraisemblablement encore pendant quelques années et puis il est difficile d'abandonner les vieilles habitudes. J'ai toujours été inquiet de la voir veiller trop tard. »

Harragin ne parvenait jamais à le mettre en difficulté : « Ne trouvez-vous pas ridicule pour un homme de tenir un mouchoir de dame dans ses deux mains, dont l'une tremble, en déclarant qu'il veut déposer ce mouchoir sur le cadavre ?

— Lorsque je me suis rendu au commissariat de police, j'avais ce mouchoir dans ma poche et je crois que je ne l'ai sorti que lorsqu'un des policiers m'a proposé de le déposer lui-même sur le corps de Lord Erroll, puisque je ne pouvais pas pénétrer dans la morgue.

— Et vous ne pensez pas que du point de vue d'un policier une telle demande était également ridicule ?

— Pas si l'homme possédait quelque sentiment. Cela dit, j'aurais dû comprendre que les policiers ne sont pas des gens sentimentaux. »

« Quelle a été votre réaction lorsque vous avez appris la mort d'Erroll ? demanda plus tard Harragin.

— J'ai été sidéré.

— Était-ce une solution satisfaisante à vos problèmes conjugaux ?

— En aucune façon.

— Que voulez-vous dire par "en aucune façon" ?

— Je ne pense pas que quiconque ait pu songer à reprendre une vie conjugale avec une femme qui avait été follement amoureuse d'un autre homme et l'était encore. »

Quant au feu de jardin qu'il avait allumé avec tant de précipitation, c'était, expliqua-t-il, une habitude qu'il avait depuis l'enfance, à l'époque de Doddington. A la question de savoir quel plaisir il en retirait, Broughton répondit : « Vous pourriez aussi bien me demander quel plaisir il y a à boire et à manger. »

Harragin tira alors sa dernière cartouche : « Un soir qu'elle partait pour le club Claremont, avez-vous dit au dîner, à votre femme : "Préfères-tu que je te jette le champagne au visage ou que je te casse la bouteille sur la tête ?" Et a-t-elle cherché à vous calmer en vous disant : "Du calme, du calme, essaye donc de manger quelque chose" ? »

Broughton répondit : « Je crois que quelqu'un vous a monté un bobard. » La réponse était parfaite.

Broughton sortait indemne de sa longue déposition. Le seul point défavorable à son encontre concernait ses trous de mémoire chaque fois qu'on lui posait une question trop précise. Il oublia qu'il n'était pas allé en France en 1914 (lorsque l'insolation l'en avait empêché). Il oublia d'innombrables conversations et d'innombrables ennuis. Il oublia qu'il avait reconfirmé son passage pour Ceylan le jour même du crime, aussitôt après sa visite à la morgue avec le mouchoir de Diana. Il ne se souvenait pas d'avoir rendu visite deux fois à June Carberry, à 2 h 10 et 3 h 30 (estimation de June elle-même), ni des aboiements du chien de Diana, bien qu'il se rappelât le bruit des voix en bas et le départ de la voiture d'Erroll.

Et le vol de ses revolvers ? Pourquoi les avoir apportés en bas et les avoir déposés sur la cheminée, alors qu'apparemment il voulait les mettre en sûreté ?

> Q. : Si Abdullah avait la clé, pourquoi ne pas lui avoir donné les revolvers pour qu'il les mette dans l'armurerie ?
>
> R. : Pourquoi l'aurais-je fait ? J'ai toujours rangé moi-même mes revolvers. Je ne les laisse pas aux indigènes.

Pourquoi a-t-il changé trois fois la description des objets volés, bien que ce fût à propos de détails sans importance (un billet de cinq shillings, deux billets de cinq shillings, un billet de dix shillings et un billet d'une livre, etc.) ? S'embrouillait-il dans sa propre histoire au point d'en oublier les détails ?

Le vol lui-même pose un problème. Si Broughton avait l'intention d'utiliser son propre revolver, pourquoi, trois jours avant le meurtre, inventerait-il une histoire de vol, apprenant ainsi à la police qu'il possédait deux armes et s'obligeant à produire sa déclaration de détention d'armes ? Était-ce parce que, d'autres personnes dans la maison sachant qu'il possédait deux revolvers, Broughton aurait à expliquer la disparition de l'un des deux, l'arme du crime ? Si l'explication est aussi simple que cela, ce vol semble bien maladroit et générateur de soupçons.

Ou bien, de façon plus machiavélique, était-ce parce que Broughton savait que cette déclaration était fausse et qu'elle ne correspondait pas à l'arme du crime ? Il fallait qu'il invente une histoire de vol pour que cette déclaration parvienne entre les mains de la police qui ne pourrait dès lors que conclure que le crime n'avait pas été commis avec l'arme de Broughton. Le problème, c'est que Broughton aurait dû de toute façon se débarrasser du revolver pour être sûr qu'on n'identifie pas l'arme qui avait tiré la balle mortelle.

Broughton n'aurait pas pu connaître à l'avance la découverte des balles de Nanyuki. S'y connaissait-il suffisamment en balistique pour comprendre que l'on prouverait que la balle qu'il avait tirée sur Erroll ne provenait pas du Colt déclaré par lui, ce qui le mettait hors de cause ? Pour expliquer ses conversations à propos de balistique avec des amis et des policiers, conversations qui avaient eu lieu après le crime, Broughton dit : « J'ai beaucoup fait de tir au fusil dans ma vie. J'ai toujours entendu dire que l'on pouvait savoir si des balles avaient été tirées par la même arme. » Même ainsi, la préméditation du crime semble par trop sophistiquée. Ou bien le vol des revolvers a-t-il été une véritable coïncidence ? Si Broughton possédait un troisième revolver — celui qu'il aurait utilisé à Nanyuki — pourquoi aurait-il eu à se débarrasser des autres ?

Dans son autobiographie, Morris résume ainsi ses arguments :

1. Erroll a été tué avec un revolver dont le canon comportait cinq rainures. On n'a jamais retrouvé trace d'une telle arme chez Broughton.

2. Rien n'indiquait que les balles trouvées à la ferme de Soames, à Nanyuki, eussent été tirées alors que Broughton s'y trouvait.

3. Les photographies de l'expert étaient si ahurissantes qu'elles avaient dû être abandonnées.

4. Il n'y avait pas de témoin oculaire. Personne n'a vu Broughton entrer dans la maison ou en sortir.

5. Il y avait trois femmes dans la maison et un certain nombre de serviteurs indigènes ; personne n'a entendu de coup de feu.

6. Le mobile était sans valeur. Bien d'autres personnes auraient eu des raisons de tuer Erroll.

7. Broughton n'était pas suffisamment fort pour bouger le corps dans la voiture.

8. S'il souffrait de cécité nocturne, il n'aurait pas pu conduire la voiture tous feux éteints dans l'obscurité totale — il était connu pour être mauvais conducteur. Et il n'aurait jamais pu retrouver son chemin dans le noir, à travers la brousse, jusqu'à sa maison.

9. Broughton avait une blessure au bras droit et un pied mutilé. Il n'aurait pu ni descendre ni monter le long d'une gouttière ou d'un balcon. Il lui aurait fallu regagner sa chambre en empruntant un escalier qui grinçait. Personne ne l'a entendu.

Après sa plaidoirie finale, Morris serra la main de chacun des jurés et regagna Johannesburg sans attendre le verdict, qui fut rendu le 1er juillet à 21 h 15.

En rentrant dans la salle d'audience après la délibération, le président du jury adressa un clin d'œil à Broughton et leva le pouce en l'air. Broughton décrivit la scène dans une lettre à un de ses amis en Angleterre.

« Après trois heures et vingt-cinq minutes de délibération, le jury rendit son verdict ; ce fut un moment extraordinaire. J'avais fait les cent pas hors de la salle d'audience en compagnie de différents amis, et pour la première fois je commençais à être tendu ; bien que je n'aie jamais cru à une déclaration de culpabilité, je finissais par douter et par croire que le jury pourrait ne pas se mettre d'accord, ce qui voulait dire un nouveau procès car il doit y avoir unanimité chez les douze jurés, et il était toujours possible que l'un d'entre eux me crût coupable. Heureusement, il y a eu l'unanimité.

« D'une voix parfaitement distincte, le président a dit : ''Non coupable'', et un soupir de soulagement a parcouru la salle d'audience ; il y a même eu pas mal d'applaudissements. On pouvait presque sentir l'Ange de la Mort, qui avait tournoyé autour de moi pendant tout ce temps, s'envoler hors de la salle d'audience, dépité.

« Quand je suis sorti du tribunal, il y avait là près de deux cents personnes, contenues par la police, qui m'attendaient pour me serrer la main. Les gens ont été extraordinairement gentils et j'ai reçu 146 télégrammes de félicitations, ainsi qu'un nombre incalculable de lettres, dont beaucoup venaient de gens dont je n'avais jamais entendu parler. »

Les lettres que Broughton écrivit après le procès expriment le soulagement et l'espoir. Il affirme s'être remis aussitôt de cette épreuve, ne s'être jamais senti plus heureux et témoigne de la loyauté et de l'affection de Diana. Quelques jours plus tard, ils quittaient le port de Mombasa pour Ceylan où Broughton avait des intérêts. Ils avaient le temps de regagner le Kenya, aussi en profitèrent-ils pour rendre visite à deux vieux amis, le nabab de Bhopal et le maharadjah de Jodhpur. Broughton témoignait d'une immense reconnaissance pour le luxe qu'il retrouvait enfin (« nous avons six grandes pièces et quatre serviteurs pour s'occuper de nous »), et parce qu'il retrouvait inchangé ce qu'il avait connu dans les années vingt. « Cet endroit se trouve à des millions de kilomètres de toute guerre. »

Mais une sourde inquiétude le rongeait. Comment ses amis avaient-ils réagi à cette affaire ? Tous les membres des clubs auxquels il appartenait avaient eu le loisir d'examiner à la loupe sa vie privée. Pourrait-il retrouver en Angleterre la vie qui avait été la sienne avant la guerre ? Il commençait à craindre d'être irrémédiablement tombé en disgrâce.

Deuxième Partie

A la recherche de la vérité

10

Une voix derrière les rochers

Quand en 1969, nous avons commencé à travailler sur l'affaire Erroll, Cyril Connolly et moi, j'avais vingt-quatre ans et j'étais chroniqueur au *Sunday Times* à Londres. Auparavant, j'avais fait mon apprentissage dans un quotidien du soir en province et avais passé deux ans en Afrique, peu de temps après l'indépendance du Kenya, comme reporter pour différents journaux dont le *Daily Nation* à Nairobi.

Connolly avait alors soixante-cinq ans. Pendant quinze ans, ses chroniques littéraires avaient fait les délices des lecteurs du *Sunday Times*. Auteur d'*Enemies of Promises*, de *The Unquiet Grave* et correspondant de guerre de *Horizon*, il était fort renommé dans le monde des lettres.

La personnalité de Connolly et les préoccupations que traduisait sa prose étaient presque aussi célèbres que ses œuvres. Il y avait tout d'abord son amour du plaisir qui lui valut d'être comparé par l'historien Peter Quennell à un libertin du XVIIIe siècle, puis sa passion pour les belles choses, sa paresse qui ne l'empêcha jamais de se montrer à la fois brillant et exigeant envers lui-même, enfin ses éternels regrets de n'avoir pas donné le meilleur de lui-même. Perpétuellement en proie à la culpabilité et au remords, Connolly était assailli par de terribles incertitudes.

On le rencontrait rarement à Gray's Inn Road, où le *Sunday Times* a ses bureaux. Connolly habitait avec sa famille dans une grande maison victorienne près d'Eastbourne, dans le Sussex. Là, il s'occupait de sa bibliothèque — qui se trouve à présent à l'université de Tulsa —, cultivait ses plantes exotiques et couvait du regard ses éditions originales et ses porcelaines rares. Tous les mercredis, il allait à Londres porter son texte et ses épreuves corrigées. Il arrivait généralement en taxi, immanquablement vêtu du plus élégant costume de Saville Row et coiffé d'un feutre noir. Le dandy des années vingt essayait d'adopter le style banquier des années soixante, mais quelque chose clochait dans son déguisement. On aurait pu croire qu'il se rendait chez White dans St. James Street — dont il observait le rituel avec le plus grand sérieux — ou en un lieu soigneusement choisi où il pourrait se délecter d'un plaisir longtemps attendu. « Par-dessus tout, la langoustine de la baie de Dublin » est une phrase que je me rappelle avoir lue à la fin d'un paragraphe de Connolly. Elle faisait partie d'un texte écrit, je crois, dans un hôtel d'Afrique de l'Ouest où il avait à la fois souffert de la solitude et été soumis à ce qu'il appelait « la torture de la table d'hôte ». Plus tard, je l'imaginais répétant ces mots de sa douce voix révérencielle et tremblante d'extase. Son ami Peter Quennell m'a depuis parlé des subtilités, nécessaires ou non, qui accompagnaient ces visites hebdomadaires à Londres et de l'excitation que Connolly ressentait quand le train approchait de la gare Victoria.

Connolly m'intimidait, non seulement à cause de sa réputation, mais aussi parce que je savais à quel point l'ennui et le mécontentement pouvaient le rendre redoutable. J'avais eu l'occasion de l'apercevoir sur les plages du Sussex où mes parents avaient acheté une maison à Firle, près de Lewes. Avant de s'installer à Eastbourne, Connolly avait loué une maison sur les terres du vicomte Gage. De temps à autre, il venait dîner chez mes parents ; c'était souvent, au début, une situation délicate car la réputation d'intellectuel « distingué et érudit » qu'avait Connolly dans le voisinage s'était doublée de celle d'un invité difficile et lunatique.

Dans ses mauvais jours, Connolly pouvait jouer son rôle avec assurance et cruauté. Mes parents, comme tous ceux qui l'appréciaient, tentaient à chaque fois de satisfaire au mieux son célèbre goût des plaisirs. Cependant, il arrivait qu'il ne touchât pas aux vins soigneusement choisis, pas plus qu'à la nourriture, pour s'enfermer dans un silence si lourd que la soirée prenait un tour morne. Connolly ne réservait d'ailleurs pas ce genre de comportement à ses voisins de la région. Alors que ses bizarreries faisaient déjà partie de l'histoire, Quennell écrivit dans un hommage qu'il lui rendit en 1952 :

« ... s'il ne cachait pas son plaisir, il montrait de même sa mauvaise humeur. Les désirs de Connolly ont indéniablement un caractère royal, et son ''Je ne suis pas satisfait'' est à peine moins redoutable que le ''Nous ne trouvons pas cela amusant'' de la reine Victoria. Il n'a en fait même pas à le dire : un subtil changement de son expression, l'allongement indéfinissable des traits de son visage, et le message alarmant est aussitôt perçu par tous. L'ambiance devient glaciale ; les flammes des chandeliers vacillent ; le vin prend un goût de bouchon. »

« Comment cela s'est-il passé ? » demandaient invariablement les gens quand vous aviez reçu Connolly à dîner.

Vers la fin de sa vie, Connolly se lia d'amitié avec un agent de change de la région, Tim Jones, lui-même fin gourmet. Tard un soir, après avoir partagé le maigre repas d'un de leurs voisins, Connolly téléphona à Tim Jones et lui dit : « Tim, je voudrais te demander une chose. Qu'est-ce que tu as mangé en rentrant chez toi ? »

Cependant, les bons soirs — c'est-à-dire en fait les soirs où il appréciait la compagnie de ceux qui l'entouraient — et surtout vers la fin des années soixante, il éblouissait par sa vivacité d'esprit et son érudition. Connolly pouvait aborder n'importe quel sujet, ou presque, avec force détails. Il possédait un don extraordinaire pour la parodie. C'est un homme que j'ai toujours apprécié, car je savourais en secret tant ses silences intransigeants et les malaises qu'il créait que ses brillants exposés. Connolly se montrait toujours très attentif et amical envers les moins de vingt-cinq ans.

Durant cette période, le magazine du *Sunday Times*, publication indépendante du journal, avait une couleur littéraire très particulière, celle que lui donnait l'écrivain et critique Francis Wyndham, l'un des rédacteurs les plus âgés. C'était un véritable meneur d'hommes et un chasseur de talents d'une efficacité et d'une force de persuasion irrésistibles. Wyndham, qui admirait Connolly depuis longtemps, souhaitait l'intégrer à notre équipe. Mais, même si la réputation de paresse de Connolly était exagérée, il n'était pas facile de trouver un sujet capable de lui inspirer des articles très longs, comme l'exigeait le magazine.

De temps à autre, Connolly était en proie à des obsessions — ce qu'il appelait ses « duelogues » — qui le rendaient fou. Quand ces attaques survenaient, il se métamorphosait : avec une vitalité d'esprit décuplée, une capacité de mémorisation époustouflante, il se mettait à l'œuvre ; il recherchait, emmagasinait et triait, interrogeait infatigablement documents, amis et témoins capables de lui fournir jusqu'au détail le plus insignifiant sur son sujet de prédilection. Il y avait eu Burgess et Maclean — une obsession qui l'avait quitté en 1969 — puis, plus récemment, « Qui a écrit Shakespeare ? », les années manquantes dans la vie du Christ, avec toujours, en toile de fond, ses passions pour la généalogie, la porcelaine et l'argenterie, passions dans lesquelles il semblait rechercher, de manière assez névrotique, la grandeur disparue de ses ancêtres irlandais.

En mai 1969, Connolly et son épouse Deirdre rendirent de nouveau visite à mes parents. Je ne l'avais pas revu depuis mon départ pour l'Afrique. Connolly rentrait d'un de ces safaris en Afrique orientale dont il avait rapporté pour le *Sunday Times* plusieurs textes qui évoquaient avec force son voyage et la vie sauvage.

Il me demanda ce que j'avais appris, lors de mon passage à Nairobi, sur l'affaire Erroll. Cette affaire, sujet brûlant dans les salles de rédaction du *Daily Nation* à l'époque où j'y travaillais, ne m'était pas inconnue, bien au contraire.

Après plusieurs articles sur le sujet, le journal cessa d'en parler du jour au lendemain. Le rédacteur en chef George Githii, diplômé du collège Balliol d'Oxford, était un protégé de Jomo Kenyatta. Il jouissait donc d'une certaine autonomie politique, publiant même de temps en temps des articles critiques sur certains ministres de Kenyatta ; cependant, quand il se mit à évoquer l'affaire Erroll, la censure, à sa grande surprise, frappa de façon soudaine et inattendue. A l'époque, cela m'avait intrigué, et j'avais lu à la bibliothèque toutes les coupures de journaux s'y rapportant. « Cette affaire me poursuit depuis longtemps », me déclara Connolly, et je compris pourquoi lorsqu'il se mit à en parler. Cette histoire, qui se déroulait dans une ambiance à la Somerset Maugham, était fertile en rebondissements et en hasards d'une ironie amère. Connolly m'apprit d'ailleurs que Maugham avait failli s'en inspirer pour écrire un roman, mais qu'il y avait renoncé, en raison de son grand âge.

Connolly, qui avait apparemment une bonne connaissance de

l'affaire, avait déjà écarté un certain nombre de suspects. Chaque fois qu'il se rendait au Kenya, il s'ingéniait à lancer la conversation sur le sujet, en sorte qu'il possédait plusieurs cahiers remplis de notes. Je lui dis alors que Francis Wyndham rêvait depuis longtemps d'avoir sa signature dans le magazine du *Sunday Times*. Accepterait-il d'écrire un article sur Erroll ? Connolly fut flatté et intéressé. La semaine suivante, Wyndham en discuta avec lui avant de prendre les dispositions nécessaires pour la commande de l'article et l'on me proposa de travailler avec Connolly.

Nous nous mîmes à la tâche et travaillâmes ensemble pendant six mois, d'abord en fonction de nos autres engagements, puis à plein temps. Nous lançâmes des enquêtes dans toutes les directions. Connolly, seul ou parfois avec moi, interrogea plus de cinquante personnes, et l'article parut dans le numéro de Noël de cette année-là. Sur la couverture figurait un médaillon représentant Diana, une photographie de Lenare, légèrement retouchée, et en bas de la page, on lisait : « Cyril Connolly, sur les traces d'une obsession. »

Connolly, qui avait droit à six mille mots — l'espace étant limité — produisit un article de quatre mille mots distillés à partir d'un amas considérable de notes et de documents. L'écriture serrée qui couvrait les pages de ses cahiers d'écolier révélait le caractère obsessionnel de son travail et de ses méthodes de recherches. Jusqu'à sa mort, il y coucha des notes au fur et à mesure de ses découvertes. Quand la date de la remise de ses articles approchait, il rédigeait à toute allure, d'une traite, sans retoucher, ou à peine, son premier jet. Il me proposa de partager le travail en fonction de nos domaines d'intérêt respectifs, sans oublier d'inscrire notre nom en haut de chaque partie.

Il commença en suivant le fil de sa pensée... C'était l'année 1938, il venait de rencontrer par hasard l'un des personnages centraux de l'intrigue :

« Un matin, le dernier été avant la guerre, j'étais allongé au soleil à Eden Roc. Je partais souvent à la nage jusqu'aux rochers de la Villa Eilen : là, sur une dalle de rocher, j'avais installé le matelas loué pour la saison. De l'autre côté, invisibles d'où je me trouvais, il y avait d'autres dalles et d'autres matelas, occupés par leurs locataires, des habitués des villas voisines, de Cap-d'Antibes ou de l'hôtel.

« Une voix de femme s'éleva au-dessus des rochers, de celles que l'on n'oublie pas, rauque et pourtant métallique, presque stridente, qui rappelait toute une époque, évoquait le souvenir de Tallulah ou, pour ceux qui se souvenaient encore d'elle, celui de Brenda Paul. ''Je déteste les hommes ! hurlait-elle. J'ai plus confiance en mon chien qu'en n'importe quel homme ! Je confierais à mon chien des choses que je ne dirais jamais à un homme.''

« Cette voix, qui appartenait, je l'appris ensuite, à une femme petite et maigre, aux cheveux sombres (depuis on l'a décrite comme blonde, mais il y a blonde et blonde) m'impressionna tant que, dès son départ, je demandai son nom au surveillant de la plage. ''C'est madame Carberry, ou plus exactement Milady Carberry. Ils sont de Nairobi.'' Est-ce qu'elle venait tous les ans ? Je pensais immédiatement aux ''cent îles de Carberry'', au poème de Swift, aux histoires de Somerville et de Ross, à cette délicieuse région d'Irlande du Sud où s'élève au milieu des bois la vieille demeure familiale, le château de Freke.

« Nous étions en 1938. Je ne devais retrouver ce nom qu'en 1941, dans les journaux anglais, au sujet du procès de Sir Jock Delves Broughton accusé du meurtre du comte Erroll. June Carberry en était le principal témoin. J'oubliai cette affaire (Sir Jock fut acquitté) quand, vingt ans plus tard, je trouvai, dans une maison des environs de Malaga où je séjournais, le livre de Rupert Furneaux, *Le meurtre du comte d'Erroll* (Stevens, 1961), qui me tint éveillé jusqu'au petit matin. Une étrange curiosité m'envahit, je me mis à former des hypothèses, à retourner les questions en tous sens ; impossible de m'en défaire, c'était comme un poison : une obsession. J'étais pris au piège. »

Furneaux restituait, dans un ouvrage court et agréable à lire, les moments dramatiques du procès, mais rien de plus.

A la lecture de son article, on comprenait facilement pourquoi Connolly portait un tel intérêt au meurtre d'Erroll. Il était tout d'abord fasciné par une affaire criminelle restée inexpliquée.

Broughton avait occupé le devant de la scène, et pourtant il manquait tant de maillons dans la chaîne des événements que l'on pouvait douter du bien-fondé de son arrestation. Qui d'autre, dans cette galerie de personnages, se trouvait au carrefour cette nuit-là ? Erroll était-il mort depuis longtemps lorsqu'on le retrouva ? Était-il vraiment rentré à Karen avec Diana ? Les alibis des quatre personnes présentes dans la maison étaient tous liés. Seuls June Carberry et Broughton furent entendus comme témoins au procès, et Broughton, selon ses propres dires, ne gardait qu'un souvenir très flou de la soirée. Étaient-ils tous de connivence ? Avait-on loué les services d'un tueur professionnel ? Pourquoi les courroies de maintien, en place la veille, gisaient-elles au milieu du siège ? Et l'épingle à cheveux, le filtre de la cigarette taché de sang, les marques de blanc à chaussures à l'arrière ? Qui avait pu écrire les lettres anonymes ? Autant de détails jamais éclaircis.

Connolly fit pour la première fois référence à l'affaire Erroll en 1960, dans une critique pour le *Sunday Times* du livre de Julian Symon intitulé *A Reasonable Doubt* où se trouvaient rassemblés une série de meurtres inexpliqués.

« Que la logique, disait Connolly, l'intuition ou la connaissance du cœur humain puissent mener à des conclusions qui ont échappé aux experts et à la police, cela flatte-t-il notre vanité ? Ou est-ce la crainte que règne l'injustice et qu'un innocent soit condamné ? Ou alors qu'un meurtrier soit toujours en liberté ? Pour ma part, je crois que ce vieux couple, vanité et curiosité, joue le plus grand rôle, et que nous nous sentons tous capables de compléter ces puzzles au moyen de pièces humaines. »

Une autre motivation, plus profonde et plus ancienne, avait poussé Connolly sur la piste du meurtrier d'Erroll. 1938, l'année où il avait entendu monter de derrière les rochers d'Eden Roc la voix de June Carberry, était aussi l'année de parution d'*Enemies of Promises*. La dernière partie du livre de Connolly évoque Eton, son enseignement et cette aristocratie brillante pour laquelle il éprouvait une fascination mêlée d'aversion.

« Même au collège, "bûcher" était mal vu parmi les soixante-dix "boursiers" ; nous étions victimes du climat ambiant, car alors en Angleterre, la profondeur d'esprit était suspecte et la superficialité de bon ton. Né en Irlande, écolier à Saint-Wulfric, j'avais partout reçu la même leçon. "L'intellectuel" était un être différent, marginal, exclu d'une société qu'on ne pouvait que servir ou combattre. Il fallait dissimuler son intelligence comme on cache une malformation : dans les collèges privés, c'est cela qu'on apprenait, comme un tailleur apprend à masquer un gros ventre ou une bosse. L'intelligence était un handicap, mieux valait être brillant. »

Issu d'un côté d'une vieille famille irlandaise déclinante et de l'autre de la petite bourgeoisie, Connolly, bien que très intelligent se sentait, à son arrivée à Eton, laid et tenu à l'écart, tant l'aveuglait l'étrange aura de l'aristocratie anglaise. Il étudia fébrilement ses origines irlandaises. (« Je m'en suis tellement inquiété à l'époque, qu'aujourd'hui, je ne peux supporter qu'on parle de titres ou de noblesse sans avoir envie de vomir... Je ne respirerai à nouveau qu'une fois cette classe abolie. »)

Les personnages masculins au centre du drame Erroll étaient tous des anciens d'Eton. Connolly le mentionnait dans l'article :

« Je suis arrivé au collège d'Eton en 1918. Bizarrement, mon premier ami fut un dénommé Randall Delves Broughton, cousin de la famille du baronnet. Eton publie chaque année une liste de ses élèves avec leur adresse et le nom de leurs parents ou tuteurs. Nous les étudiions, fascinés, lors de l'appel dans la grande cour, où se rassemblaient alors magnifiques athlètes, étudiants en toge et nouveaux en veste courte.

« Même si, selon l'usage, rien ne devait impressionner (sauf les prouesses sportives), certaines de ces adresses étaient inoubliables : c/o sa Majesté le roi des Belges ; Duc d'Hamilton, le Château, Hamilton ; Sirdar Charanjit, Prince (Sigh) de Kapurthala, château de Charanjit, Jullundur, Inde... et plusieurs personnes à qui nous nous intéressons aujourd'hui en faisaient partie : Hay, Hon. J.V., absent ; Cholmondeley, Hon. T.P.H., Portman, G.W.B., les futurs Lords Erroll, Delamere et Portman. »

Connolly prit avec autant de sérieux son élection au Pop, le cercle des délégués d'Eton recrutés en son sein par l'oligarchie en place, que plus tard, sa candidature au White. Le White était pourtant un endroit où les écrivains avaient toutes les raisons de se sentir mal à l'aise et Connolly ne faisait pas exception à la règle. Il éprouvait une sorte de crainte phobique de ce lieu, au point, me raconta-t-il, d'avoir l'impression que l'on se taisait dès son entrée ; selon Peter Quennell, il redoutait même parfois, fantasmatiquement, de devoir se soumettre au rituel du « déculottage » : l'idée d'être sans pantalon chez White ravivait les frayeurs qu'il avait connues à Eton, avant d'être sauvé par son élection au Pop. Toute sa vie, il éprouva pour les athlètes et les philistins un sentiment passionné où amour et haine se mêlaient. Il était fier, à Oxford, de ses amis extravagants. Nombreux furent, dans la Vallée joyeuse, les fêtards insouciants, comme Raymond de Trafford, l'ami de Waugh.

Diana Caldwell était, selon Connolly, la compagne idéale de ces aristocrates séduisants qu'il enviait tout en les haïssant. Elle le fascinait. Un extraordinaire rayonnement émanait de tout son être, de son visage, de sa silhouette, de la façon dont elle s'habillait. Différente de toutes les autres femmes qu'il connaissait, elle avait un charme et une sensualité qui l'attiraient irrésistiblement.

Diana aimait les bijoux, et elle pouvait aller très loin pour satisfaire ce goût. Celle que l'on traitait si souvent de « girl » — non sans une pointe d'envie — s'était métamorphosée en une véritable « grande dame » et cela l'intriguait. Diana était à ses yeux une femme intrépide et admirable.

Connolly menait l'enquête avec une passion non exempte de voyeurisme. Le désir de connaître la vérité au sujet de Diana affolait littéralement sa curiosité. Il était le prince allemand de *La tragique histoire du docteur Faust*, Marlowe, demandant à Faust, possédé par le diable, de faire venir la concubine d'Alexandre le Grand afin de satisfaire sa curiosité : a-t-elle ou non un grain de beauté à la nuque ? L'un des informateurs de Connolly lui avait raconté que Diana avait malencontreusement été blessée dans le dos par une balle, longtemps après le procès. Il me suggéra un jour, à moitié sur le ton de la plaisanterie, d'aller vérifier par moi-même la véracité de cette affirmation. En réalité, il brûlait de savoir.

L'affaire Erroll contenait tous les ingrédients capables d'intéresser Connolly, et il s'y plongea en romancier, mais en romancier qui serait passé à côté de son roman. Dans son imagination, il ne manquait pas de camper les personnages du Kenya en héros de roman, et j'ai l'impression qu'il enquêtait d'autant plus scrupuleusement qu'il se sentait coupable de n'avoir jamais écrit ce roman.

Notre article fut bien accueilli. Selon moi, il devait son succès autant à l'évocation d'un lieu et d'une époque qu'à la lumière nouvelle que nous jetions sur l'affaire. Nous avions rassemblé un grand nombre d'éléments nouveaux sur lesquels je m'appuyais pour mes propres recherches, et Connolly devait en apporter beaucoup d'autres jusqu'à sa mort. Nous avions interrompu notre enquête pour la publication de l'article, mais le mystère demeurait, d'autant plus profond peut-être que nous avions ajouté de nouveaux matériaux. Connolly reçut de nombreux appels téléphoniques et des lettres qui le félicitaient de son travail. L'écrivain Quentin Crewe, un aficionado de l'affaire Erroll qui avait fait part de ses propres découvertes dans ses chroniques du *Daily Mirror*, lui envoya même un télégramme : « Révélations extraordinaires, superbes, qui vont plus loin que je n'aurais jamais osé l'espérer. Félicitations. » Des lecteurs lui écrivirent aussi pour lui raconter des souvenirs ou des anecdotes. Il reçut par exemple cette lettre :

Le 21 décembre 1969

Cher Monsieur Connolly,

Je me devais de lire votre article sur le meurtre du comte Erroll paru dans le magazine du *Sunday Times* d'aujourd'hui. En effet, en 1945, nous étions en vacances, mon mari, mes deux filles et moi dans un petit hôtel (dont j'ai malheureusement oublié le nom) de Westward Ho, dans le nord du Devon. Une cliente s'y était installée à l'année, une femme d'un certain âge, mais très élégante. C'était Mme Caldwell — Lady Willington — la mère de Diana.

Nous avons un peu parlé ensemble ; elle était très sympathique et, de toute évidence, se sentait seule. Un jour, elle m'invita dans sa chambre. Les nombreuses photos qui décoraient les murs et la personnalité même de Mme Caldwell conféraient à la pièce une ambiance Mayfair des années vingt.

Elle me parla de Diana et me dit qu'elle avait épousé un homme épouvantable, probablement Delves Broughton. Je me souviens très bien qu'elle avait insisté sur l'adjectif « épouvantable ». L'affaire Erroll nous intéressait très peu, mon mari et moi (nous habitions une ville de province et nous travaillions tous les deux) et je ne l'écoutai alors que d'une oreille distraite.

Deux incidents, cependant, sont restés très présents dans ma mémoire. Mme Caldwell ne se déplaçait pas sans son lévrier. J'aime beaucoup les chiens et je me souviens que j'admirais le sien pour son caractère docile. « Voyez-vous, cette race fait partie de la classe ouvrière des chiens. Ils ont l'habitude d'être tenus en laisse », m'avait-elle précisé. Malgré son amour des chiens, sa remarque évoquait un système de castes qui pour elle allait de soi.

Une autre fois, elle laissa son magnifique manteau de fourrure dans le salon de l'hôtel. Un client, un Londonien aux manières rustres et à la voix trop forte, le ramassa en disant d'un ton méprisant : « Hé, je croyais qu'on portait plus ce genre de truc depuis la guerre. »

Certes, j'avais, en 1945, accueilli la victoire du Parti travailliste avec joie, mais en entendant la réflexion de cet homme, je me rangeai momentanément du côté de Mme Caldwell. Mon mari fut d'accord avec moi pour trouver ce geste déplacé. Vingt ans plus tard, les lévriers figurent en couverture de *Vogue* et de *Harper* à côté des mannequins et on admire plus qu'on ne méprise les femmes en manteau de fourrure.

C'est l'occasion de vous dire combien j'apprécie tous vos articles, je n'oublierai jamais votre livre *Enemies of Promises*.

Sincères salutations.

Evelyn Ratcliff.

Mais nous ne reçûmes pas que des lettres élogieuses. Le jour de Noël, Sir Iain Moncreiffe of that Ilk écrivit la missive suivante au *Sunday Times*. Je ne me souviens plus de la réaction de Connolly, mais c'était le genre de lettre qui touchait en lui un point sensible.

Monsieur,

Avant de nous régaler avec des bruits de couloir, M. Cyril Connolly attire l'attention des lecteurs indignés sur la guerre qui se déroulait à l'époque de la mort de Lord Erroll, dont j'ai épousé en premières noces la fille unique. La personnalité de M. Connolly évoque plus celle d'un écrivain talentueux que d'un militaire, voilà peut-être pourquoi il a oublié de mentionner que Lord Erroll, alors capitaine, a été décoré pour sa bravoure à son retour de la campagne d'Erythrée.

Il m'a été aussi très douloureux de lire que les pionniers d'Afrique orientale s'étaient « servis sans rien laisser derrière eux ». Lord Erroll ne possédait aucun domaine à Slains Castle et à Rosenglass. Il investit le peu d'argent qu'il possédait au Kenya où il était l'un des membres les plus actifs du Conseil législatif. Quant à mon père, il perdit quasiment tout lorsqu'il consacra les deux tiers de sa fortune et toute son énergie au défrichement de la forêt vierge ; aucun jeu de mots douteux ne saurait néanmoins l'assimiler à ces douze familles en avance sur leur temps au point d'anticiper sur la société permissive si saluée aujourd'hui par notre avant-garde.

Sincères salutations,

Iain Moncreiffe of that Ilk.

En réalité, ce n'était pas les pionniers d'Afrique orientale que Connolly accusait de s'être « servis sans rien laisser derrière eux », mais bien les douze familles de la Vallée joyeuse dont Sir Iain évoquait le libertinage par sa plaisanterie de collégien. Douze ans après, je rencontrai Sir Iain au White où nous passâmes deux heures agréables à parler de cette affaire.

Nous avons également reçu de nombreuses plaintes de la famille d'Erroll. Dans notre article, il y avait un agrandissement d'une photo représentant la tête d'Erroll sur la table d'autopsie et l'on voyait le trou qu'avait fait la balle. Lord Kilmarnock, le frère d'Erroll, trouva cette photo, et l'article d'une façon générale, de très mauvais goût. Il nous reprocha de l'avoir publiée sans lui en soumettre auparavant une copie et nous attaqua pour avoir laissé entendre qu'Erroll avait eu des rapports homosexuels à Eton, « un exemple de reportage sorti de l'imagination de l'auteur, qui jette le discrédit sur Lord Erroll ». Connolly rétorqua par ces mots :

« Cette mystérieuse affaire vieille de trente ans, qui, à l'époque, intéressa le monde entier, fit l'objet de nombreux articles puis d'un livre et fut une affaire criminelle célèbre, appartient de toute évidence aujourd'hui au domaine public.

« Si l'on devait consulter tous les membres des familles concernées, celle de l'accusé comme celle de la victime, il nous aurait fallu interviewer les petits-enfants aujourd'hui adultes, démarche qui rendrait irréalisable toute publication sur ce genre d'affaires criminelles. Les familles n'apprécient jamais de voir soudain surgir de leurs cercueils les squelettes de leurs chers disparus, mais la presse, si elle avait à tenir compte de ce souci, ne pourrait pas faire son travail. »

A ceux qui nous accusaient de faire preuve de mauvais goût et qui nous reprochaient la publication de cette photo, Connolly répondit :

« Je ne vois pas pourquoi mon article serait de plus mauvais goût que tout ce qui a déjà été écrit sur cette affaire, vieille, ne l'oublions pas, de trente ans. Et cet article ''de mauvais goût'', bien des gens dont je respecte l'opinion l'ont apprécié, eux, et n'ont pas manqué de me le faire savoir. Je ne suis pas responsable de la publication de la photo de Lord Erroll. Pour moi, cette photo d'une beauté tragique a été publiée afin de mettre en lumière la réalité du meurtre et le fait qu'une affaire criminelle restée inexpliquée n'est pas seulement un jeu de société abstrait. Cette photo, que je trouve émouvante, fait ressortir l'extraordinaire beauté de Lord Erroll, beauté qui le poursuivit toute sa vie et le conduisit à sa perte. »

Quant au reportage sur la vie d'étudiant d'Erroll, il ne devait rien à l'imagination de l'auteur, disait Connolly, mais il était au contraire basé sur le récit de deux contemporains de Lord Erroll à Eton, dont Sir Sacheverell Sitwell. Bizarrement, Lord Kilmarnock désapprouvait aussi l'emploi de l'adjectif « fasciste » que j'avais utilisé dans ma partie de l'article (j'avais pourtant bien précisé qu'Erroll avait abandonné cette cause). Connolly conclut par ces mots :

« Au Kenya, les gens parlent encore du crime comme s'il s'était passé hier. (Le virus)... continuera de se propager parmi les écrivains et les journalistes. Il donnera lieu à bien d'autres enquêtes "de mauvais goût". Mais d'où vient ce "mauvais goût"sinon de la Vallée joyeuse elle-même, dont les habitants, peu soucieux de l'opinion future de leurs enfants, se conduisaient comme bon leur semblait. »

Mais ce n'était pas tout. Parce qu'il avait affirmé que Gwladys Delamere était l'auteur des lettres anonymes trouvées dans le casier de Broughton au club Muthaiga, Rose Hodson, la fille de Gwladys, attaqua Connolly devant le Conseil de la presse. « Cet article, disait-elle, n'est pas le résultat d'une enquête sérieuse, ce n'est que la resucée indécente d'un vieux scandale. » Il était cependant difficile d'assimiler cette enquête méticuleuse à des cancans dignes de la presse à sensation. Connolly s'était longuement penché sur la question avant d'attribuer à Gwladys ces lettres anonymes. C'était à mon avis l'aboutissement d'un raisonnement déductif inspiré, pure spéculation, soit, mais fondée sur des présomptions qu'il détailla lors de sa défense.

En fait, on nous reprochait surtout d'avoir osé « remuer le passé » — argument souvent utilisé pour jeter le discrédit sur les journalistes et les biographes. Devions-nous interrompre notre travail par respect des convenances ? Cette attitude est fréquente, surtout quand le scandale éclabousse une grande famille, laquelle s'arroge alors bizarrement un droit de veto là où il n'en existe pas, puisque l'affaire appartient au domaine public.

Seulement les mystères et les scandales qui secouent la haute société ont toujours fait de bons articles — derrière l'hypocrisie, la vérité — et comme ils sont les romans d'aventure de l'histoire et en constituent les à-côtés les plus instructifs, on ne cessera jamais de les utiliser. J'approuve entièrement Mark Amory, éditeur des *Letters of Evelyn Waugh**, lorsqu'il conclut : « Décider de ce qui peut

* Weidenfeld and Nicolson, 1980.

blesser autrui est affaire de jugement personnel, cependant je suis convaincu qu'il faut ignorer la susceptibilité des descendants, car ces derniers doivent apprendre à vivre avec le passé de leurs parents. »

Finalement, Connolly et moi fûmes disculpés. On ne retint contre nous que le caractère douteux de la photo de Lord Erroll. Profondément touché par cette critique, Connolly répéta qu'il n'était pas responsable de la publication de cette photo. A mon avis, pourtant, en rappelant toute l'horreur du meurtre de Lord Erroll, cette image donnait un poids considérable à notre article.

11

Perspicacité et intuition

> De même que l'homme fort se réjouit dans son aptitude physique, se complaît dans les exercices qui provoquent les muscles à l'action, de même l'analyste prend sa gloire dans cette activité spirituelle dont la fonction est de se débrouiller. Il tire du plaisir même des plus triviales occasions qui mettent ses talents en jeu. Il raffole des énigmes, des rébus, des hiéroglyphes ; il déploie dans chacune des solutions une puissance de *perspicacité* qui, dans l'opinion vulgaire, prend un caractère surnaturel. Les résultats, habilement déduits par l'âme même et l'essence de sa méthode, ont réellement tout l'air d'une intuition.
>
> Edgar Allan POE,
> *Double assassinat dans la rue Morgue.*

Au fond de lui, Connolly aspirait certainement à être détective. Dans la réalité, il jouait à merveille et de façon presque comique le rôle de détective de roman de type cérébral disciple de l'école de Holmes, Poirot ou C. Auguste Dupin. « Bien qu'aucun philosophe hédoniste ne puisse être plus profondément attaché à son fauteuil, écrivait Quennell en parlant de Connolly, de temps à autre, comme par miracle, ce fauteuil se transforme en avion à réaction et s'envole en emportant Connolly sous le regard stupéfait de ses contemporains. »

Comme Holmes avec sa cocaïne, Connolly avait ses passions et ses faiblesses, mais il possédait aussi cette vaste culture générale avec ses domaines de spécialisation surprenants, propres à cette école. En tant que critique littéraire, Connolly se reposait entièrement sur ses capacités de déduction et d'analyse. C'est pourquoi l'inspecteur Connolly, *bon vivant* et bibliophile, pouvait se permettre de s'attarder dans sa serre, étudiant ses précieuses plantes carnivores pendant que les journaleux couraient çà et là, obnubilés par la recherche d'indices matériels, détruisant plus souvent qu'à leur tour les seules preuves véritables. Peu importait, car Connolly connaissait déjà la solution.

Alors que je cherchais à rencontrer des témoins vivants, envoyais des télex à des correspondants dans le monde entier, accumulais des documents, fouillais dans de vieux journaux et m'imprégnais de l'histoire, Connolly, lui, entreprit son travail de détective par la lecture attentive de l'almanach nobiliaire de Debrett et l'examen de la liste des élèves d'Eton de 1918. Les titres de noblesse ne semblaient plus le rebuter. A la manière d'un Saint-Just, il collectionnait méthodiquement des détails sur ses contemporains et même sur des individus entretenant un lointain rapport avec le personnage principal. Par exemple :

> Serviteurs : Waiweru, majordome de Lord Erroll. Les serviteurs d'E. l'adoraient — pas ceux des autres.
> Les serviteurs de DB : 15 + Wilks. *Alfred*, son serviteur personnel. Apporte le thé chez DB à 19 h. N'entre pas dans le bureau. Commença son service le 16 décembre. Le 27, va à Nyeri avec DB en voiture conduite par chauffeur. *Abdullah bin Ahmed*, chef des boys, employé 6 mois (mai) débauché au club. Prend de l'essence au dhobi 3 ou 4 jours avant la mort d'E. Pas de feux de jardin précédemment. Mohamed Bin Sudi, préposé au ménage pendant 4 mois (bureau, etc.). A vu DB mettre les revolvers dans le bureau. A trouvé 3 cartouches par terre. *Olei s/o Migoya.* Boy de la Shamba. A travaillé pour le Dr Geilinger qui brûlait aussi les feuilles mortes dans une fosse. Trois boys de la Shamba les ont rassemblées pendant trois jours. *Omari bin Juma*, le boy de DB, répond au téléphone. Même travail que Mohamed. Qui était Mohamed ? Est-ce le Somalien qui manquait ?

Puis suivait la longue liste des mariages et liaisons de certains personnages :

DB		Lady (Jock) Buchanan Jardine
		Kath Carnarvon
		Phyllis Delamere
DB	=	Vera
Vera		Lord Wharncliffe
		Lord Moyne = Ida Rubinstein
		Hugh Sherwood (?)
DB	=	Diana
Diana	=	Vernon Motion, Broughton, Colvile, Delamere
Gwlad. D.	=	Hugh Delamere
		Erroll
		Alastair Gibb
	=	Sir Charles Markham
		Denzl
		D de Gloucester
		P de G
Soames	=	Nina
		Gloria
		Alice
Alice de J.	=	Frédéric de Janzé
	=	Raymond de Trafford
		Joss Erroll
		Dickie Pembroke — Diana — Paula
		Soames (invraisemblable)
		Lizzie
Paula Gelybrand	=	Marquis de Casa Maury
	=	Bill Allen
	=	Boy Long
		Dickie Pembroke
Idina Erroll	=	Gordon
	=	Wallace
	=	Erroll
	=	Halderman
	=	Soltau
Mary Delamere	=	Cunningham Reid

Connolly prévint ses amis, fit revivre les potins en cours en 1930 et organisa de nombreux déjeuners aux frais du magazine. Il se mit à m'appeler très tôt le matin de sa maison d'Eastbourne, pour m'entretenir pendant des heures de la stratégie à adopter. Si par malheur j'hésitais sur le registre nobiliaire de Debrett, il se montrait sec et impatient. Lors d'un de ces coups de fils matinaux, il me lâcha d'un ton brusque : « Remettez de l'ordre dans votre *fichier.* » Cependant, si j'avais de nouvelles informations à mettre dans le dossier, ou de nouveaux témoignages, sa mauvaise humeur disparaissait aussitôt.

La masse de détails rassemblés par Connolly me surprend encore à chaque fois que j'ouvre ses cahiers ou examine les factures impayées, menus de restaurants de chemin de fer et errata sur lesquels il inscrivait, de son écriture coulante et presque miniaturisée, les réflexions que lui suscitait ce puzzle. Un jour, il prit en grippe tous les personnages. Ses notes traduisent l'angoisse qu'il ressentit devant le caractère inextricable de l'énigme :

> Quelle clique !
>
> E : merde
> DB : escroc
> JC : alcoolique
> J. Carberry : méprisable (sadique)
> Soames : ?????
> Alice de Trafford : meurtrière (mari en prison)
> Lizzie L. : gigolo
> Portman : alcoolique
> Gwladys Del. : cinglée
> Pembroke, Paula Long : les seuls sympathiques.
>
> *Morts*
>
> | | |
> |---|---|
> | Alice de Trafford : | suicide |
> | « Boy » Long : | alcool |
> | Molly, comtesse d'Erroll : | alcool et drogues |
> | Guy Repton : | alcool |
> | June Carberry : | alcool |
> | Broughton : | suicide |
> | Erroll : | assassiné |

Les premières pages comptent des extraits de son journal intime des années 1967 et 1968, où l'on trouvait déjà des éléments importants. Lors de ses voyages à Nairobi, Connolly habitait à Muthaiga dans la maison de Doria et de Jack Block, le propriétaire des meilleurs hôtels du pays. Au Kenya, les Block faisaient partie des quelques personnes qui savaient qui était Connolly. Pam Scott, chez qui il logea quand il se rendit à Rongai, le présenta durant toute la durée de son séjour sous le nom de « John O'Connor ». Vexé, Connolly se montra un hôte désagréable et la jeune femme finit par ne plus supporter ses silences. « On aurait dit un énorme coussin sur une chaise, me raconta-t-elle plus tard. Il aurait pu tout aussi bien ne pas être là. » Sir Michael Blundell, le leader d'une délégation de Blancs à la conférence de Lancaster House de 1960 sur l'indépendance, croyait, quant à lui, que Connolly était le patron du *Times*.

Par l'intermédiaire des Block, Connolly rencontra Lazarus Kaplan, appelé familièrement « Kappie », ancien avoué de Broughton et ami du prince Windichgrätz. Ce dernier raconta à Connolly que le Dr Gregory, le GP qui avait témoigné en faveur de Broughton, avait clamé haut et fort que pendant son séjour en prison, Broughton lui avait confessé être l'auteur du crime mais avoir décidé de nier car il avait compris, vu la composition de la cour, qu'il avait une chance d'être acquitté. Gregory se souvenait toujours fort bien des bizarreries de ses patients, mais il avait aussi la réputation d'avoir, en bon Irlandais, une imagination extravagante.

Quelque chose clochait dans l'histoire de Gregory, tout du moins dans ce qu'en rapporta le prince Windichgrätz : pourquoi Broughton, s'il s'apprêtait à plaider coupable, aurait-il dépensé une somme aussi importante pour s'attacher les services de Morris ? Cependant, Windichgrätz avait mis le doigt sur un fait dont tout le monde se doutait et que Connolly avait relevé, à savoir que Broughton avait alors très peu d'argent ; le peu de biens qui lui restaient étaient administrés par fidéicommis et il ne pouvait pas y toucher. Selon Windichgrätz, avant de quitter l'Angleterre pour le Kenya, Broughton avait demandé à un officier anglais sans le sou de voler pour lui, en échange de mille livres, des portraits de famille lui appartenant et pour lesquels il venait de souscrire une forte assurance.

Le stratagème ayant porté ses fruits, Broughton lui avait ensuite suggéré de « voler » des perles, fortement assurées elles aussi. Dans un premier temps, l'officier refusa ; Broughton lui assura alors qu'il n'y aurait aucun risque, il laisserait les bijoux dans la boîte à gants de sa voiture garée en face d'un restaurant. L'officier finit par se laisser convaincre et Broughton toucha à nouveau le remboursement de son assurance. Windichgrätz voyait en Broughton un homme qui se croyait au-dessus de la loi ; il s'ennuyait dans la vie et s'était soudain mis dans l'idée de commettre un crime parfait. Jack Block précisa que Lee Harragin, le fils de l'ancien procureur général, lui avait dit qu'après le procès, Broughton était allé voir son père et lui avait déclaré : « Pas de chance, mon vieux. Vous saviez que c'était moi le coupable, mais vous n'aviez aucune preuve. »

Selon Block, Scotland Yard, à qui l'on avait envoyé pour expertise la balle trouvée dans la voiture, avait certifié qu'elle ne provenait pas d'un des revolvers de Broughton ; cette expertise avait pesé lourd dans le verdict d'acquittement, et lorsque Scotland Yard télégraphia par la suite qu'ils avaient commis une erreur, il était trop tard.

Toujours selon Block, une autre rumeur courait, accusant Alice de Janzé. Quelques mois après le crime, Alice avait demandé à sa voisine, Mme Eileen Leslie-Melville, de surveiller sa maison car elle devait partir pour plusieurs jours. Eileen Leslie-Melville accepta et son boy lui apporta un jour un revolver, trouvé, disait-il, sous un tas de pierres près d'un pont, sur les terres d'Alice de Janzé. Mme Leslie-Melville prit l'arme et la rangea chez elle, où elle resta pendant des années ; elle n'en parla à personne. Quentin Crewe, à qui Jock Leslie-Melville, le fils d'Eileen Leslie-Melville, avait aussi raconté cette histoire, la rapporta dans sa chronique du *Daily Mirror*.

Connolly rencontra Kaplan, l'avoué de Broughton, le lendemain du jour où eurent lieu ces conversations. Kaplan corrigea immédiatement deux de ces rumeurs : premièrement, si Broughton avait adressé quelques mots à Harragin dans la salle d'audience à la fin du procès, ce qu'il lui avait dit n'avait rien à voir avec l'affaire. Mais Kaplan ne voulut pas divulguer ses propos. Deuxièmement, il précisa qu'aucune balle n'avait été envoyée à Scotland Yard, mais qu'on avait demandé à Churchill, l'expert en balistique, si un Colt pouvait « basculer vers l'avant ». (Au cours de sa déposition, Soames avait dit, au sujet de l'arme utilisée par Broughton lors des exercices de tir sur sa propriété — et cela avait été capital pour Broughton : « Je crois que c'était une arme qui basculait vers l'avant, mais je n'en suis pas sûr. » On croyait en effet que dans tous les Colts le barillet bascule sur le côté.) Bien que la société Colt eût envoyé un télégramme précisant que dans toutes leurs armes le canon possédait cinq rayures orientées à gauche, cette question du canon basculant vers l'avant ou du barillet basculant sur le côté ne leur avait jamais été posée. Churchill avait répondu par télégramme qu'il existait bien des Colts dont le canon basculait vers l'avant, mais comme il était impossible de prouver la provenance authentique de ce télégramme, il ne fut pas admis comme élément de preuve.

Connolly demanda à Kaplan si Broughton était l'auteur du crime. « La réponse c'est X moins un, avait répondu Kaplan. Ça peut être tout le monde mais certainement pas Broughton. » Il ajouta qu'il n'avait jamais vu de balle faire aussi peu de dégâts et que le meurtrier devait être un excellent tireur. Selon lui, cela aurait pu être une amante délaissée, un mari trompé ou un tueur agissant pour le compte d'une organisation politique. La police, selon lui, n'avait pas bien fait son travail ; elle n'avait pas su réunir tous les indices et s'était surtout montrée incapable de recueillir les empreintes dans la voiture.

Si l'on effectuait aujourd'hui un sondage au Kenya parmi la population blanche, on obtiendrait un résultat identique à celui qui aurait suivi le procès : Broughton serait le dernier à être suspecté. La majorité des gens pencherait plus pour une femme jalouse, comme Alice de Janzé (« la meilleure gâchette de la gare du Nord »), ou June Carberry, soupçonnée d'avoir été elle aussi la maîtresse d'Erroll, ou bien encore Gwladys Delamere, ou même Diana. Enfin, l'on aurait désigné Mme Wirewater (même si elle se trouvait au Cap au moment du crime) ou bien son mari, sans doute absent du Cap et au courant de la liaison de sa femme avec Erroll. Cette assertion découle de cent cinquante entretiens avec des gens vivant ou ayant vécu au Kenya, et elle s'appuie sur des lettres de même provenance, dont tous les auteurs, hommes et femmes, pensent qu'Erroll fut assassiné par une femme.

On écartait généralement Broughton, car après audition des témoins et présentation de tous les éléments de preuve, on n'avait rien pu retenir contre lui ; en outre, il est si facile et si amusant de désigner d'autres suspects. Cependant, planait toujours l'idée d'une conspiration : il y avait peut-être eu un complice payé par Broughton : un Somali ou un autre mari jaloux ou même un amant de Diana.

Mais pourquoi pas un assassinat politique ? Morris avança le premier au cours du procès que bien d'autres gens avaient des motifs de tuer Erroll. Celui-ci avait renié le fascisme et avait même, semble-t-il, fait interner des sympathisants fascistes italiens au Kenya. Une revanche politique, donc ? Morris suspectait le comte Rocco, un excentrique bien connu qui vivait dans une grande villa de style toscan au bord du lac Naivasha. Il était déjà placé aux arrêts domiciliaires, et, peu avant le procès, la police, avertie d'une possible évasion en montgolfière, avait placé des hommes armés autour de sa maison. (Rocco fut par la suite incarcéré en Afrique du Sud.) A l'audience, Poppy affirma qu'Erroll n'avait été nullement responsable de l'emprisonnement des fascistes italiens, et l'affaire en resta là.

Connolly écrivit à Lady Diana Mosley, femme de l'ancien leader du parti fasciste anglais, pour lui demander si l'on avait déjà liquidé ou envisagé de liquider des renégats du mouvement. Elle lui répondit de France : « Il me paraît complètement aberrant de chercher un mobile politique à ce crime. Si je croyais à l'assassinat politique, mais je n'y crois pas, et si je prenais exemple sur Charlotte Corday, les Marat seraient nombreux, mais Lord Erroll ne serait pas du nombre.

Il aurait été difficile pour un assassin n'appartenant pas au cercle fermé du club Muthaiga d'être au courant des faits et gestes d'Erroll ce soir-là. Comment suivre discrètement en voiture Erroll qui roulait d'habitude à cent trente ? Cette hypothèse n'avait donc jamais retenu notre attention.

Connolly avait quitté Nairobi en 1967, persuadé, comme Kaplan, de l'innocence de Broughton. Deux ans plus tard, le 18 mai 1969 pour être précis, alors que nous avions déjà bien avancé dans nos recherches, il écrivait dans son cahier : « Son anniversaire (celui de Broughton) tombe le même jour que le mien. Nous, les Vierge, nous ne sommes pas avides de sang. Je ne pense pas que ce soit lui le coupable, et à mon avis, je crois même qu'il n'a jamais songé un seul instant à tuer Erroll. » Mais tout dépendait de notre compréhension du personnage de Broughton qu'au départ nous ne connaissions presque pas. Nous le laissâmes donc sur notre liste des suspects, sans oublier que si c'était lui le meurtrier, il avait fait preuve d'une adresse dont il semblait incapable ; quelle chance, aussi… et comment avait-il réussi à ne laisser aucun indice derrière lui ?

Qu'était-il advenu de lui après l'acquittement ? Avait-il conservé cet air las d'innocent sûr de lui, attitude qui ne l'avait pas quitté durant son extraordinaire performance dans le box des témoins ?

De toutes les informations recueillies par Connolly à Nairobi, la plus étrange était celle mentionnant cet « officier anglais » qui aurait, selon le prince Windichgrätz, aidé Broughton à escroquer sa compagnie d'assurances. A Cannes, en 1939, on avait effectivement volé les perles de Diana dans la boîte à gants de sa voiture garée devant un restaurant, et la même année, des tableaux de famille de Broughton avaient été dérobés à Doddington. Broughton se trouvait en Angleterre à cette époque, mais que Windichgrätz ait été au courant de ces deux incidents était déjà un mystère en soi.

Nous découvrîmes dans un journal anglais que Scotland Yard et une compagnie d'assurances avaient procédé à des enquêtes à Nairobi, alertés, semble-t-il, par le fait qu'au cours du procès, les perles avaient été de nombreuses fois évoquées. Mais ces perles n'étaient pas celles que Diana avait perdues à Cannes.

Deux colliers de plus ont été évoqués au cours du procès. Le premier était celui qu'Erroll avait offert à Diana, et que Broughton avait remarqué au cou de la jeune femme couchée avec June Carberry, le matin du 18 janvier. Après la mort d'Erroll, un avocat qui agissait pour le compte des héritiers le lui réclama. Diana remit à contrecœur ce précieux cadeau de son amant. Pour elle, les héritiers d'Erroll n'avaient aucun droit sur ce bijou, notamment parce que Lord Erroll lui-même en avait hérité de Molly, sa précédente épouse.

Quant à l'autre collier, acheté à Londres avec Diana, Broughton affirmait en avoir payé la moitié. Souvent, quand une dispute éclatait entre eux, comme cette fameuse nuit où Diana était sortie seule avec Erroll, Broughton soulevait la question de savoir qui devait racheter la part de l'autre. Broughton trouvait là un éternel sujet de dispute. Perplexe, Harragin, l'avocat général, voyait dans cette attitude le signe que Broughton mentait sur la réalité de ses sentiments à l'égard de Diana. Discute-t-on de bijoux quand on est sur le point de perdre sa femme ? Dérisoire ! affirmait l'avocat général. Dérisoire, un collier de perles ? Pas pour Diana, qui voyait dans les perles le symbole de son ascension sociale, la preuve inaliénable de son succès. Ce collier autour de son cou transformait la beauté plébéienne qu'elle était en baronne ou en comtesse. En réalité, elle ne possédait ce rang de perles que pour moitié. Broughton déclara à l'audience lui avoir proposé le marché suivant : ou elle lui rachetait sa part ou elle les lui rendait. Essayait-il de faire pression pour la détourner d'Erroll ? Y avait-il un rapport entre ces âpres discussions, pénibles pour Diana, et l'autre bruit qui courait à Nairobi ? Selon cette rumeur — sans fondement sérieux, de l'avis général —, Broughton aurait résilié le pacte de mariage, aux termes duquel il s'engageait à verser à sa femme, en cas de séparation, une rente de 5 000 livres sterling par an, cela pour faire pression encore et, cette fois, détourner Erroll de Diana. Affolé, Erroll aurait alors annoncé à Diana son intention de rompre, en lui conseillant de rester auprès de son mari. Diana aurait alors pu, à juste titre, se retourner contre Erroll — le premier homme qu'elle ait jamais aimé — avec une fureur meurtrière.

Dès le début de notre enquête, des rumeurs et des ouï-dire nous avaient empêchés de comprendre clairement l'histoire de ces deux colliers. Connolly éprouvait une fascination troublante pour ces perles qui lui semblaient détenir la clé du mystère. « L'officier anglais », s'il se trouvait à Nairobi à ce moment-là, aurait pu être complice du meurtre, qu'y aurait-il eu d'inconcevable à cela ? Nous avions notre idée sur son identité, mais pour l'instant, elle n'était fondée que sur des rumeurs.

Parallèlement, Connolly étudiait les faits et gestes de tous les protagonistes, jour par jour et si possible heure par heure, depuis le moment de l'atterrissage de l'avion des Broughton à Nairobi le 12 novembre 1940. Il dressa d'innombrables listes, tableaux et emplois du temps, surtout pour les heures cruciales, entre la fin du dîner du 23 janvier et les premières heures du 24, au cours desquelles Broughton aurait, selon June Carberry, frappé à sa porte deux fois. L'emploi du temps de June était suspect : ou elle pressentait ce qu'il fallait dire, ou elle mentait. Connolly nota également qu'il manquait au moins une heure dans l'emploi du temps de June et de Broughton. Personne ne les avait vus entre 22 h 30 — heure à laquelle Broughton croisa Dickie Pembroke dans le hall et lui parla de jeu de bésigue — et minuit environ, heure à laquelle Jacko Heath les convia tous deux à souper dans la salle à manger. D'après June, Broughton et elle avaient passé cette heure et demie assis devant un verre de cognac, non loin du bar, dans la partie la plus fréquentée du club. Le capitaine « Long John » Llewellin, l'un des témoins ayant entendu Broughton se plaindre de Diana, situait cette conversation aux alentours de minuit.

Il était minuit et demi quand Gerald Portman les persuada enfin de se joindre à eux pour le souper et, selon June, ils restèrent au club pendant encore une demi-heure. Peut-être la police ne jugea-t-elle pas important de s'interroger sur cette heure manquante ; pourtant, après le dîner et le départ d'Erroll et de Diana, Broughton et June Carberry furent certainement au centre de toutes les conversations. Pourquoi alors n'avoir pas demandé à des membres du club s'ils avaient vu le couple assis près du bar ? A l'époque, Connolly et moi avons classé cette question sans nous y attarder. Mais n'était-ce pas June plutôt que Broughton qui avait besoin d'un alibi ? Connolly écrivit : « L'alibi de June repose sur les visites que Broughton lui a rendues, or, lui affirme n'être jamais allé la voir. » Et si, coupable, complice, ou soucieuse de couvrir quelqu'un, June mentait ? Il ne nous resterait plus alors que le témoignage de Llewellin, qui confirma que le couple avait quitté le club vers une heure et demie du matin, celui de Waiweru, le boy d'Erroll, qui déclara qu'Erroll et Diana avaient quitté la maison de Muthaiga vers deux heures du matin, et celui des deux jeunes livreurs de lait qui trouvèrent la voiture entre trois heures moins dix et trois heures du matin.

June et Broughton rentrèrent du club Muthaiga en voiture conduite par un chauffeur, celui de June ou de Broughton. Le chauffeur de Broughton fut le seul témoin noir à ne pas être cité, et le bruit courut qu'il avait disparu le lendemain du meurtre. Seule Mlle Wilks pouvait fournir la preuve cruciale. La nuit du crime, elle était restée debout jusqu'à trois heures du matin au moins, préparant des bouillottes et administrant de la quinine à June. Était-elle encore en vie et comment la retrouver ? Elle était vraisemblablement retournée en Afrique du Sud après l'affaire, peut-être dans sa ville natale de Durban. J'envoyai un télex au correspondant du *Sunday Times* à Durban, Humphrey Tyler, qui travaillait pour le *Cape Argus*, lui demandant d'enquêter sur elle. Il me contacta trois semaines plus tard : il n'avait réussi qu'à retrouver l'emplacement de l'immeuble — qui depuis avait été démoli — où Mlle Wilks avait vécu autrefois ; l'immeuble se trouvait dans le quartier du front de mer. Tyler accepta cependant de poursuivre ses recherches en se limitant essentiellement à ce quartier.

Connolly notait et renotait sur ses cahiers l'emploi du temps des différents protagonistes, comme si un élément nouveau pouvait surgir de la répétition. Comme Connolly semblait incapable de résoudre ce puzzle par la simple réflexion consciente, son inconscient se mit de la partie, la nuit, en élaborant des scénarios embrouillés mais néanmoins détaillés.

Deirdre, la femme de Connolly, fut réveillée une nuit par des cris : son mari hurlait et se débattait contre un assaillant invisible. Une fois calmé, Connolly prit son cahier de notes, et, avec un admirable professionnalisme, écrivit :

« Cauchemar de CC : Il approche d'une petite hutte — il doit être environ trois heures moins dix. A l'intérieur, un personnage victime/meurtrier, qu'il connaît et qu'il va tuer, mais ce doit être fait avant trois heures du matin. Quand il arrive dans la hutte, la victime l'empoigne et brandit un couteau. Il y a une erreur — ou le réveil retarde ou l'heure fixée est un piège. CC va se faire tuer, quand il se met à appeler au secours en se débattant dans son lit. Il a crié très fort, comme un chien qui aboie ou un loup qui hurle (D. l'a confirmé). Elizabeth Bowen (l'écrivain qui séjournait chez les Connolly) n'a rien entendu de sa chambre. Il est environ trois heures trente du matin. »

Deux éléments du cauchemar de Connolly étaient intéressants. Peu avant, Connolly avait pris quelques notes sur une cabane, brièvement mentionnée pendant le procès, qui se trouvait au bord de la route, entre la maison de Karen et le lieu du crime. Connolly pensa un moment que le coupable aurait pu s'y abriter en attendant Erroll. Trois heures trente du matin était aussi très révélateur. (Comme les trois heures moins dix, l'heure à laquelle on situe la mort d'Erroll.) D'après June, c'est à ce moment-là que Broughton lui aurait rendu visite et c'est aussi à ce moment-là qu'elle aurait entendu aboyer le chien de Diana. Ce dernier fait, rapporté à l'audience, tracassait beaucoup Connolly. Harragin avait en effet commencé l'interrogatoire de June Carberry par cette question : « Y a-t-il un teckel dans la maison ? »

Pendant ce temps, je poursuivais des recherches de mon côté ; j'avais rassemblé la série complète des photos prises par la police sur le lieu du crime, y compris un cliché d'Erroll à la morgue. Le photographe, un fonctionnaire en poste en Afrique orientale, était alors à la retraite et vivait sur la côte sud de l'Angleterre. Je lui promis de garder secrète son identité. La photo où l'on voit Erroll à la morgue avec en gros plan la blessure n'a qu'un intérêt clinique. En revanche, celles de la voiture renversée dans le fossé, prises sous différents angles, et celles avec les portières ouvertes où l'on voit Erroll, la tête en bas, rappellent la réalité macabre du crime. Tout est exactement comme le meurtrier l'avait laissé, même si les photos ont été prises de jour, quatre heures plus tard, et évoquent le silence froid et humide de l'aube, à cette altitude où la terre et la végétation sentent fort la pluie. A cause de la position du corps, les mains plaquées sur le visage, dans une attitude de prière ou de peur, ces photos expriment la violence des derniers instants, et l'on a la désagréable impression d'être un intrus. Dans le coin d'une autre photo, on aperçoit un bras qui maintient ouverte la portière de la voiture, permettant ainsi de voir le corps de la victime, sur le plancher de la voiture, et ce détail renforce la sensation d'épier quelque chose d'interdit ou de tabou. Au moment où cette photo fut prise, le corps d'Erroll était encore chaud.

On pourrait spéculer sans fin sur ces images. Un scénario possible, et qui corrobore la version de l'avocat général, place le meurtrier aux côtés d'Erroll dans la voiture ; arrivé au carrefour, il lui aurait demandé de descendre afin de finir le chemin à pied. Ou bien il aurait tiré sur Erroll en descendant de voiture, ou bien aussitôt après, à travers la vitre ou la portière. Erroll avait les pieds sur le frein et l'embrayage, la voiture était en prise et le moteur tournait. Quand la balle l'a atteint, Erroll a lâché les pédales et la voiture s'est mise à avancer, propulsée par le moteur de trente chevaux, les roues avant déjà tournées vers la droite, amorçant le virage en direction du fossé. Erroll s'est effondré sur le siège du passager, son oreille blessée tachant la housse, tandis que la voiture s'immobilisait dans le fossé. S'il en avait eu la force, Broughton aurait alors poussé le corps par terre de façon à dégager les pédales.

A première vue, d'après les expériences des photographes et de la police, le corps n'a pas pu tomber tout seul ; le volant l'en aurait empêché : on a donc poussé Erroll sur le plancher. Si le meurtrier est sorti de la voiture avant qu'elle ne roule dans le fossé, il y est ensuite certainement retourné. La voiture a été retrouvée en prise et on a dû couper le contact *après* qu'elle se fut immobilisée. Il a fallu éteindre les phares, comme nous l'avons vu, avec des pinces. L'assassin s'est-il affolé en s'apercevant qu'il ne pouvait pas éteindre les phares, et en cherchant à éloigner la voiture de la route, a-t-il essayé en vain de pousser le corps d'Erroll loin des commandes ? Le moyen le plus facile eût été de s'asseoir sur le dossier du siège avant et de le repousser avec les pieds. Pour atteindre cette position, le meurtrier aurait donc escaladé le dossier, ce qui expliquerait le tapis de sol déplacé à l'arrière et les traces de blanc à chaussures sur la banquette arrière. Pour s'aider, il se serait alors retenu aux courroies de maintien qui seraient sorties de leur logement. Cela expliquerait qu'on les ait retrouvées par terre à l'arrière. Bewes était persuadé qu'on les avait arrachées violemment, tandis que Butcher, le mécanicien qui avait examiné la voiture, certifia que les courroies avaient été dévissées la veille ; pourtant, Mme Carberry, qui se servait toujours de ces courroies, se souvenait de les avoir vues en place le soir du meurtre. Butcher se trompait donc, les marques de clé à écrou n'étaient tout simplement pas visibles et les courroies devaient être desserrées. Mais pourquoi, surtout, aurait-on dévissé une paire de courroies de maintien pour les jeter sur le plancher ?

Et pourtant, il est possible, comme l'admit l'un des témoins de la police, interrogé par Morris à l'audience, que le corps ait glissé tout seul. En effet, si on tombe d'un lit sur lequel on est assis, on roule par terre et se retrouve dans la même position qu'Erroll. Les secousses de la voiture roulant sur un chemin cahoteux et le choc au moment de la chute dans le fossé auraient pu facilement entraîner le corps, qui aurait alors glissé sous le volant. Si le corps était bien tombé tout seul par terre, la thèse selon laquelle une femme avait commis le meurtre était acceptable.

Nous nous retrouvions face à deux groupes de suspects : ceux qui avaient participé à l'exercice de tir chez Soames à Nanyuki, en utilisant de la poudre noire, et ceux qui, sachant qu'Erroll regagnerait Karen aux alentours de trois heures du matin, pouvaient lui avoir fait signe de s'arrêter pour les emmener. Dans le premier groupe figuraient Broughton, Soames, Diana ou toute personne à qui ces derniers auraient pu fournir une arme. Dans le second, presque tous ceux qui connaissaient Erroll et fréquentaient le club et sa maison : Lezard, Portman, Llewellin (et ses petites amies), Mme Barkas, Alice de Trafford, les Carberry, Lady Delamere, qui tous savaient que Broughton avait demandé à Erroll de ramener sa femme avant trois heures du matin.

Avait-on convenablement vérifié leurs alibis ? Et pouvait-on remonter la piste après tant d'années ? Persuadé de la culpabilité, obnubilé par sa propre habileté (n'avait-il pas découvert les balles ?) et enchanté de tenir un coupable, Poppy avait-il sérieusement examiné la liste des suspects ? En tout cas, il n'avait pas suffisamment préparé sa déposition devant le tribunal, car il avait complètement négligé la question du Colt, avec ses rayures orientées à gauche, pourtant pièce maîtresse de son argumentation. Ernest Harwich, l'expert en balistique qui à l'audience avait fourni ce témoignage capital (et prouvé que l'arme du crime n'avait pu être un Colt), écrivit au directeur du *Sunday Times* pour lui exprimer son indignation. Selon lui, nous avions donné l'impression qu'il avait dissimulé cette information jusqu'à ce qu'on lui pose la question à l'audience. Il écrivit :

« Jusqu'aux auditions préliminaires devant le magistrat, je ne savais pas, et on ne m'avait pas dit, qu'on croyait que l'arme du crime était un Colt. Si je l'avais su, j'aurais réglé cette question de Colt une fois pour toutes... Les marques sur les deux séries (de balles) étaient si nettes et si semblables qu'il n'y a jamais eu le moindre doute. En fait, je n'ai jamais laissé entendre à la police que les balles meurtrières et celles trouvées à Nanyuki pouvaient avoir été tirées par un Colt. J'ai le sentiment, comme déjà à l'époque, que l'accusation aurait mieux fait de céder sur ce point plutôt que d'essayer de trouver un lien entre le Colt de Broughton, l'arme de Nanyuki et celle du crime. »

Nous avons par la suite déjeuné avec Harwich à l'hôtel Mitre, à Oxford. Il était l'image même de l'ancien officier et de l'ancien policier, droit et objectif. Il nous raconta qu'on l'avait fait venir d'Ouganda, où il était directeur adjoint à la sécurité publique, pour aider à débrouiller l'affaire ; mais à son arrivée à Nairobi, Maurice Fox, le chimiste grincheux qui s'était affronté avec Morris pendant le procès, mécontent de son intrusion, l'avait empêché de pénétrer dans le laboratoire. Harwich évoquait les habitués du Muthaiga avec une certaine répugnance : « orgueilleux, égocentriques, disait-il, et exhibitionnistes », trop contents de venir parader à l'audience. Si la plupart avaient eu des difficultés à fournir un alibi, c'est qu'ils étaient si ivres qu'ils ne se souvenaient plus où ils étaient allés et avec qui ils avaient passé la nuit du crime.

Nous avons également reçu une lettre postée du Hampshire, d'Anstis Bewes, l'homme d'affaires affecté provisoirement à la police du Kenya, qui seul avait pris des notes détaillées sur le lieu du crime et à la morgue. Outre l'intérêt de son compte rendu, comme par exemple l'odeur suffocante de parfum qui régnait dans la Buick, les notes de Bewes confirmèrent nos doutes sur l'insuffisance de l'enquête menée par la police.

A l'époque du crime, Bewes avait entre autres pour tâche d'assister aux réunions du Conseil législatif, pour fournir à ses supérieurs des rapports sur les débats concernant la police et son travail. Bewes nous écrivait : « A l'époque du crime, M. Wright, représentant non officiel au Conseil (des Aberdares, je crois) soulevant la question du rôle de la police, mit l'accent sur l'absence d'esprit de corps et sur l'inefficacité flagrante de la hiérarchie — on a présenté des rapports d'une importance considérable, disait-il, sans qu'ils fussent suivis de la moindre action. Le mécontentement régnait dans la police de Nairobi, qui était certainement la plus touchée du pays. Selon Isherdass (qui fut assassiné par la suite), les policiers n'osaient pas se plaindre au commissaire, de peur de représailles. (Il me fit cette déclaration après la séance du Conseil.) J'ai tenu à ajouter cette remarque pour montrer que vu le manque d'enthousiame d'un grand nombre de policiers, cette enquête a pu ne pas être menée avec toute l'efficacité requise. »

Dans ses notes de l'époque, Bewes avait soulevé un autre point intéressant :

« Mme Napier (une voisine) qui connaissait Mlle Wilks, raconte que celle-ci lui a annoncé le lendemain du meurtre qu'elle ne voulait plus rester chez Lady B., parce qu'elle n'arrêtait pas de lui seriner ce qu'elle devait dire à la police. Si Mlle Wilks disait qu'il s'était passé ceci et cela, Lady B. la reprenait : "Non, c'est faux. C'est cela qui s'est passé", et ainsi de suite. Cela la rendait folle. Elle a averti Lady B. que si elle était appelée à témoigner, elle dirait la vérité. Mlle Wilks a ajouté que Mme Carberry, apprenant la mort d'Erroll, a enfilé sa robe de chambre sans prendre le temps de s'habiller, pour se rendre en toute hâte chez Lord Erroll, d'où elle est revenue avec un coffret à bijoux si lourd que Mlle Wilks l'a aidée à le porter dans la maison. La police a recueilli la déposition de Mlle Wilks. On a également demandé à Mme Napier de faire une déposition, mais elle a refusé. Tout cela, je l'ai rapporté à l'inspecteur principal Elliott. »

Poppy et ses collègues rencontrèrent un problème majeur, que Bewes évoque dans ses notes. En effet, ces policiers enquêtaient dans un milieu très homogène, dont les membres faisaient front avec leur condescendance habituelle, un milieu qui se plaçait au-dessus des lois et considérait ses représentants avec un mépris amusé.

Leurs serviteurs, qu'ils soudoyaient, corroboraient toutes leurs déclarations, et les maigres fonds dont disposait Poppy ne lui permettaient pas de surenchérir. Mentir à Poppy ne posait aucun problème à des serviteurs habitués à louvoyer (contre monnaie sonnante et trébuchante) au milieu des intrigues amoureuses de leurs maîtres. Un jeune policier frais émoulu de Scotland Yard, si ambitieux fût-il, ne faisait guère le poids face aux serviteurs somalis, réputés pour leur discrétion et capables de biaiser ou de se taire des heures durant.

Les déclarations séparées de Broughton et de June Carberry attestent de la rapidité avec laquelle réagirent les habitués du club Muthaiga, menacés par l'arrivée imminente des inspecteurs de police. En effet, quinze minutes seulement séparent le coup de téléphone de Gerry Portman (à neuf heures du matin) annonçant la mort de Lord Erroll, et les premières déclarations faites à la police, déjà en route pour Karen. Broughton déclara par la suite ne garder aucun souvenir précis, tant il était ivre cette nuit-là, mais June et lui furent très précis sur l'heure de leur retour à Karen : deux heures du matin exactement.

Broughton déclara d'abord n'avoir pas quitté sa chambre après avoir été se coucher. Mais après que June eut dit à la police qu'il lui avait rendu visite deux fois, il rectifia : « Effectivement, je suis peut-être sorti dans le couloir vers quatre heures du matin pour éteindre les lumières. Je ne me souviens pas. »

Poppy était-il encore en vie pour se porter garant des alibis qu'il avait recueillis ? En 1969, la liste des protagonistes encore en vie était fort réduite : Diana, devenue Lady Delamere, vivait encore, mais Gwladys Delamere, Lezard, Soames, Idina, Alice étaient morts, ainsi que John Carberry. June habitait à Johannesburg, vieille et malade, rongée par l'alcool et la drogue.

L'un des plus grands reporters d'Afrique du Sud, Benjamin Pogrund, correspondant à Johannesburg du *Sunday Times* et célèbre pour ses courageux articles contre l'apartheid dans le *Rand Daily Mail*, essaya en vain d'interroger Mme Carberry. Il l'appela à plusieurs reprises et se rendit inutilement à de nombreux rendez-vous ; mais il écrivit : « C'est une personne très difficile. Lors de nos conversations téléphoniques, nous parlions de choses et d'autres pendant des heures, mais dès que je lui posais une question sur l'affaire qui m'intéressait, elle refusait catégoriquement de me répondre, prétextant que tout cela remontait trop loin dans le passé. Pour moi, c'est une alcoolique. »

Certains personnages secondaires étaient encore en vie, comme « Long John » Llewellin, qui se trouvait au club Muthaiga le soir du meurtre. Il avait relevé certaines inexactitudes dans notre article et nous apprit par exemple que « Minnie », le petit animal domestique d'Alice de Trafford, n'était pas un chat, comme l'avait écrit Connolly, mais un teckel. Nous possédions une description de Llewellin, qui mourut dans les années soixante-dix, grâce à une lettre d'un ami de Connolly, de passage au Kenya en 1973 :

Cher Cyril,

J'ai pensé à toi hier. Je suis allé faire des courses à Nanyuki et j'en ai profité pour passer chez Long John Llewellin. Je l'ai trouvé assis sur sa véranda où le ménage n'a pas été fait depuis longtemps. Même les cactus en pot sont tout desséchés. Llewellin a quatre-vingt-cinq ans. Il porte un bandeau noir sur un œil et sa veste en tweed est rapiécée en plusieurs endroits. Il a encore deux boys, sales mais attentifs, un bar assez bien fourni et deux teckels à qui l'on donnait une pâtée préparée avec soin. Seul le poil des bêtes reluisait dans ce décor. Un vieil exemplaire du fameux numéro du *Sunday Times* traînait sur une table : les traits de Diana étaient si estompés que son visage disparaissait comme celui du chat du Cheshire dans *Alice au pays des merveilles.* « Avez-vous lu quelque chose de cet auteur, récemment ? Je ne me souviens pas des noms. » J'ai dit que je ne t'avais pas vu depuis une éternité...

Dickie Pembroke, qui avait pris sa retraite dans le Kent, avait vécu pendant des années dans l'entourage immédiat de Connolly. L'écrivain Antonia Fraser se souvient de l'accablement de Connolly, lors de leur dernière conversation avant sa mort, quand ils s'aperçurent tous les deux que l'un des invités d'une maison de campagne où ils allaient souvent dans le Kent, « un homme doux, terriblement gentil et très ennuyeux », et qu'ils avaient toujours cherché à éviter, n'était autre que Dickie Pembroke.

Kaplan était encore en vie, bien sûr, ainsi que le Dr Gregory, mais qu'était-il advenu de Hugh Dickinson, l'ami intime de Diana (qu'elle appelait « Dicksy Ducksy ») ? Invité à Doddington avant la guerre, il avait demandé un poste au Kenya pour suivre la jeune femme, et il avait participé à cet extraordinaire safari avec Broughton et Diana, après la mort d'Erroll. A l'audience, il avait déclaré se trouver à l'hôpital à Mombasa au moment du crime. Il s'était blessé au pied sur du corail et sa plaie s'était infectée. Il en savait sûrement beaucoup, mais comment le retrouver ?

A la mi-mai 1969, nous reçûmes une lettre de Kaplan ; il venait à Londres et était prêt à nous apporter son aide. Connolly organisa aussitôt un déjeuner à l'hôtel Connaught pour le 14 mai et y convia Francis Wyndham et moi-même. Kaplan possédait un exemplaire des minutes du procès, dont nous avions grand besoin, et un manuscrit de ses propres écrits, qu'il espérait publier grâce à l'aide de Connolly. Wyndham envoya un mot à Connolly le 11 mai :

Cher Cyril,

J'ai du mal à vous dire combien votre article sur l'affaire Erroll m'a passionné. C'est un sujet extraordinaire, et entre vos mains il n'en sera que plus palpitant.

Plus j'y pense, plus je suis d'accord avec votre ami avocat pour penser que June Carberry détient la clé de toute l'affaire. Elle a dit que Sir Jock était venu la voir deux fois cette nuit-là pour lui demander si elle s'était remise de sa « crise de paludisme », et qu'elle avait eu une longue conversation avec Diana — ce qui leur donnait à tous les deux, et à elle-même, l'alibi dont ils avaient tant besoin. Des cinq personnes au courant de ce qui s'était passé à Karen ce soir-là, 1) Lord Erroll était mort, 2) Diana ne fit aucune déposition, 3) Mlle Wilks non plus, 4) Sir Jock déclara avoir été tellement ivre qu'il ne se souvenait de rien, pas même de son « alibi » avec Mme Carberry. Mme Carberry est donc la seule source d'information. Ou elle a menti, ou elle a dit la vérité, ou c'est un mélange des deux.

Comme vous le voyez, cette affaire commence à me hanter moi aussi. J'ai hâte d'être à mercredi pour en discuter avec votre avocat, James Fox et vous-même. C'est drôle, je déjeunais aujourd'hui avec une certaine Tessa Reay, quand je me suis rendu compte brusquement qu'elle était la petite-fille de Sir Jock. Je n'arrive pas à croire que ces gens ont vraiment existé. Ils semblent un peu trop vrais, comme des personnages de roman...

Kaplan arriva à l'heure au Connaught. Petit, soigné, l'air inquiet, il esquiva nos nombreuses questions, disculpant son ancien client dès qu'il le pouvait. Connolly rapporta notre conversation dans ses notes :

Kaplan était persuadé que Broughton n'était pas sorti de la maison, que les revolvers avaient été vraiment volés et que le sang sur les chaussettes de golf était du sang d'animal. D'après lui, si Broughton avait été coupable, il aurait certainement révélé quelque chose aux gardiens ou aux soldats sud-africains avec qui il buvait constamment pendant ses trois mois de prison. D'ailleurs, il n'avait pas de motif suffisant pour tuer Erroll. A ses yeux, c'était un homme qui ne connaissait pas la jalousie, au tempérament égal, même si, après le procès, l'alcool et « les nerfs » avaient détruit son équilibre. « Vous, messieurs, vous abordez cette affaire d'un point de vue psychologique, mais moi, en tant qu'avocat, j'étudie les faits. L'accusation se fondait sur la présence des balles, notre argumentation sur le fait que Broughton n'était pas sorti de chez lui. Vous n'arriverez à rien si vous pensez que Broughton est l'auteur du crime. Le jury a d'ailleurs rejeté cette hypothèse. » On n'a jamais mis en doute la sincérité de June Carberry ni contesté son histoire. Quant au témoignage de Gwladys, il était très partial, et Diana, pressant Morris de lui faire subir un contre-interrogatoire, avait dit d'elle : « Cette femme ment. C'est à elle qu'il faut s'en prendre. » Kaplan se trouvait un jour avec Diana sous un portrait d'Erroll dans sa tenue du sacre, à Oserian, plusieurs années après le procès. « Est-ce que vous pensez encore à lui ? » lui avait-il demandé. « Comment osez-vous poser une telle question ? » avait répliqué Diana. Nous avons aussi demandé à Kaplan quelle aurait été, à son avis, la réaction de Diana devant notre article, et il avait répondu : « l'ennui ».

Ce que Kaplan nous apprit s'avéra peu intéressant, à l'image de son manuscrit ennuyeux et terne. Cependant, il fut un allié utile et le procès-verbal du procès avait une très grande valeur pour nous.

Peu après son retour à Nairobi, Kaplan, qui avait exprimé le désir de figurer dans la liste des remerciements, nous retira brusquement son soutien et envoya des lettres qui trahissaient une vive inquiétude. Par le truchement d'intermédiaires, il nous fit savoir qu'il ne voulait plus que sa coopération avec nous soit mentionnée, et finalement nous pria, par l'intermédiaire d'un cabinet d'avocats à Londres, de lui renvoyer le procès-verbal du procès. Connolly s'empressa alors de recopier la moitié des six cents pages à la main. Kaplan craignait quelque chose ou quelqu'un. Il mourut moins d'un an après.

Au mois de juillet de la même année, Connolly retrouva Poppy grâce à cet instrument classique — et souvent le dernier recours — des journalistes : l'annuaire du téléphone. Il était si heureux de sa découverte qu'il s'en félicita chaudement dans son cahier. Ce n'était pourtant pas tout à fait une coïncidence. A la fin des années cinquante et soixante, tous les fonctionnaires à la retraite de l'Empire britannique se retrouvaient dans les villes de la côte sud de l'Angleterre. Brighton, Hastings, St. Leonards, Eastbourne étaient des forteresses occupées par les membres de la haute société revenus au pays après de nombreuses années aux colonies ; habitués au statut et aux privilèges d'une classe régnante, ils vivaient parcimonieusement des maigres gratifications concédées par la mère patrie pour leurs bons services. Nous avons dû fréquenter nombre d'hôtels et de salons de thé de cette région côtière lors de nos entretiens avec ces anciens colons.

La plupart de ces endroits nous plongeaient dans la plus profonde morosité. Toutefois, le Starlit de Brighton faisait exception ; c'était un restaurant que Connolly connaissait depuis longtemps. Situé au dernier étage de l'hôtel Metropole, une des plus belles bâtisses du front de mer, ses larges fenêtres dominaient l'océan, les deux jetées victoriennes et le superbe alignement des demeures de style Régence le long du rivage. Comme de plus on y servait une cuisine délicieuse, nous organisions nos rendez-vous au Starlit aussi souvent que possible. D'ailleurs Connolly était incapable de se concentrer s'il n'appréciait pas le contenu de son assiette. Nous prîmes au Starlit, surtout après l'arrivée des beaux jours, plusieurs déjeuners excellents.

Ceux avec Poppy furent les plus réussis de tous. Connolly rapporta notre première rencontre avec lui par ces mots : « Samedi 5 juillet. Superbe déjeuner au restaurant face à la mer où nous allions souvent Ian (Fleming), Osbert (Sitwell) et moi. » Je garde quant à moi de Poppy le souvenir d'un homme imposant et amical qui commandait invariablement du sherry, des crevettes et un rumsteak ; Connolly de son côté examinait longuement le menu dans l'espoir de découvrir quelque succulente nouveauté. Tout en dégustant ces mets, nous prêtions la plus grande attention à la conversation, car Connolly interdisait l'usage du magnétophone ou même du carnet de notes. Nous nous retrouvions ensuite aussi rapidement que possible pour noter ensemble ce que nous avions retenu de la conversation. Non seulement Poppy nous permit de combler de nombreuses lacunes du récit, mais encore il releva plusieurs points cruciaux.

Concernant nos doutes sur les alibis, il ne voulait pas en démordre : toutes les déclarations des témoins avaient été vérifiées. Dickinson était bien à l'hôpital avec au pied une plaie, si vilaine qu'on avait failli l'amputer ; Nancy Wirewater et son mari se trouvaient en Afrique du Sud, et John Carberry dans sa maison de Seremai à Nyeri ; Alice de Trafford était à Nairobi, au lit avec Dickie Pembroke dans une chambre du club Muthaiga (Poppy confirma qu'Alice était la principale suspecte) ; « Lizzie » Lezard dormait dans une chambre d'amis de la maison d'Erroll à Muthaiga et avait entendu Erroll et Diana revenir du Claremont et repartir peu après pour Karen.

Portman était bien sûr resté au club. Après le meurtre, le bruit courait à Nairobi que quelqu'un essayait d'empêcher Portman de parler. La veille de l'audition préliminaire devant le magistrat, on l'avait trouvé chez lui, étendu en bas de l'escalier, nu et sans connaissance. Portman, nous dit Poppy, avait en fait été frappé à coups de gourdin par le mari de sa domestique africaine qu'il avait tenté de séduire. On avait également passé au peigne fin les emplois du temps de Gwladys — dont Poppy convint qu'elle avait quelque raison d'être jalouse — de Llewellin et de tous les autres, mais Poppy avait laissé le dossier à Nairobi et ne se souvenait pas des détails.

Selon lui, Broughton avait agi seul et il aurait été impensable qu'il fît confiance à un Africain pour acccomplir une tâche pareille. Les domestiques africains étaient, selon Poppy, des « gars honnêtes », qui disaient généralement la vérité, et étant donné la haine réciproque entre Kikuyus et Somalis, on pouvait être sûr que toute disparition ou tout afflux soudain d'argent dans une famille aurait été immédiatement signalé à la police. Le chauffeur de Broughton n'avait pas fui, précisa Poppy, son témoignage n'était tout simplement pas nécessaire. Poppy était persuadé que Broughton avait eu en jetant (apparemment au nom de Diana) le petit mot d'amour dans la tombe d'Erroll un geste d'une ironie macabre, qui voulait dire en substance : « Qu'est-ce que tu vas faire de ça maintenant ? » Enfin Poppy continuait de se poser une question : comment le jury avait-il pu avaler l'affirmation de Broughton selon laquelle, après avoir passé toute une matinée au volant de sa voiture — pour aller de la police à la morgue, puis à Nairobi pour confirmer son billet pour Ceylan, tout cela apparemment au bord de la crise de nerfs —, il était revenu chez lui allumer un feu de jardin en utilisant plusieurs litres d'essence uniquement « parce qu'il aimait bien ça ? »

Même s'il restait ouvert à toute nouvelle suggestion, Poppy était certain de la culpabilité de Broughton, et durant ces conversations au Starlit, il défendit sa position pied à pied, parce qu'il en allait, bien sûr, de sa fierté professionnelle. Il s'obstinait à ignorer les faiblesses criantes de l'accusation fondée sur les éléments de preuves rassemblés par lui contre Broughton ; il négligeait également le fait que le droit anglais exige pour établir la culpabilité que soit auparavant écarté le moindre doute. Il demeurait convaincu qu'en Angleterre un tribunal aurait rendu un verdict de culpabilité ; il était très difficile, nous expliqua-t-il, de réunir à Nairobi un jury « impartial ». Par exemple, l'un des hommes qui le composaient, un certain Head, était le coiffeur de Broughton et lui avait fait signe que tout allait bien quand ils étaient revenus annoncer le verdict.

Poppy était-il au courant de la phrase adressée par Broughton à Harragin après le procès : « Pas de chance, mon vieux, c'était moi... » ? Il n'en avait jamais entendu parler.

« Harragin était un drôle de type, nous dit-il. Il adorait le curry. Quand il venait déjeuner chez vous, il commençait par ôter sa veste en prévision de la suée qu'allait lui donner le plat au curry préparé pour lui. »

A son avis, Harragin aurait pu devenir Chief Justice du Kenya s'il avait réussi à obtenir la condamnation de Broughton, et l'acquittement avait dû représenter un rude coup pour lui. Poppy, quant à lui, n'avait pas pris la chose trop au tragique. Dans des affaires comme celle-là, expliqua-t-il, on finit par être fatigué de répondre à toutes ces questions, et on n'a qu'une envie, c'est que cela soit fini, le vainqueur importe peu.

Poppy, jeune officier de police qui avait déjà brillamment réussi, avait mené son enquête de façon diligente, bien qu'il eût été gêné par l'inexpérience de ses collègues, qui, par exemple, avaient emporté le corps et la voiture avant qu'on eût relevé les empreintes digitales. La découverte des balles de Nanyuki avait été digne d'un fin limier. Quant à la décision de baser le réquisitoire sur cet élément de preuve, cela relevait finalement non de Poppy, mais de l'avocat général, Harragin.

12

Le maire de Nairobi

L'arrogance de Gwladys Delamere semble avoir exaspéré les fonctionnaires coloniaux. On lui reprochait notamment d'avoir menti au tribunal de façon éhontée, ce qui, étant donné l'impopularité de cette femme, avait eu pour effet d'influencer le jury en faveur de Broughton. Harwich la décrivait comme « un redoutable vieux dragon qui faisait marcher tout le monde à la baguette ». Tout le monde soupçonnait Gwladys du meurtre, y compris, semble-t-il, la communauté britannique de Zanzibar. La controverse devait en tout cas avoir donné un peu d'animation à cette île morose et repliée sur elle-même. En 1970, nous reçûmes d'Ankara une lettre d'une certaine Mme Margot Irving, qui avait lu notre article :

« Votre article m'a beaucoup intéressée car en 1941 je vivais à Zanzibar avec mon mari, Francis Irving, alors contrôleur économique et contrôleur des douanes. La petite communauté européenne de Zanzibar suivait l'affaire avec une grande attention. Nous dévorions dans l'*East African Standard* le moindre article s'y rapportant.

« On estimait en général parmi nous que c'était Gwladys Delamere qui avait commandité le crime. Elle savait que Joss raccompagnerait Diana à Karen aux alentours de trois heures du matin. Nous pensions qu'elle avait dû payer un Africain qui s'était glissé dans la voiture de Joss pendant que celui-ci se trouvait à l'intérieur de la maison et l'avait ensuite abattu au carrefour. Nous n'avons jamais cru Broughton coupable, nous le jugions trop faible.

« Le mobile ? La jalousie, tout simplement. Gwladys adorait Joss. Elle était sa ''maîtresse occasionnelle''. Mais lorsque Diana fit son apparition, Gwladys comprit que tout était fini pour elle. Plutôt que de l'abandonner à Diana, elle préféra le tuer. La Vallée joyeuse était peuplée de loups, mais Gwladys était le plus féroce d'entre eux. Cela dit, personne d'entre nous ne croyait qu'elle avait en outre une raison de faire accuser Broughton.

« Bien entendu, tout ceci n'était que pure hypothèse, mais j'ai pensé que tout cela pouvait vous intéresser. »

Gwladys était certainement éprise d'Erroll, les preuves ne manquent pas ; Kaplan, Paula Long et Lady Barwick, que l'on retrouvera plus loin dans ce chapitre, ont tous fait état des forts sentiments d'affection qu'elle éprouvait pour lui à l'époque du meurtre. Mais qu'en était-il de cette hostilité, tout à fait nouvelle, envers Broughton ? Elle l'avait fort bien accueilli lors de son arrivée, et à présent, alors que son vieil ami était accusé de meurtre, elle s'apprêtait à cracher son venin à la barre des témoins.

Les premières contradictions dans son témoignage touchent au conseil qu'elle aurait donné à Diana et à Erroll la nuit du 12 janvier à Karen, chez Broughton. D'abord, Gwladys déclara qu'elle avait conseillé à Erroll de laisser Diana, mais qu'elle avait compris ensuite que cela était inutile. Leur a-t-elle conseillé ensuite de s'enfuir et de laisser « un mot sur l'oreiller » ? Elle le nia, mais au cours de son témoignage, June déclara qu'elle se trouvait avec Erroll lorsqu'il avait téléphoné à Gwladys et qu'Erroll avait dit : « Nous avons suivi votre conseil, Gwladys, sauf pour le mot sur l'oreiller. » Elle nia aussi avoir dit à Broughton, ce soir-là, alors qu'assis sur le canapé ils regardaient les danseurs : « Savez-vous que Joss est follement amoureux de Diana ? » Elle expliqua qu'elle avait essayé de parler à Broughton, mais qu'il ne l'écoutait pas, et qu'il regardait Joss et Diana danser, son visage exprimant à la fois « la colère, le dépit, la rage, la rumination, une intense irritation et de l'impatience ». (Cette période oratoire ne traduirait-elle pas au contraire les sentiments de Gwladys elle-même regardant les deux jeunes gens évoluer sur la piste de danse ?) Broughton déclara que lorsque

Gwladys prononça ces mots, il était profondément préoccupé et qu'il avait presque « négligé ses devoirs d'hôte ». Aux audiences, Gwladys se contredit plusieurs fois, refusant toujours d'admettre son amitié vieille de vingt ans avec Broughton, ne reconnaissant finalement qu'une « simple relation ».

Morris entama ainsi le contre-interrogatoire de Gwladys :

Q. : Depuis quand connaissez-vous Sir Delves ?
R. : Depuis environ vingt ans.
Q. : Vous avez fait sa connaissance en Angleterre ?
R. : Oui.
Q. : Et vous avez repris vos relations avec lui ici ?
R. : C'est cela.
Q. : Le connaissiez-vous à l'époque de votre premier mariage ?
R. : Oui.
Q. : Étiez-vous de grands amis ?
R. : Jamais.

Lorsque à l'audience on lui demanda de commenter ce témoignage, Broughton déclara :

« Il y a du vrai et du faux. Après notre arrivée dans le pays, Lady Delamere non seulement déjeunait avec ma femme et moi, mais dînait également avec nous, me traitait comme un vieil ami et me disait que jamais je n'avais eu l'air aussi heureux. Apparemment, maintenant elle me déteste. Je n'arrive pas à le comprendre, car je la connais depuis l'époque de son premier mariage, en Angleterre. Je la connaissais bien et je la voyais souvent. Alors qu'elle était mariée à Lord Delamere, j'ai passé une semaine à la maison du gouverneur, à Entebbe, où nous avons joué au golf ensemble, nous étions les meilleurs amis du monde et tout se passait de la façon la plus gaie et la plus amicale. Lord Delamere était presque mon meilleur ami ici et en Angleterre c'était un proche voisin. Personne n'a été plus surpris que moi du témoignage de Lady Delamere... C'était entièrement fabriqué. »

Nous avons cherché en vain une explication à l'attitude de Gwladys. Finalement, nous avons fini par en découvrir une. Par un témoin au procès, nous avons appris qu'une remarque désobligeante de Gwladys à propos de Broughton avait été rapportée à celui-ci, et qu'il lui avait ensuite passé un savon en public. Par la suite, elle ne manqua pas une occasion de s'en prendre à lui en public, et même devant Diana. (« Une vraie garce, déclara le témoin. Elle le poursuivait. ») Il devint peu à peu évident que Gwladys se trouvait dans un état de confusion émotionnelle. En 1928, l'année où elle avait fait rouler le Prince de Galles sur le parquet du club Muthaiga, et même au cours des années trente, on la considérait généralement comme une femme aimable, une amie loyale, on la jugeait attirante et l'on admirait son teint pâle et ses cheveux noirs. A présent, elle était devenue tyrannique, susceptible et « déséquilibrée », terme qui revient sans cesse chez ceux qui l'évoquent à l'époque du procès (« très déséquilibrée », insista même Paula Long).

Ces différents indices amenèrent Connolly à penser que Gwladys pourrait bien être l'auteur des lettres anonymes que Broughton trouvait dans son casier à Muthaiga. « J'ai songé au retour d'âge, écrivit Connolly, et je me suis dit que suivant l'expression, elle devait être sacrément ''accrochée''. » (Mais Gwladys n'avait que quarante-trois ans, ce qui semble tout de même un peu jeune pour un retour d'âge.) Les expressions « l'éternel triangle » et « Il n'y a pas plus idiot qu'un vieil idiot » semblaient également à Connolly typiquement féminines. Il est incontestable, en tout cas, que les billets anonymes et le témoignage de Gwladys partagent un même style saccadé, brusque et empreint d'émotion. Connolly utilisa le procès-verbal du procès pour étayer son point de vue. Il écrivit :

« Je suis presque sûr que c'est elle qui a écrit les lettres anonymes. Écoutez-la :

Q. : Vous lui avez dit : ''Savez-vous que Joss est très amoureux de vous ?''
R. : Oui.
Q. : Et elle a répondu oui ?
R. : Oui.
Q. : Et vous avez dit : ''Alors, qu'allez-vous faire ?''
R. : Oui.
Q. : Puis vous êtes montée dans la chambre et vous lui avez dit : ''Veut-il vous épouser ?''
R. : Oui.
Q. : Et elle a dit oui.
R. : Il me semble.
Q. : Et vous avez dit que vous aviez de l'affection pour Erroll et qu'il méritait un peu de bonheur ?
R. : Je ne me souviens pas d'avoir dit qu'il méritait un peu de bonheur.

Q. : Vous souvenez-vous d'avoir dit que vous aviez de l'affection pour lui ?
R. : Absolument.
Q. : Et vous niez avoir dit qu'il méritait un peu de bonheur ?
R. : J'ai dit que j'aimerais bien le voir heureux.
Q. : Et vous lui avez dit qu'il avait été malheureux avec sa première femme ?
R. : Oui.
Q. : Et que sa deuxième femme était trop vieille pour lui ?
R. : Oui.
Q. : Et Lady Broughton a-t-elle dit : "J'aime bien Jock !" en parlant de son mari ?
R. : Oui.
Q. : Et alors vous avez dit : "C'est un homme âgé et sa vie est derrière lui" ?
R. : Je nie avoir dit cela.
Q. : Le considérez-vous comme un homme âgé ?
R. : Oui.
Q. : Vous savez qu'elle est beaucoup plus jeune que lui ?
R. : Oui.
Q. : Lui avez-vous dit : "Prenez le bonheur comme il se présente. C'est la guerre" ?
R. : J'ai peut-être dit cela, mais avec votre permission, Votre Honneur, je voudrais ajouter que je leur ai demandé d'aller parler tous les deux de la situation avec Sir Delves. »

C'est à la fin de son témoignage qu'intervient cette question d'un membre du jury, question que nous avons déjà citée, mais qu'il vaut peut-être mieux replacer ici dans son contexte. Elle semble bien illustrer l'attitude du jury face à Gwladys.

Q. : Quand vous dites que l'accusé était maussade, voulez-vous dire qu'il l'était habituellement ?
R. : Oui, je l'ai toujours pensé.
Q. : Le terme « réservé » conviendrait-il aussi bien ?
R. : Non.
Q. : Serait-ce qu'il se montrait maussade seulement avec vous ?
R. : Dans ce cas, il aurait été maussade depuis vingt ans.

La première lettre anonyme était ainsi rédigée : « Vous sembliez sur les charbons ardents au club, hier soir. Le triangle éternel, comme d'habitude ? Alors, qu'allez-vous faire ? » Et la troisième : « Il n'y a pas plus idiot qu'un vieil idiot. Alors, qu'allez-vous faire ? » Et la seconde : « Savez-vous que votre femme et Lord Erroll sont demeurés seuls chez les Carberry à Nyeri ? » était écrite par quelqu'un de très proche du trio. A l'audience, Broughton déclara : « J'étais persuadé que ces lettres avaient été écrites par une femme jalouse. »

Dans son mémoire en défense devant le Conseil de la presse, Connolly écrivit : « L'expression "Alors, qu'allez-vous faire ?" semble caractéristique d'une femme qui sait ce qu'elle veut, comme l'était le maire de Nairobi. Bien sûr, il s'agit là d'une expression fort commune, mais utilisée de façon aussi agressive, elle acquiert une coloration particulière. » Gwladys évoquait aussi « les charbons ardents ». En fait, elle exagérait lorsque au cours de l'enquête préliminaire elle évoqua en ces termes son déjeuner avec Broughton au club, après l'enterrement : « Il parla des événements de la journée. Pendant un quart d'heure, il évoqua sa femme avec amertume, avec rage, avec toutes sortes d'accents possibles. » Plus significative peut-être est l'insistance mise sur l'âge de Broughton (C'est un vieil homme et sa vie est derrière lui... Il n'y a pas plus idiot qu'un vieil idiot.) Gwladys elle-même avait été mariée à un homme beaucoup plus vieux qu'elle, Hugh, Lord Delamere, qui mourut trois ans après leur mariage. En 1941, elle était veuve depuis dix ans. Soupirait-elle après un homme plus jeune — et voyait-elle en Broughton comme le miroir de ses déceptions et de ses échecs ?

Le Britannique Julian Symons, critique littéraire et spécialiste des affaires criminelles, écrivit que l'une des fautes les plus graves commises par Poppy avait été de ne pas avoir recherché la machine à écrire sur laquelle avaient été écrites les lettres anonymes. Dans sa plainte auprès du Conseil de la presse, Mme Rose Hodson, la fille de Gwladys, jugeait absurde d'imaginer que sa mère, qui ne savait pas taper à la machine, ait pu laborieusement taper ces lettres avec un seul doigt. Pourtant, si elle en voulait tellement à Broughton, c'était bien là le meilleur moyen de l'atteindre. Et si elle aimait tellement Erroll, c'était bien là aussi le meilleur moyen d'amener Broughton à mettre un terme à cette aventure.

D'après Harwich, les gens pensaient que Gwladys avait menti

au tribunal par peur de voir évoquée son aventure avec Erroll. Il déclara également que la nuit du meurtre, il y avait eu une querelle entre Erroll et Diana, querelle à l'origine de laquelle Gwladys avait été en ordonnant à Erroll d'abandonner Diana ; ce conseil de sagesse dissimulant en fait un sentiment de jalousie.

Morris, qui connaissait les sentiments de Gwladys envers Erroll, lui dit à l'audience : « Le bonheur de Lord Erroll, ou ce que vous conceviez comme tel, vous touchait de très près.

— Non, pas de très près », répondit Gwladys.

Elle fut pourtant l'une des premières à se rendre à la morgue et demanda à Bewes la plaque d'identité qui se trouvait autour du cou d'Erroll. Au grand embarras du maire de Nairobi, on lui répondit que seule une autorité supérieure à Bewes pourrait l'autoriser à emporter ses effets.

D'autres indices semblent suggérer que Gwladys fut bien l'auteur de ces lettres. Valerie Ward (plus tard Mme Barwick) alors l'épouse d'un colon, Roddy Ward, était l'amie intime des deux filles de Gwladys et de Gwladys elle-même. Elle expliqua à Connolly que vers la fin de l'année 1940, elle était membre du club de l'Aga Khan, réservé à l'élite indienne, et qu'elle revêtait souvent un sari. Dans son casier du Muthaiga, elle commença alors à trouver des lettres tapées à la machine disant en substance : « Comment une jeune Anglaise distinguée peut-elle singer les Indiens ? » Elle ne jugea pas ces billets réellement insultants, mais leur caractère anonyme la blessait. Elle consulta « un de ses grands amis », Walter Shapeley, avocat à Nairobi, qui en parla à Lord Francis Scott. Shapeley déclara ensuite à Mme Ward que ces lettres ne pouvaient avoir été écrites que par Gwladys Delamere.

« D'après lui, elle se trouvait dans un tel état qu'il valait mieux ignorer ces lettres. » Elle n'adressa plus jamais la parole à Gwladys et « ne regretta pas sa mort ».

Témoignant en faveur de Connolly auprès du Conseil de la presse, elle écrivit en 1970 :

« Lady Delamere était très attirée par Lord Erroll et l'attention que celui-ci lui portait la flattait grandement, mais lorsque Lady Broughton arriva au Kenya, Lord Erroll n'eut plus d'yeux que pour elle.

« Il est parfaitement normal qu'une femme plus âgée ait éprouvé de la jalousie pour une femme jeune et belle qui captait les attentions de son soupirant. Je crois comprendre que Sir Delves

Broughton a reçu des lettres tapées à la machine l'informant de l'aventure qui se nouait entre sa femme et Lord Erroll et lui reprochant son inaction. A mon avis, il est tout à fait vraisemblable que Gwladys, Lady Delamere, ait pu être l'auteur de ces lettres anonymes. »

La nuit du meurtre, Gwladys se trouvait apparemment chez elle à Soysambu. Elle mourut d'une rupture d'anévrisme en 1943.

13

Des balles dans le jardin

Lors de notre déjeuner au Brighton Metropole, Poppy nous apprit qu'au cours du procès, Jack Soames avait manifesté une énorme anxiété ; il était « dans un état terrible » tandis qu'il attendait pendant dix jours d'être cité comme témoin de l'accusation. Peut-être redoutait-il simplement de laisser échapper quelque parole qui pût accabler son vieux camarade de classe. Broughton avait-il tiré avec un Colt à Nanyuki ce jour-là ? Le témoignage de Soames était à cet égard d'une importance capitale.

Si Broughton a bien commis ce meurtre, le témoignage de Soames renforce considérablement la version de Broughton et fait penser qu'il existait entre les deux hommes une complicité, une entente préalable, voire un chantage. C'est à Soames, son vieil ami d'Eton, que Broughton alla confier son désarroi concernant l'aventure de Diana et d'Erroll ; et c'est également à Soames qu'il écrivit cette lettre contenant la description curieusement détaillée des vols de revolvers et dans laquelle il lui annonçait qu'il allait « faire la part du feu » et partir pour Ceylan. (La lettre fut écrite le lendemain du vol et fut apparemment délivrée à Nanyuki deux jours plus tard.) Et puis il y eut le verre qu'ils prirent ensemble à l'Avenue Hotel, le 28 janvier, alors que Soames savait déjà que la police allait rechercher des balles dans sa propriété. C'était aussitôt après que Broughton et Carberry, qui s'étaient rendus à Karen, eurent discuté de balistique et d'examens au microcospe.

Enfin, c'était le témoignage de Soames qui avait confirmé les arguments balistiques pour Morris. Kaplan évoquait Morris serrant l'épaule de Broughton en demandant à Soames : « Et si Sir Delves déclarait au président et au jury que son revolver n'était pas de ceux qui basculent (c'est-à-dire pas un Colt) mais de ceux dont le barillet pivote sur le côté (un Colt), le contrediriez-vous ? » Puis la main de Morris relâchant son étreinte au moment où Soames répondait : « Non, je le croirais. »

Si Soames avait commis le meurtre lui-même ou bien prêté à Broughton l'arme et les munitions, l'expertise balistique n'en serait en rien infirmée. Sur les trois cartouches non tirées trouvées dans l'herbe par la police, une contenait de la poudre noire, une de la poudre ordinaire et la troisième ne fut pas ouverte pour que le tribunal pût décider ce qu'il convenait d'en faire. Bien sûr, il n'existe aucun lien démontrable entre ces cartouches non tirées et les balles du meurtre ou les balles tirées dites « Nanyuki » trouvées dans l'herbe. Sur les onze douilles de calibre 32 retrouvées tout autour, quatre portaient des marques de Smith & Wesson et quatre des marques de Remington, mais toutes portaient l'empreinte du même percuteur et avaient donc été tirées avec la même arme. Ainsi, soit Broughton ment en disant qu'il avait pris une boîte entière de cinquante cartouches à Nanyuki pour faire du tir à la cible, soit Soames lui a donné des munitions supplémentaires de calibre 32, peut-être les cartouches à poudre noire. (L'idée, évoquée au procès, de tirs à la cible déjà effectués au même endroit auparavant peut être écartée. Bien qu'on eût déjà tiré sur le domaine de Soames, cet endroit fut choisi au hasard, n'avait jamais été utilisé auparavant et ne mesurait qu'un mètre cinquante de long.) Quant à l'histoire de la poudre noire, elle se révèle également désastreuse pour les deux hommes. Il est possible qu'ils se soient servi du 32 de Soames pour l'exercice de tir et pour le meurtre. Seuls Broughton et Soames ont juré que Broughton avait amené ses propres revolvers à Nanyuki pour s'entraîner — il est en effet tout à fait plausible de suggérer cela à un hôte qui s'apprête à partir en week-end. Après tout, c'était la guerre.

Serait-ce au cours de la seconde visite de Broughton à Nanyuki, une semaine avant le meurtre, qu'ils auraient échafaudé ensemble le plan du meurtre et mis au point l'histoire des revolvers volés ? Cela impliquerait d'abord des connaissances en balistique et ensuite que Broughton ait eu l'intention de se servir de son propre revolver, le vol devant attirer l'attention sur la déclaration erronée de détention d'armes. Après tout, pourquoi Broughton devait-il écrire aussi rapidement et de façon aussi détaillée à propos de ce vol ? Mais a-t-il même seulement écrit cette lettre ? « J'ai fini par la brûler », déclara Soames. L'a-t-il brûlée avant ou après le meurtre ? S'il l'avait gardée, cela aurait constitué un précieux élément de preuve pour Broughton. Est-ce après leur rencontre à l'Avenue Hotel que Soames et Broughton mirent au point l'histoire selon laquelle Broughton aurait amené son propre Colt pour la séance d'entraînement du premier week-end ?

Harragin : Avez-vous remarqué de quel revolver il s'agissait ?
Soames : J'ai compris qu'il s'agissait d'un Colt, mais je n'aurais su le dire.

Quelque part, Connolly écrivit dans son cahier :

Comment ils s'y sont pris
Soames
A pris des cartouches de DB pour l'entraînement ou à la seconde visite. Ont discuté de la façon d'éliminer E. Puis — ce mobile est lié à Alice ou à quelque autre femme — a pu engager un tueur indigène (c'est presque le seul suspect qui les connaissait depuis longtemps).
Possibilités :
1 : L'a fait lui-même.
2 : A fourni un tueur.
3 : A fait accuser DB.

Considéré comme honnête par Kaplan — « Presque le seul. »

Les balles de Nanyuki ont été tirées par Soames avec un S & W calibre 32. Lorsque la police est venue par la suite, il ne s'est servi que d'un 38 pour tirer une balle.
Il possédait un 38 mais se servait d'un 32 à l'exercice, et s'est servi du même pour tuer E.
La poudre noire était à lui.

Connolly avait pourtant laissé de côté un point fondamental. Soames déclara s'être entraîné avec un 38, et la police trouva effectivement cinq douilles de 38 dans l'herbe.

Le témoignage de Soames met l'accent sur le vol des revolvers, sur la déclaration de Broughton qui disait « vouloir faire la part du feu », sur son ivresse et sur son projet de départ pour Ceylan. Mais comme il était témoin de l'accusation, Harragin ne le harcela jamais. Si Morris avait requis, Soames ne s'en serait pas tiré aussi facilement. Il n'est pas inutile de revenir sur ces échanges.

> Q. : Vous souvenez-vous de ce qu'il disait dans cette lettre ?
>
> R. : Oui, il me remerciait de lui avoir demandé de rester avec moi et il me disait aussi qu'on lui avait volé deux revolvers, des papiers et une boîte de cigarettes. Il disait aussi qu'il avait arrangé ce dont nous avions discuté.
>
> Q. : Que déduisez-vous de ceci ?
>
> R. : J'ai pensé qu'il avait suivi mon conseil... Je crois qu'il allait partir à Ceylan.

L'allusion à l'ivresse, la description de Broughton s'écroulant chez Soames confirment la version de Broughton selon laquelle il était ivre et épuisé la nuit du meurtre. Broughton a souvent souligné que sa nouvelle propension à boire le faisait dormir (« Depuis que je suis arrivé dans ce pays j'ai pris du whisky et du gin pour dormir la nuit », etc.), et que depuis que Diana avait eu une liaison avec Joss il s'était mis à trop boire. Mais à d'autres moments, Broughton laissait entendre qu'il dormait mal, et que ce week-end-là, Soames lui avait fait prendre du Medinal (le passeport pour l'oubli, comme le disait Connolly) pour être sûr qu'il s'endorme (et cela bien qu'il se fût déjà écroulé). Au cours de sa déposition, une fois encore, Soames alla trop loin.

> Q. : Dans quel état était-il lors de sa dernière visite chez vous, pendant la nuit ?
>
> R. : A son arrivée, il était en pleine forme. Nous avons pris un whisky-soda à six heures ; nous avons allumé la radio à sept heures moins le quart ; nous avons pris deux autres petits whiskies-soda et il s'est écroulé, ivre mort.
>
> Q. : Que lui avez-vous dit ?
>
> R. : J'étais très inquiet, car je ne comprenais pas comment il pouvait se mettre dans un état pareil avec trois petits whiskies-soda. Je lui ai dit que je ne comprenais pas

comment un homme pouvait s'écrouler après trois whiskies-soda.

Soames semble avoir omis le « petit » en répétant sa phrase, par peur d'insister sur ce point. D'après un avocat avec qui j'ai discuté de cette affaire, « dans un procès d'assises, un témoin a tendance à atténuer sa déposition s'il estime qu'elle accable l'accusé ».

Q. : A-t-il répondu quelque chose ?

R. : Oui, il m'a dit que depuis le début de la liaison de Lady Broughton avec Lord Erroll il prenait trop de whisky et de gin et que cela le faisait dormir parce qu'il n'avait jamais bu auparavant.

Dans ses déclarations, Broughton lui-même éprouva le besoin de ramener à de plus justes proportions les descriptions de Soames touchant à son alcoolisme.

Puis Harragin lui demanda : « Vous souvenez-vous avec quelle main l'accusé tirait ? » « Avec la main droite », répondit Soames (c'est-à-dire la main infirme). Broughton devait confirmer cette assertion.

« Et comment tirait Sir Delves ?

— Très mal, dit Soames. Il avait l'air d'un débutant. »

Et pourtant, dans son témoignage, Broughton déclara avoir appris à l'armée à tirer au revolver avec les deux mains, mais qu'il lui était plus facile de tirer de la main gauche. Par vanité, il se vanta même d'avoir tué au fusil vingt éléphants depuis son accident à la main droite et l'apparition de l'arthrite.

Quel genre d'homme était Soames, et pourquoi aurait-il aidé Broughton à tuer Erroll ? Dans son livre *Vertical Land*, Frédéric de Janzé le jugea digne d'un de ses portraits aussi inimitables qu'anonymes. Il intitula celui-ci « Un homme hardi et mauvais », et inscrivit « Jack Soames » au crayon, dans la marge. C'est l'un de ses meilleurs croquis.

« Assis devant son porto, il évoque les cornes du buffle qui charge et les grognements sourds du rhinocéros ; lorsque son interlocuteur frissonne, un éclair luit dans ses yeux verts.

« La fille à ses côtés laisse échapper un petit cri lorsque dans le jardin, à la lueur de la lune, il lui raconte des histoires de débauche et de trahison : alors, ses lèvres sensuelles se serrent en un rictus.

« Un corps d'athlète, un esprit singulier, effrayant ; l'idée du mal le fascine ; s'il avait un métier, il serait violent et meurtrier.

Lorsque se déclare l'épidémie de grippe, il est persuadé d'être épargné. Il adore le bruit ; ses cheveux parfaitement taillés sont plaqués à la perfection ; c'est un chasseur professionnel.

« Mais n'oubliez pas : ''Nevil, Nevil est un tel petit diable avec les filles''*. »

En 1979, je rendis visite à Dushka Repton, la belle exilée russe, qui avait été la voisine de Soames vers la fin des années vingt et les années trente. Son immeuble, situé près de la Chambre des communes, était envahi de policiers ; il y en avait partout : sur le toit, dans le hall d'entrée, dans les couloirs. Lorsque la petite silhouette vint ouvrir la porte, je compris aussitôt que cette femme avait presque totalement perdu la vue. Elle m'expliqua que ce déploiement de forces visait à protéger le secrétaire d'État à l'Irlande du Nord qui habitait l'un des appartements de l'immeuble. Elle avait pris en pitié les policiers en faction toute la journée et, bien qu'elle fût presque aveugle, elle leur apportait chaque jour des gâteaux qu'elle allait acheter elle-même une fois par semaine, et avec beaucoup de difficultés, aux Army and Navy Stores. L'appartement, où elle vivait seule, était sombre et pourvu d'un grand salon. Elle me conduisit dans la cuisine et me demanda de lui verser un cognac à l'eau. « C'est tellement triste pour moi de parler du Kenya, me dit-elle. J'y étais si heureuse. »

Elle me déclara que la description de Soames dans *Vertical Land* était plus ou moins correcte. Elle me le décrivit comme un homme très beau, les épaules larges, merveilleux danseur. « Mais c'était un effroyable menteur, c'était pathologique chez lui. Il m'avait raconté comment il avait été torturé par les bolcheviks dans le Caucase. J'y croyais dur comme fer, mais par un curieux hasard, j'ai fini par apprendre qu'il n'était jamais allé dans le Caucase. »

« Il adorait se vanter des choses les plus invraisemblables, et de ses exploits avec les femmes, mais c'était bien souvent de la pure vantardise. Il racontait par exemple l'histoire d'une prostituée qui n'aimait rien tant que fourrer des oisillons dans ses bottes. Il avait une grande imagination pour les histoires horribles. Carberry et lui étaient de grands amis, et il faut dire qu'ils allaient bien ensemble. Ils aimaient beaucoup mettre au point des scénarios de meurtres. Carberry se vantait même d'en avoir commis deux, et cela ne

* Frédéric de Janzé, *op. cit.*

m'aurait pas étonné s'il avait dit vrai. Sa femme, la pauvre Gloria, est morte alcoolique. »

Mais elle et son amie, Nina Drury, l'ancienne femme de Soames, s'étaient demandé si Soames aurait pu avoir commis un meurtre. « D'après Nina, il aurait eu trop peur de se livrer lui-même à un acte de cruauté physique, bien qu'il fût au fond de lui un sadique et un voyeur de bas étage. »

Comme tant d'autres, Soames s'enticha d'Alice de Janzé, à l'époque de sa liaison avec Erroll, vers la fin des années vingt. Irrité après qu'il lui eut fait en vain la cour, il s'écria : « Vous sentez la mort ! » ce qui était une allusion cruelle à la tuberculose d'Alice. Mais sa vanité de mâle avait-elle été à ce point blessée qu'il se fût ainsi retourné contre Erroll ?

En 1979, au Kenya, je me rendis jusqu'à la vieille maison de Soames à Burgeret, près de Nanyuki, dans l'espoir de rencontrer un de ses anciens serviteurs. La maison était toujours là, avec sa grande cheminée de pierre, et elle était occupée à l'époque par un colon blanc qui n'allait pas tarder à vendre. Le jardin était immense, avec un étang gigantesque, et l'ensemble n'était pas loin de rappeler un parc anglais du XVIIIe siècle. J'appris qu'à l'époque de Soames, des éléphants et des girafes sortaient des taillis au pied des Aberdares et se reposaient dans l'herbe, au bord de la rivière longeant la maison. Quel spectacle extraordinaire pour les hôtes de Soames qui venaient contempler le coucher du soleil sur la véranda ! Mais la forêt derrière a été depuis lors défrichée et les animaux ont émigré.

Je finis par découvrir l'ancien serviteur somali de Soames, le témoin anonyme qui nous avait déjà offert une description des réceptions chez son maître. Il vivait sur les bords du lac Naivasha et travaillait pour un jeune homme d'affaires, joueur de polo. L'homme était vieux, chaussé de chaussures de tennis et coiffé d'un fez rouge ; il faisait preuve d'un sens de l'humour très pince-sans-rire et témoignait d'une nostalgie un peu snob pour les usages de l'époque coloniale. Il me donna une description extrêmement vivante (traduite ici du swahili) du caractère déplaisant et de l'irritabilité de Soames.

« Soames était un homme parfaitement déraisonnable et il avait fort mauvais caractère. S'il conduisait sur une piste et qu'une voiture en face soulève de la poussière, il forçait l'autre conducteur à s'arrêter et l'abreuvait d'injures en lui reprochant la poussière.

« Souvent, si la voiture s'embourbait ou peinait dans une côte, il s'en prenait à elle. Il hurlait : ''Avance, saloperie de vieille bagnole !'' et il frappait les portières comme s'il s'était agi d'un cheval.

« Un jour, nous étions à Limuru et nous descendions la falaise en direction de Nairobi. Nous avons vu plein de voitures embourbées à cause de la pluie ; Bwana Soames a dit : ''Et merde ! C'est pas la boue qui va m'empêcher d'avancer ! On va foncer, nom de Dieu, et si ça avance pas, je brûle la voiture !'' Et il a commencé à donner des coups de pied et des coups de marteau sur la carrosserie et il a failli la renverser en essayant de la sortir de la boue. Autour de nous, les gens étaient stupéfaits. Il y avait beaucoup de boue. Moi et un autre serviteur nous avons réussi à désembourber la voiture. Nous étions trempés, nous avions froid et le chapeau ruisselant de Mme Soames déteignait sur son visage.

« ''Et nos amis ? a demandé Mme Soames, il faut les aider.'' Mais Soames a répondu : ''Qu'ils aillent se faire foutre !'' Ainsi, trempés et sales, nous sommes arrivés à Muthaiga et sommes allés au cottage n° 1. Mme Soames a distribué de l'argent à tous les serviteurs en nous disant de revenir le lendemain, mais en sortant nous avons rencontré M. Soames. ''Où allez-vous ?'' a-t-il demandé. Nous avons répondu : ''Memsahib nous a donné de l'argent et nous a dit de partir.'' ''Pas question ! a répondu Soames. Pas avant que nous ayons pris une douche et que nous nous soyons habillés !'' »

Lors d'un voyage sur la côte kenyanne, la même année, j'obtins la confirmation d'une histoire que Poppy avait mentionnée en passant, et qui pourrait expliquer l'anxiété de Soames au cours du procès. D'après Poppy, Soames avait quitté le pays peu après les événements pour de longues vacances, « au cas où l'on aurait trouvé d'autres balles enterrées dans son jardin ». Il laissait entendre que Soames avait été mêlé à un trafic d'armes à l'époque du meurtre. Un samedi, il faisait très chaud, je suivis la route côtière au sud de Mombasa, et longeai les forêts de palmiers et les hôtels pour touristes à la recherche de Dan Trench, le fils de Maxwell Trench qui avait été l'associé de Carberry dans la distillerie de Nyeri. A l'époque du meurtre, Dan avait entre vingt et trente ans. On m'avait prévenu : j'allais trouver une épave, un alcoolique. Il vivait près de l'hôtel qui avait autrefois appartenu à sa famille et qui était à présent propriété de l'État. Il avait une réputation de conteur d'arrière-salle et son appartenance au cercle restreint des vieilles familles de colons lui valait une certaine réputation sur la côte. En d'autres termes, c'était devenu un personnage.

Je le trouvai aux alentours de midi, non loin du Trade Winds Hotel, dans une baraque abritée par des jacarandas, qui tenait de l'abri de Robinson Crusoé. A peu de distance, on apercevait une boutique baptisée Mike's Bikes. Il était assis derrière une table sur une « véranda » qui n'était en fait que la moitié découverte de la boîte à savons dans laquelle il vivait, et n'était guère plus grande qu'une minuscule cabine de bateau. Il ne paraissait pas si âgé que cela, ne semblait nullement sénile, mais il était d'une maigreur effrayante, presque squelettique, et sa peau portait des marques de cancer. Tandis que je lui parlais, il piochait avec sa fourchette dans une assiette de poisson, avec un manque total d'intérêt. Je lui énumérai la liste des gens auxquels je m'intéressais. « Comment est-ce que vous connaissez tous ces noms ? » me demanda-t-il.

Sur la barrière de la véranda était accroché un écriteau portant les mots « Bureau », et sur la table elle-même, un autre qui disait « Privé ». « Les gens viennent et ont l'impression qu'ils peuvent s'installer comme ça, tranquillement », expliqua Trench. On m'avait conseillé de ne pas boire avec Trench. Non qu'il ne tînt pas l'alcool, mais il souffrait d'un grave ulcère qu'il avait négligé — surtout en s'alimentant mal — et la boisson pouvait le tuer. La conversation s'engagea lentement, et avec des réticences de sa part. Il se forçait à manger son poisson. Il demanda alors une bière, puis une deuxième. Nous gagnâmes le bar de l'hôtel, sur la plage, et bûmes pendant quatre heures d'affilée. Impossible de l'empêcher de boire. Il était stupéfait de mes connaissances sur la Vallée joyeuse, bien que je lui eusse d'emblée annoncé que je travaillais sur le sujet depuis plusieurs mois. « Vous autres fouille-merde, vous connaissez votre affaire », me dit-il ; puis, m'ayant concédé cette qualité, il se lança dans une manière de monologue, évoquant tantôt vaguement tantôt avec force détails, accablant d'injures ou louant des gens qui pour certains étaient morts trente ans auparavant. Il parla beaucoup de Carberry, l'associé de son père, évoquant notamment sa cruauté envers les animaux, qui, d'après lui, était légendaire et s'était manifestée dès l'âge de quatre ans. « Sa mère lui avait dit : "C'est Noël aujourd'hui et je veux que tu sois gentil avec les animaux, notamment avec le chat." Un peu plus tard, John était revenu voir sa mère et lui avait dit : "J'ai donné tous les canaris à manger au chat." »

« Il avait un cheval appelé Morning Glory et un autre appelé Mafuta et il avait l'habitude de les lancer l'un contre l'autre. Il leur mettait des aiguilles de gramophone dans le mors pour voir si cela allait les faire courir plus vite. Il chronométrait le parcours des chevaux, changeait les aiguilles et remettait ça tant et plus. »

Dan Trench me rapporta la cruauté dont avait fait preuve Carberry envers la sœur de Dan, Nancy : il lui avait envoyé un jouet, alors qu'elle était encore toute petite, avec ce mot : « Ne l'ouvre pas avant mon arrivée. » Lorsqu'il vint enfin, il plaça la boîte au milieu de la pièce, l'ouvrit et en sortit une grande poupée. Il tira alors son couteau et éventra la poupée sous le regard terrifié de la petite fille qui se mit à hurler ; du ventre de la poupée s'échappèrent des centaines de souverains d'or qui se répandirent sur le sol. Carberry avait trouvé un moyen ingénieux de déjouer le contrôle des changes alors en vigueur. Il finit pourtant par être condamné à dix-huit mois de prison ; « ce fut la période la plus heureuse de ma vie », déclara-t-il.

Au cours de notre beuverie, Dan Trench et moi nous éloignâmes souvent de notre sujet. « Hemingway est venu ici alors qu'il était déjà malade, m'apprit Trench. Il n'arrivait pas à s'arracher à ce bar. Il était terrifié. Il avait loué un bateau de pêche pour trois semaines et il n'est pas sorti une seule fois avec. »

Vers cinq heures, nous évoquions Alice de Trafford. « C'est la seule femme que je connaisse qui pourrait encore faire se retourner tout le monde si elle entrait dans ce bar. »

Puis nous quittâmes le bar et marchâmes presque deux kilomètres sur la plage, escaladâmes des rochers déchiquetés et grimpâmes à flanc de colline à travers les arbres et les cactus pour atteindre la maison d'Alice. Le bâtiment était en ruine, sans toit, mais on devinait encore parfois la peinture et des lambeaux de papier peint. Dan Trench se rappelait lui avoir construit un réservoir à eau dans le jardin : il n'y avait jamais assez d'eau. Si trop d'invités devaient lui rendre visite, Alice faisait construire trois ou quatre pièces supplémentaires quelques jours avant leur arrivée. Pas une seule pièce de la maison n'était d'équerre.

Trench évoqua aussi les trafics d'armes de Soames. A l'époque du procès, la police enquêtait sur une dénonciation qui lui était parvenue : Soames aurait reçu du matériel militaire volé. Soames était au courant de l'enquête de police. Par exemple, un million de cartouches de calibre 22 avaient été volées au dépôt de Gilgil. On avait aussi volé des camions, qui sous forme de pièces détachées se revendaient fort cher aux colons. On pouvait faire de substantiels bénéfices en revendant ces équipements dans des pays comme le Congo. Mais il n'y avait aucune preuve. A l'époque, Soames avait un associé, Jack Band, ancien prêtre reconverti dans la laiterie, et qui vivait avec lui à Burgeret ; il faisait passer en fraude du matériel militaire et des armes en Abyssinie. Cela fut officiellement découvert après la guerre, et Poppy me le confirma par la suite.

J'imaginais parfaitement Soames échafaudant avec Broughton un scénario de crime en ce sombre week-end de beuverie, envisageant les unes après les autres toutes les possibilités, et s'exclamant pour finir : « Évidemment, il y a une autre solution. Tu pourrais t'en débarrasser toi-même. » Après cela, Soames n'aurait plus été qu'un complice. Je ne l'imagine pas accomplissant le crime lui-même ; ses serviteurs accompagnaient ses moindres déplacements et son alibi aurait été trop difficile à établir. Mais s'il connaissait les projets de Broughton, pourquoi a-t-il indiqué aussi facilement à la police l'endroit exact où ils s'étaient entraînés au tir ? Peut-être que s'il ne leur avait pas dit lui-même, les serviteurs l'auraient fait à sa place. Il y avait un boy pour les whiskies-soda, un autre pour le générateur électrique, etc., il y en avait presque certainement un pour le tir à la cible. A part jouer du violon, Soames ne faisait rien sans l'aide d'un serviteur. A moins que Soames ne se fût douté que la découverte des balles serait précisément le détail qui innocenterait Broughton ? Mais pour être sûr de Soames, il faut être d'abord sûr de la culpabilité de Broughton.

14

Mlle Wilks et l'heure manquante

Très peu de temps avant le bon à tirer de notre article, nous reçûmes, et il était presque trop tard pour qu'il pût nous être de la moindre utilité, un télex de Humphrey Tyler qui nous annonçait avoir recueilli le témoignage de Dorothy Wilks à Durban. Il l'avait retrouvée dans un autre immeuble du front de mer de Durban ; elle vivait dans un appartement du sixième étage en compagnie de sa sœur, veuve, et c'est là qu'il l'avait interrogée pendant près d'une heure.

Le document était passionnant. Il était d'abord extraordinaire que Dorothy Wilks surgisse ainsi du passé pour témoigner une fois encore sur la nuit du meurtre. Néanmoins, ses déclarations ne laissaient pas d'être un peu frustrantes pour nous. Bien que Tyler eût réalisé un excellent travail, il subsistait des lacunes et certains détails n'auraient pu être éclaircis que par des gens parfaitement au courant du dossier, ce qui était bien évidemment notre cas. Nous n'avions pas le temps d'aller trouver à nouveau Dorothy Wilks, et lorsque dix ans plus tard je repris mes recherches, elle avait à nouveau disparu du front de mer de Durban. Cependant, ses déclarations avaient permis de préciser un certain nombre de points. Voici une version mise en forme du récit que Tyler a donné de cette interview. (Dorothy Wilks désigne ses anciens employeurs sous les noms de « Sir Delves » et « Lady Diana ».)

La nuit du meurtre, Mlle Wilks se trouvait seule dans la maison Broughton. Elle n'avait pas peur car il était fréquent qu'elle se retrouvât ainsi seule. D'ordinaire, dans ces cas-là, elle allumait les lumières et jouait du piano, très fort, au rez-de-chaussée. Les chambres des domestiques se trouvaient à quelque distance de la maison, et les chiens étaient enfermés dans un chenil pour les tenir à l'abri des léopards que l'on entendait souvent feuler autour de la maison.

Vers une heure du matin, on frappa à la porte. C'était le chauffeur de June Carberry. Il lui annonça que Mme Carberry retournerait chez les Broughton après la fête. Il apportait une valise de vêtements et Mlle Wilks le conduisit à l'étage jusqu'à une chambre d'amis ; le chauffeur déposa la valise et s'en fut.

Vers deux heures du matin, Sir Delves revint en compagnie de Mme Carberry. Ils montèrent tous les deux à l'étage, suivis de Mlle Wilks. En haut des escaliers, il y a un long couloir. Sir Delves et Mme Carberry s'immobilisèrent. Mme Carberry remercia Sir Delves pour cette « délicieuse soirée ». « Bonsoir, ma chère June », répondit Sir Delves. Puis chacun gagna sa chambre. « Et c'est la dernière fois que l'on a vu Sir Delves cette nuit-là », dit Mlle Wilks. Elle-même se rendit à la chambre de Mme Carberry ; celle-ci se plaignait d'avoir la fièvre. Mlle Wilks alla lui chercher des comprimés de quinine et du whisky, puis s'assit pour bavarder quelques instants avec Mme Carberry.

Un peu plus tard, peut-être une heure, une autre voiture arriva et quelqu'un frappa à la porte. Mlle Wilks descendit pour ouvrir. « Lady Diana faillit tomber dans la pièce ; elle devait être appuyée à la porte lorsque je l'ai ouverte. Elle avait un visage bouleversé. Lord Erroll se trouvait avec elle. Visiblement, ils s'étaient disputés. Ils n'avaient pas l'air amoureux comme d'habitude. »

Mlle Wilks indiqua du doigt un plateau avec des bouteilles et suggéra à Lord Erroll de prendre un whisky. « Mais enfin, Wilkie, dit Lord Erroll, vous ne savez pas que je ne touche jamais au whisky ? » Diana se plaignit d'avoir faim. Une boîte de biscuits qui lui était d'ordinaire réservée se trouvait à présent en haut dans la chambre de Sir Delves. « Il ne dormait pas bien, dit Mlle Wilks, alors je lui ai préparé un thermos avec une boisson chaude et je lui ai aussi monté les biscuits. Comme Lady Diana était partie, je les ai laissés dans la chambre de Sir Delves. Quand Lady Diana a dit qu'elle avait faim, je lui ai dit que j'allais aller les chercher. Mais elle me répondit de ne pas m'inquiéter. Mais je regrette de ne pas l'avoir fait : le procès aurait été tout différent. J'aurais pu dire avec certitude au tribunal si oui ou non Sir Delves se trouvait dans sa chambre à cette heure-là. »

Mlle Wilks apprit à Diana que June se trouvait en haut et qu'elle avait un peu de fièvre. Diana alla lui rendre visite. Mlle Wilks ramassa une boîte à bijoux que Diana avait amenée avec elle et jetée sur une table, et la monta dans la chambre de Diana. Diana passa « quelques minutes » avec June, puis redescendit. Mlle Wilks se rendit dans la chambre de June et s'assit pour discuter avec elle. Elle n'entendit pas s'éloigner la voiture d'Erroll.

Au bout d'un certain temps — « environ une demi-heure, peut-être » — Diana remonta et gagna la chambre de June Carberry. Mlle Wilks se retira. Elle entendit June et Diana parler avec excitation. Elle se demanda « quand elles allaient cesser », ce qui finit tout de même par se produire. Elle présume que Diana dut alors aller dormir dans sa chambre. Elle-même alla se coucher. Il était trop tard. Elle n'entendit plus bouger personne.

Après la découverte du meurtre, la police l'interrogea, mais, dit-elle, « ils n'ont pas tiré grand-chose de moi. Je leur ai dit que je n'étais pas extralucide ». Selon elle, elle a été interrogée pendant des heures. A la fin, elle était très fatiguée. Le policier chargé de l'enquête la prit à part et lui dit avec douceur : « Wilkie, dites-moi, tout à fait en dehors du procès-verbal, à votre avis, qui a tué Lord Erroll ? » « Je n'ai pas réfléchi. C'est sorti comme ça. J'étais la première surprise. J'ai répondu : ''Diana''. »

« Oh, vous auriez dû la voir », dit Mlle Wilks en parlant de Diana. « Elle avait des lèvres tout à fait particulières. Des lèvres sensuelles. Et ses yeux ! Et sa peau ! Elle ne s'exposait jamais au soleil. Un jour je l'ai vue dans son bain, avec un collier en perles qui valait bien 90 000 livres. Je lui ai demandé si je devais le prendre, mais elle s'est mise à rire et m'a dit : ''N'y touchez pas, Wilkie.'' Oh, elle avait fière allure. Et la façon dont elle montait à cheval ! Pas comme Sir Delves. Il avait un bras estropié, vous savez, et il tombait tout le temps. »

Mlle Wilks continue de jurer ne pas savoir avec certitude qui a commis le meurtre, mais vers la fin de l'entretien, l'air songeur, elle m'a dit : « Il semble bien que ce soit Sir Delves. Ça ne peut pas lui faire de mal de dire ça maintenant, n'est-ce pas ? Ah, c'était un homme bien, Sir Delves. Il n'était pas comme les autres. Les aristocrates ? Ces lords et ces ladies ? Ne me parlez pas des aristocrates ! Je ne peux pas les voir. Évidemment, Sir Delves était lui aussi un aristocrate. Mais il était différent. »

A-t-elle menti à la police pour sauver Sir Delves ? Elle et sa sœur furent choquées par ma question. « Oh, non, dit Mlle Wilks, nous n'avons pas été élevées comme ça, vous savez, question d'éducation. Bien sûr, dans certaines circonstances, je pouvais omettre quelque chose. Mais mentir, ça jamais. » Puis soudain, Mlle Wilks s'anima et dit : « Mais June Carberry l'a fait, elle. Elle a menti pour le sauver. Elle a même fait un faux serment à l'audience, et ce n'est pas moi qui le lui reprocherai...

« Après le meurtre et avant son arrestation, Sir Delves a essayé de s'arranger pour que je le tue, dit Mlle Wilks. Je n'en ai jamais parlé à personne, pas même à ma sœur. Il m'a appelé en me demandant si j'avais un instant. J'ai dit : "Oui, Sir Delves." Alors il est monté. La seringue était déjà prête. Il me l'a tendue, la pointe en l'air, et il m'a dit de lui enfoncer l'aiguille dans le bras. Mais le bout était cassé et je n'y suis pas arrivée. Heureusement ! Vous imaginez un peu le résultat ? Le pauvre homme, c'est plus tard qu'il m'a dit que c'était du poison. Quelle tristesse, quand même. Moi, je pense que rien de tout ça ne serait arrivé s'il ne l'avait pas épousée. Il n'avait qu'à la garder comme ça, comme avant. »

Mlle Wilks rendit visite à Broughton en prison le lendemain de son arrestation. « Je ne lui avais jamais vu l'air aussi heureux. Il m'a même dit : "Wilkie, je suis plus heureux ici qu'à Karen." »

Broughton avait confié à d'autres qu'à Dorothy Wilks le soulagement, presque le bien-être éprouvés pendant son séjour en prison. A l'audience il déclara :

« Je considère avoir été l'objet de plus d'attention et de gentillesse authentique de la part de mes codétenus et des employés de la prison que jamais auparavant dans mon existence d'homme libre. »

L'épisode de la seringue cassée que relate Dorothy Wilks est tout à fait vraisemblable également. Broughton songeait beaucoup à la morphine depuis que Soames lui avait fait découvrir le Medinal, une semaine avant le meurtre. Il avait même réussi à en introduire en prison pour le cas où le verdict lui serait défavorable.

Mais Broughton avait-il l'air ivre en montant les escaliers ? Avait-il eu besoin de June pour le soutenir ? Des habitants de Karen lui avaient-ils ou non dicté ses déclarations à la police ? Voilà les questions que j'aurais posées si j'avais pu interroger moi-même Dorothy Wilks. Tant d'années après, toutefois, Dorothy Wilks n'avait plus lieu de mentir pour protéger ses anciens employeurs ; l'on peut donc du moins admettre qu'Erroll et Diana étaient bien ensemble lorsqu'elle a ouvert la porte, et qu'en conséquence Erroll n'a pas été tué pendant le trajet en direction de la maison de Karen.

Dorothy Wilks met en lumière quelques points intéressants : apparemment, Broughton dormait mal, malgré les whiskies tardifs ; les horaires qu'elle donne diffèrent de ceux avancés par June. Il est donc en effet possible que June ait tout inventé, sachant que Dorothy Wilks ne pourrait pas réfuter ses dires. En définitive, Dorothy fournit un alibi à June, mais aucun alibi à Broughton, et à Diana un demi-alibi en évoquant la « demi-heure » que cette dernière aurait passée au rez-de-chaussée tandis qu'elle-même discutait avec June Carberry à l'étage.

N'aurait-elle pas entendu les pas de Broughton dans le couloir lors de ses deux visites dans la chambre de June — faisait-elle allusion à cela en parlant du faux serment de June ? Et n'aurait-elle pas entendu aboyer le chien ? Apparemment, dans la maison, elle s'était couchée la dernière, à cause du bruit de la conversation si « animée » entre June et Diana. Ces dernièrers discutaient-elles avec tant d'animation parce qu'elles savaient que Broughton était sorti parler à Erroll ? La date limite de remise de notre article nous a empêchés d'interroger plus précisément Dorothy Wilks. A cause de cela, nous avons peut-être laissé passer notre seule chance de découvrir la vérité sur la culpabilité ou l'innocence de Broughton.

On trouvera ici des extraits des notes de Connolly portées après réception du texte de l'interview de Dorothy Wilks, non dans le but d'élucider le mystère, mais pour montrer avec quelle ferveur Connolly remettait en place toutes les pièces du puzzle chaque fois qu'apparaissait un élément nouveau :

> JC n'a entendu aucun craquement, bruit de porte et de clefs. Or, les escaliers craquaient au point que leur bruit s'entendait dans toute la maison.
> DB n'a pas pu descendre du toit. « Il est descendu sur la rampe » — (Cressida Connolly, 7 ans).
> DB n'a pu emprunter l'escalier qu'au moment où Wilks était allée à la cuisine pour chercher du whisky chaud, de la

quinine ou une bouteille d'eau chaude — ou elle l'aurait entendu.
Wilks ne serait pas allée remplir sa bouteille dans la salle de bain de JC parce que l'eau n'était pas assez chaude à trois heures du matin.
Il y avait des WC au rez-de-chaussée où il pouvait se cacher.
Pouvait-il utiliser une échelle de corde ?
Le retour : pas si facile, mais Wilks dormait, Diana était allée se coucher. Seule JC était réveillée. Les chiens l'ont-ils entendu ? JC a inventé la deuxième visite, que DB place d'abord à quatre heures du matin.

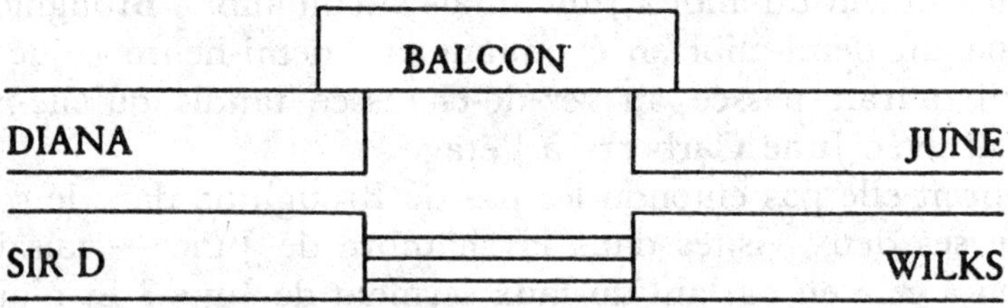

Plan de l'étage supérieur de la maison de Karen

Wilks indique un laps de temps où D aurait aussi pu commettre le meurtre. Est-ce pour cela qu'elle la suspecte, ou l'inverse ? Wilks couvre JC qui sans cela aurait pu conduire DB dans sa voiture.
JC dit avoir entendu D et E parler et rire — alors qu'ils ne riaient pas mais se disputaient — en conséquence :

1. Elle ne les a pas entendus,
2. JC et D ont fait croire ensuite que le couple ne se disputait pas mais riait,
3. Ou ils riaient vraiment et Wilks se trompait.

DB a simplement entendu des voix. JC souhaitait probablement cacher la dispute.
« Il y avait une porte ouverte quand D et E sont rentrés » (information vraisemblablement tirée de la déclaration de Diana). Il avait aussi la clef de sa véranda, en sorte qu'il a pu entrer et sortir sans bruit par cette porte-là.
Pourquoi Wilks (ou les autres) ne font-ils pas mention de D faisant rentrer son chien ? En particulier Wilks.

	Alibi	Mobile	Opportunité	Personnalité	Cap. phys.	Balles Nan.	Balles Kar.
Gwladys D.	?	Dépit amoureux	?	?	Non	Non	?
DB	Accus. non Déf. oui	Orgueil blessé	Accus. oui Déf. non	Accus. oui Déf. non	Accus. oui Déf. non	Oui Oui	Oui Non
Diana	Non - Wilks Oui - June	Dépit au dernier moment	Oui selon Wilks	Oui	Oui sauf soulever le corps	Oui	Oui si elle en a pris
June	Oui - Wilks et c'est tout	Dépit amoureux	Non selon DB	Non	Non	Non	Oui si elle en a pris
Alice	Au lit avec Pembroke	Dépit amoureux	Oui selon Poppy	Oui, a tiré sur R de T	Non	Non	Non
Dickinson	Oui selon Poppy	Argent ou amour de Diana	?	?	Oui	Non	?
Soames	Oui selon Poppy	?	?	Oui	Oui	Oui	?
Carberry	?	Orgueil blessé	?	Oui	Oui	Non	?

Tableau des suspects, par Connolly

> Témoignage de JC couvre DB, Wilks et Diana.
> Témoignage de Wilks couvre JC.
> Témoignage de DB ne concerne que lui.
> Diana a seulement fait une déclaration.
> On a laissé une porte ouverte. N'importe qui a pu l'emprunter dans un sens ou dans l'autre.
> Que sait-on de Wilks au fond ?
> Elle a dit que le chauffeur/majordome de Mme Carberry est parti — pour où ? Dans quel véhicule ? Est-il revenu le lendemain matin ?

Un des éléments les plus intéressants de l'interview de Dorothy Wilks est sa description de l'arrivée d'Erroll et Diana, qui avait « l'air folle furieuse ». Cette indication vient confirmer une rumeur très répandue jusqu'à aujourd'hui, y compris parmi les amis de Diana, rumeur selon laquelle elle aurait ce soir-là rompu avec Erroll à la suite d'une violente dispute. L'idée est fondée sur le fait que Broughton, tout en prétendant « faire la part du feu » et respecter scrupuleusement ses engagements, serait en réalité revenu sur sa parole concernant le pacte de mariage. Il refusait désormais de verser à Diana une allocation annuelle de cinq mille livres.

Broughton reconnut presque ce point à l'audience mais en inversant les protagonistes : Diana, qui était une personne intègre, disait-il, se serait abstenue de réclamer cet argent, ce qui rendait nulle dans les faits la clause financière du pacte. Erroll aurait annoncé à Diana au dernier moment que sans argent il faudrait renoncer au mariage. Broughton aurait donc obligé Erroll à prendre en charge Diana officiellement, tout en sachant que cela lui serait impossible. Et en effet, Erroll s'était rétracté. De toute façon quasiment ruiné à cette époque-là, Broughton aurait été assez peu disposé à financer la liaison de Diana avec Erroll pendant trois ans, ou jusqu'à la conclusion du divorce. Quant à Diana, à des milliers de kilomètres de chez elle, elle était sur le point de tout perdre : un baronnet, un comte, non pas un mais deux colliers de perles, et surtout sa belle histoire d'amour.

On peut relire certaines parties de la déposition de Broughton à cette lumière. Il explique par exemple ce qu'il avait en tête lors de « sa discussion d'affaires » avec Erroll, à portée de voix de June et de Diana arrivant à travers la pelouse, et pratiquement en présence du domestique et du jardinier d'Erroll, lesquels le décrivaient tapant du poing sur la table :

« Ce jour-là j'ai essayé de connaître sa position financière, mais Erroll s'est montré fort évasif. Impossible de lui arracher le montant de ses ressources. (Tout le monde savait à Nairobi qu'Erroll értait sans le sou.) Il a dû me dire qu'il n'avait pas grand-chose. *Je ne voulais pas lui arracher** ce qu'il en était exactement et j'ai fini par comprendre que ce n'était vraiment pas beaucoup. Je crois que c'est cette fois-là qu'il m'a dit qu'il craignait que Diana fût privée, totalement ou en grande partie, de son confort habituel. »

En 1979, une amie intime de Diana m'a rapporté lui avoir dit un jour, fort courageusement : « J'ai toujours pensé que c'est toi qui as tué Joss. »

« Elle a pris ma remarque très au sérieux, a ajouté l'amie de Diana, et elle l'a fort bien prise, tout en m'assurant que je me trompais. Je lui ai dit mes raisons de le penser : Erroll lui avait bien spécifié qu'il ne pourrait en aucun cas l'épouser, puisqu'elle devait attendre trois ans avant de divorcer et qu'il n'avait absolument pas d'argent — pire : il était criblé de dettes. Il lui avait plus ou moins dit qu'elle ferait mieux d'aller retrouver Broughton et de tourner la page. Alors, folle de rage, elle l'avait tué. C'est vraisemblable, non ? Mais elle m'a juré ne pas l'avoir tué. »

Après le meurtre, Broughton faisait fréquemment allusion au fait que cela n'allait plus si bien entre Erroll et Diana. L'on peut tirer des conclusions hâtives de l'échange suivant entre Broughton et son défenseur lors de l'audience, mais on peut également l'aborder à la lumière de la phrase d'une lettre écrite par Broughton après son acquittement à un ami en Angleterre : « Certaines révélations faites depuis que tout ça a mal tourné ont complètement désillusionné Diana au sujet d'Erroll. »

A l'audience donc Morris lui posa la question suivante :

— Vous aviez quelque espoir que tout rentrerait dans l'ordre dans les trois mois environ, à votre retour de Ceylan ?

— Les femmes sont changeantes.

— Et Erroll, aviez-vous entendu dire qu'il lui arrivait de changer d'avis ?

— A moins que l'on insiste vraiment, je préfère ne pas répondre à cette question.

---

* Italiques de l'auteur.

— Je voulais seulement suggérer que vous aviez deux chances que tout rentre dans l'ordre d'ici trois mois.

— C'est juste.

— Vous connaissiez également la réputation d'Erroll concernant ces choses-là, à quel point il était inconstant ?

— Si l'on insiste, je répondrai oui.

Mais pourquoi une dispute entre Joss et Diana, après le dîner, où tout s'était apparemment réglé à l'amiable ?

Impossible de répondre à cette question jusqu'au jour où Connolly rencontra par hasard un témoin dont le récit révèle un motif vraisemblable de dispute entre Erroll et Diana, tout en expliquant « l'heure manquante » dans l'emploi du temps de Broughton et de June Carberry ce soir-là.

Lady Barwick, ex-Valerie Ward, qui soutint Connolly devant le Conseil de la presse sur la question de Gwladys Delamere et des lettres anonymes, révéla à Connolly que, le soir du meurtre, June Carberry l'avait invitée à dîner au Muthaiga pour fêter la « reddition » de Broughton. Mais Lady Barwick devait dîner ailleurs avec Laurie Wilmot, un ami d'Afrique du Sud, en sorte que June leur demanda de les rejoindre après au Claremont Road House. Lady Barwick et son ami prirent un verre au club vers dix-neuf heures quarante-cinq. Les notes de Connolly relatent ainsi la suite :

« Elle a vu et parlé aux personnes vivantes : Derek Fisher de Nanyuki, un certain Gaskell, qui ne buvait que du lait à cause d'un ulcère, et Denzil Myers. June et Alice de Trafford étaient là ; Long John Llewellin et sa femme, un certain Gypsy, Jacko Heath, encore vivant (1969) et marié à Sally Billiard Leake.

« Après leur dîner, elle s'est rendue à Claremont avec LW dans sa voiture militaire camouflée. Ils sont arrivés les premiers et se sont assis à une longue table. Ont dansé deux fois. Alors sont arrivés Erroll et Diana, l'air assez mécontents ; se sont assis à l'autre bout de la table — quand un peu plus tard, June et Broughton ont fait leur entrée, à la grande consternation de Joss et Diana qui ne s'attendaient certainement pas à cela. Blanc comme un linge, Broughton a élevé le ton immédiatement. Plus personne d'autre n'existait. Une dispute terrible a alors éclaté. Broughton criait après Erroll, et June s'agitait en tous sens pour essayer de les calmer. Ça a pris de telles proportions que Lady Barwick et LW sont partis. Ils sont allés dans un autre club, soit au Blue Room, soit au 400 (en haut d'un escalier). Elle pense qu'il y avait quelqu'un d'autre à leur table. Cela ressemblait fort à une scène de jalousie. Broughton et June sont ensuite retournés au Muthaiga — ou ailleurs ?

« Lady Barwick a été réveillée le lendemain matin par un coup de téléphone parce que sa Buick était la seule existant au Kenya avec celle qu'utilisait Erroll, avec des numéros d'immatriculation très proches (T 7341 et T 7331). »

Poppy, guère enclin à reconnaître des lacunes dans son enquête, trouvait un accent de vérité au récit de Valerie Ward. Il était sensible à l'argument de l'heure manquante dans l'emploi du temps de Broughton et June, et il confirma le fait que la police avait recherché d'autres Buick pour éviter les confusions sur la localisation de la voiture d'Erroll avant le meurtre.

Selon toute apparence, Broughton avait prévu d'aller au Claremond Road House ce soir-là. Il s'était même réjoui de cette perspective devant Mme Barkas, Lizzie Lezard et Llewellin. Lezard en avait déduit que June serait la partenaire de Broughton. June ne nia jamais explicitement être allée au Claremont. Dans sa déposition, elle se contentait de dire : « Joss et Diana sont allés danser au Claremont. Jock m'a demandé si je voulais aller danser et j'ai répondu que je n'avais pas envie parce que je ne me sentais pas très bien. » Le fait qu'elle ait demandé de la quinine plus tard à Dorothy Wilks vient à l'appui de sa déclaration.

Erroll et Diana allant danser au Claremont Road House, cela rappelait une autre soirée au cours de laquelle — si les renseignements fournis par l'accusation sont exacts — on avait entendu Broughton dire à Diana s'apprêtant à partir : « Vais-je te jeter le champagne au visage, ou bien préfères-tu que je te casse la bouteille sur la tête ? » Leur départ ce dernier soir avait-il réveillé la colère contenue pendant le dîner, au cours duquel il s'était montré si conciliant et d'une générosité frisant la perversité en portant des toasts accompagnés de vœux de bonheur ?

Pourquoi aucun autre témoin ne mentionne-t-il l'esclandre du Claremont Road House ? C'est que personne n'a été interrogé sur ce point, et selon Poppy, Dorothy Wilks fut la seule à venir déposer de son propre chef. La version de l'affaire avancée par Lady Barwick et rapportée ici par Connolly est proche de la rumeur publique. :

« Thèse de Valerie Barwick (manifestement fondée sur une réelle connaissance des faits) : arrivé au moment crucial, Broughton a dit qu'il n'allait pas renoncer sans procéder auparavant à une petite épreuve — il annoncerait que, finalement, il refusait de donner de l'argent à Diana ; Erroll, s'il l'aimait sincèrement, dirait alors : "Peu importe, on se débrouillera", et si telle n'était pas sa réaction, eh bien, lui et Diana verraient ensemble comment lui régler son compte, ou une expression approchante. Ce projet fut mis à exécution le dernier soir et Erroll répondit en substance qu'il faisait l'amour avec elle uniquement pour l'argent et que sans argent il n'y aurait pas de mariage — cela s'était produit soit au club Muthaiga, soit au Claremont Road House, soit ensuite dans la maison, soit pendant le trajet de retour à Karen (mention par Wilks du visage furieux de Diana). La scène du Claremont était peut-être le moment de l'épreuve de force et celui où Broughton décida de tuer Erroll (encore que Lady Barwick pense que Broughton avait depuis longtemps décidé de le tuer). »

Connolly reconstruit la succession des événements en fonction de ce nouveau témoignage :

> Dîner assez court — 20 h 30 à 22 h 30 — qui s'achève en *vin triste**, peut-être une dispute après le fameux toast... D et E s'esquivent peut-être soudainement. E est surpris de voir DB et JC au Claremont — consternation — Diana aussi. La dispute éclate et DB *menace* Erroll (départ de Lady Barwick et de son ami). Retour au club de DB et JC et Broughton s'échauffe de nouveau : « Maintenant c'est clair, June, etc. » Il craint ensuite tellement que ces paroles de menace soient révélées à la police, qu'après la découverte du meurtre il se précipite à Nyeri pour demander à June ce qu'elle a dit dans sa déposition. Elle le rassure — elle a seulement dit qu'il était de mauvaise humeur au club. S'il a effectivement menacé ainsi, Diana a su tout de suite en apprenant la mort d'Erroll qu'il s'agissait d'un meurtre. D'où sa réaction de rejet contre DB.
>
> Si personne n'a parlé ensuite du passage au Claremont de JC et DB et de l'esclandre, c'est qu'ils ont décidé *tous ensemble* de taire ce fait. Objectif de DB : attirer sur lui le feu de l'ennemi. S'enquiert des conditions de vie en prison, du sort

* En français dans le texte *(NdT)*.

d'un homme ayant tué l'amant de sa femme en flagrant délit — attire l'attention sur le feu de jardin.

Si DB a loué les services d'un tueur à gages, il lui fallait un alibi ; il aurait donc agi en sorte d'avoir lui aussi la visite de Wilks dans sa chambre — il aurait aussi fait constater sa présence par D et E — mais il s'est conduit d'une manière toute différente.

15

Lettres de la Wanjohi

> La solitude a démoli Alice. Tout le monde avait peur d'elle.
>
> Beryl MARKHAM.

Alice et Raymond de Trafford avaient complètement rompu longtemps avant leur divorce en 1938. Elle était souvent seule dans sa maison de la vallée de Wanjohi avec ses chiens et son élan apprivoisé. A l'époque de la mort d'Erroll, elle était amoureuse de Dickie Pembroke, son alibi pour la nuit du meurtre. Incapable de l'aimer avec la même intensité, Pembroke devint de la part d'Alice l'objet d'une passion suicidaire.

Sa liaison avec Lezard s'effilocha puis s'acheva après sa rencontre avec Pembroke. Ce fut une période profondément troublée pour Alice. Patricia Bowles se souvient que peu avant l'arrivée de Diana au Kenya, Alice avait parlé de renouer avec Erroll, alors l'amant de Mme Wirewater.

Le matin du meurtre, Alice avait supplié Lezard de l'emmener à la morgue pour faire ses adieux à la dépouille d'Erroll. Ils firent une halte pour emmener Gwladys, et Bewes consigna leur arrivée dans son registre. Toutefois il ne consigna pas la scène à laquelle assista Lezard : avant de placer la petite branche d'arbre sur le corps d'Erroll, Alice déposa un baiser sur ses lèvres, puis en replaçant le drap, elle le mouilla de ses sécrétions vaginales et dit : « Tu es à moi pour toujours maintenant. » Dès lors Lezard suspecta Alice d'avoir commis le meurtre, un geste qui selon lui correspondait bien à son état d'esprit morbide. On dit même qu'elle se serait confiée à lui. Toutefois l'écrivain Alastair Forbes, colocataire de Lezard à Londres après la guerre, affirmait que Lezard lui en aurait parlé si tel avait été le cas. « De même, écrivait Forbes, s'il avait commis le meurtre lui-même, ou s'il l'avait fait contre de l'argent, ou s'il l'avait fait faire par quelqu'un d'autre, ce qui paraîtrait le plus vraisemblable de sa part dans ces circonstances particulières. »

Tous les jours, Alice apportait des provisions et surtout des livres à Broughton dans sa prison. Elle suivait le procès avec une attention fiévreuse, profondément anxieuse à l'idée de voir Broughton condamné. Elle confiait ses craintes presque quotidiennement à Patricia Bowles.

L'on attendait de Pembroke une certaine discrétion depuis le scandale qui avait causé sa mutation, mais le procès, où il témoigna, et sa liaison avec la célèbre Alice, ramenaient une fois de plus l'attention sur lui. Pembroke demanda une nouvelle mutation et fut posté au Caire au mois de juillet 1941. Ce fut pour Alice le coup de grâce.

Alice commença à lui écrire avant même leur séparation au mois de juillet des lettres qui témoignent avec des accents pathétiques du désespoir qui eut finalement raison d'elle, des lettres qui prononçaient pour la Vallée joyeuse une manière de derniers sacrements. Pembroke conserva avec un soin scrupuleux les missives d'Alice jusqu'à sa mort à la fin des années soixante, ce qui permet d'évaluer dans une certaine mesure l'affection qu'il lui portait.

La première a été écrite dans la vallée de la Wanjohi le 23 juillet 1941.

Mon cher Dickie,

Il semble absurde, et même grotesque, de t'écrire cette lettre assise en face de toi. Mais vu le temps que met le courrier, je préfère t'envoyer — ou te donner — quelques sottises de mon cru à lire dès ton arrivée là-bas, car j'ai du mal à envisager plusieurs semaines supplémentaires sans aucun contact avec toi après ton arrivée en Égypte.

Nous venons de prendre « nos petits toasts » en discutant à perte de vue des mérites comparés du vrai et du faux caviar.

Maintenant je vais dire des choses tristes, en attendant que ce verre de G & T avec un peu d'eau de Seltz produise son effet euphorisant. Je n'arrive pas du tout à imaginer l'avenir immédiat. Joss est parti, puis Dina*, et à présent toi — à qui je tiens plus qu'à tout. Même Paula (Long) est d'une certaine manière partie. Elle a un peu changé au contact de ce monsieur grand et hardi, et nos routes se séparent.

Lizzie** s'en va aussi. Même toi tu m'as reproché récemment d'être un peu dure avec lui. Ce n'était pourtant pas du tout mon intention, parce qu'il compte beaucoup pour moi, et que j'ai vraiment de la tendresse pour lui. Bref, tout le monde s'en va et personne ne peut m'emmener, alors je commence à m'apitoyer sur moi-même.

La remarque suivante te fera sûrement sourire comme moi, mais « heureusement qu'on sait encore reconnaître l'apitoiement sur soi-même pour ce qu'il est et rien de plus ». Tu sais... ce que je disais à Lizzie avec tant de désinvolture dans ce mot, je le ressentais de tout mon cœur. Heureusement que je suis restée ferme sur mes positions même si j'avais l'air de déraisonner. Nous avons passé — moi en tout cas — une semaine délicieuse. Saurai-je affronter la fin, c'est-à-dire demain, dignement ? Si nous n'avions eu que deux jours avant la séparation, je l'aurais beaucoup plus mal supportée, ce qui n'aurait rien facilité au moment de ton départ.

La lettre suivante, non datée, a été écrite à l'hôtel Norfolk peu après le départ de Pembroke.

Dickie adoré,

... Il n'y a pas grand-chose à dire, je veux te dire cependant : premièrement — que tu m'as rendue immensément heureuse pendant très exactement cinq mois et quatre jours. Je garde le souvenir d'un bonheur d'une extraordinaire continuité que rien, pas une pensée, pas un mot, ne vient entamer.

---

* Alice évoque peut-être là le départ de Lady Idina de la Vallée joyeuse avec son quatrième mari.

** Lezard s'apprêtait à partir en poste au Caire également.

Deuxièmement : ton départ au loin en ces temps incertains — même pour une courte période comme nous l'espérons — est souffrance pure et absolue...

PS. C'est drôle comme de toutes petites pensées hors de propos surgissent parfois : j'ai oublié de te dire que si tu venais à utiliser la morphine en question, fais-en sortir une bonne goutte de l'aiguille avant l'injection pour bien chasser tout l'air afin d'éviter la douleur et les bleus. Et puis surtout ne prend pas d'U 93 plus de quatre jours consécutifs (trois par jour *après* les repas) — il vaut mieux trois jours. Tu vas sûrement te sentir un peu patraque, mais si tu te sens vraiment mal arrête tout de suite. Il y a des gens qui ne le supportent pas du tout. Prends-en en cas de gros rhume ou contre toute forme d'infection difficile à enrayer comme « le mal du veldt ».

A la fin du mois d'août, Alice, à qui on avait découvert un cancer de l'utérus, attendait son entrée à l'hôpital où elle devait subir une hystérectomie. Elle avait aussi perdu son chien favori.

« Je n'étais vraiment pas gaie en arrivant ; pourtant, impossible de m'empêcher de rire. L'infirmière chef et les autres (que je connais depuis des années) m'ont accueillie comme pour une fête. J'ai été assez étonnée en entendant la sœur de nuit me dire : "Il y a plein de maté là si vous en avez envie. Vous en avez laissé un paquet entier la dernière fois et on y a à peine touché." Moi qui allais en envoyer chercher ce matin même !

« Flo est venu avec moi (à Nairobi). Le voyage a été abominable — deux crevaisons, et bien sûr pas de pneu de secours la deuxième fois. On est arrivées ici à sept heures mais je n'avais pas faim et ne voulais pas dîner, alors l'infirmière chef : "Je sais moi ce qu'elle aime cette petite — vous avez avalé des litres de bouillon de poulet la dernière fois" ; et tout le monde riait de bon cœur pendant que je buvais mon bol de bouillon de poulet !

« Quant à l'opération — "l'op" comme on dit joyeusement — il faut les voir me répéter sans arrêt, en retapant les oreillers, en rangeant les serviettes... comme ce sera bien après... C'est tout à fait comme quand les gens disent : "Il faut absolument que tu voies ce film — tu vas adorer."

« Il faut maintenant que je te parle de quelque chose d'insupportable pour moi. Minnie [le chien d'Alice] est morte — je l'ai tuée sans souffrance, elle ne s'est aperçue de rien — parce que sa panique des voitures ne se limitait plus aux voitures. Sa détresse était telle que j'ai préféré la supprimer. J'ai l'impression d'avoir commis un meurtre. Elle avait tellement confiance en moi, pendant que, le cœur brisé, je lui mettais du Nembutal dans un peu de ton pâté... Comment sera la vie maintenant ? J'y pense avec une indifférence frisant l'écœurement. Je n'arrive pas à imaginer Wanjohi sans Minnie ni le trajet en train pour Diani. Tu m'as dit un jour avec impatience "la vie continue". Eh bien non, c'est faux. Regarde pour Joss. Et pour Minnie. La vie ne continue pas nécessairement. Dans le cas de Joss, *quelqu'un* en a décidé, et pour Minnie, c'est moi qui ai décidé, notre vie et sa durée dépendent de nous entièrement (à moins que quelqu'un d'autre ne décide pour nous auparavant !).

« *17 septembre.* Tout va bien du point de vue de l'opération et je suis quasiment rétablie. Pourtant je me sens affaiblie et malade, et puis j'ai très peur. Ça va sûrement s'arranger mais je trouve le temps long. L'infirmière chef, qui est vraiment adorable, est venue me parler avant mon départ ; je vais, paraît-il, traverser des phases dépresssives pendant quelque temps et il ne faut surtout pas que je me laisse abattre dans ces moments-là. Tu connais ces bouquins : "Ce que devrait savoir toute jeune fille (épouse, mère...)" ? J'aurais bien vu l'exposé de l'infirmière chef sous la rubrique "Ce que devrait savoir toute vieille peau de quarante ans". Ce que seront ces "phases dépressives", en plus de celles que je traverse de toute façon, mystère et boule de gomme... Depuis mon lit, je vois le jardin qui est très beau et plein de couleurs. L'élan était debout dans les pyrèthres du bord de la route à notre arrivée hier ; il est gigantesque, maintenant. Absolument énorme. Quelle désolation sans Minnie. Elle était la dernière personne — je dis bien personne — qui me restait à part Paula, et elle est partie aussi... Je suis allée sur la tombe de Joss avant-hier. J'ai été contente de voir qu'on avait mis des pots tout neufs avec des fleurs. Il n'y avait plus que des tas de fleurs fanées depuis la mi-mai, et rien n'était entretenu...

« 20 septembre. Bill Allen* doit venir déjeuner aujourd'hui. J'ai eu plusieurs longues conversations avec lui. Il a d'abord dit que Jock était vraiment trop poltron (dans la vie courante) pour faire

* Fut le mari de Paula Long ; devait devenir chef des services secrets britanniques à Ankara.

“ce genre de choses”. Il le connaît depuis des années et l’aime bien mais n’a jamais rencontré quelqu’un d’aussi peureux que lui. J’ai attiré son attention sur le fait qu’un acte plus veule que ce meurtre était difficilement imaginable et il a été entièrement d’accord avec moi. Elle (Diana) est une grande amie de son ex-femme (une femme épouvantable, je la connais), alors j’ai demandé à Bill ce qu’il pensait d’elle. Il l’a rencontrée plusieurs fois et invitée à déjeuner. Il a dit qu’il ne lui trouvait “rien de spécial” et qu’il s’était “profondément ennuyé pendant ce déjeuner”. Ça alors, ça m’étonne ! Je n’ai pas d’atomes crochus avec elle, d’accord, mais de là à la trouver absolument sans intérêt, ça ne me semble pas vraisemblable, même de la part de Bill. Pourtant, il n’en démord pas. »

Alice fit une première tentative de suicide, se rata, puis finit par réussir très peu de temps après. Patricia Bowles, son amie et voisine, venue à son secours, s’aperçut alors qu’Alice avait déjà marqué chacun de ses meubles au nom des amis à qui elle les léguait. Patricia Bowles raconte :

« Notre maison se trouvait à Kipipiri avec la montagne derrière. Nancy Wirewater, l’ancienne maîtresse de Joss Erroll, vivait à Clouds pendant l’absence de Diana. On devait fêter en même temps l’anniversaire d’Alice et d’une autre personne. Flo Crofton, qui était avec Alice, a envoyé un message disant qu’Alice ne viendrait pas parce qu’elle avait recommencé, avec succès cette fois. La fête venait de commencer. Je suis allée à Gilgil prendre l’appareillage nécessaire et on a actionné toutes les deux la pompe pour le lavement d’estomac. Je me sentais vraiment mal en la ramenant à la vie. Elle voulait mourir. J’ai passé la nuit à ses côtés pour l’empêcher de récupérer le Nembutal qu’elle avait de toute évidence caché quelque part. Elle avait son revolver dans le lit mais s’était évanouie avant de pouvoir s’en servir. Elle l’a utilisé la seconde fois. Et cette fois, je n’y suis pas allée. L’idée de recommencer me terrifiait. C’était absurde. Nous étions sans cesse à nous demander pardon l’une à l’autre. Moi de la ramener à la vie, elle de me causer tout ce dérangement. Elle me demandait presque de ne rien faire. »

Alice écrivit deux lettres après sa première tentative. L’une à Dickie Pembroke :

Mon cher amour, Je sais bien que tu ne comprends pas. Nos pensées divergent tellement.

Mais, je t'en prie, crois-moi, de mon point de vue, du moins, c'est beaucoup mieux ainsi.

J'écris cela dans le jardin en buvant un verre, près du bassin du milieu. C'est un matin radieux, rempli de soleil, de couleur et de paix.

Je t'aime énormément comme tu sais — trop pour accepter de te revoir un jour telle que je suis devenue.

Ce qui rendait si douloureux les adieux à Kampala, c'est que je savais que c'était pour toujours.

Tout mon amour — Alice.

Transmets mes pensées affectueuses à Lizzie. Impossible d'écrire encore, et il n'y a rien de plus à dire. A.

A Patricia Bowles, elle écrivit :

*Me voilà encore** ! Ta lettre est absolument adorable. C'était très gentil de ta part et je t'en ai été très reconnaissante sur le moment.

Mais il faut que je t'explique quelque chose — ça ne vaut plus la peine de vivre quand on se moque d'être désirée ou non.

Je n'en dirai pas plus, mais je pense que tu comprendras, en partie du moins.

S'il te plaît, n'en parle à personne ; on n'a pas besoin de savoir que ça n'a rien à voir avec la dépression postopératoire. Ce sera plus facile pour Dickie et mes enfants, et préférable pour toi, pour Flo et William (le chirurgien qui pratiqua l'opération).

Affectueusement — Alice.

Tendresse à Derek également.

Finalement, Alice rangea bien sa chambre en la remplissant de fleurs, elle mit ses plus beaux vêtements et ses meilleurs draps. Elle laissa plusieurs mots. L'un pour la police, dont le contenu ne fut jamais dévoilé. Les autres pour ses enfants, Dickie, et un pour Patricia Bowles : « Le temps que tu reçoives cela, j'aurai recommencé. Avec succès, cette fois, j'espère. » Elle demandait également que sur sa tombe fût donné un cocktail.

---

* En français dans le texte *(NdT)*.

16

Le plus grand sauteur de tous les temps

Broughton avait un ami fidèle en Angleterre, qui avait suivi toute son affaire avec attention. Il s'agissait de « Porchy » Carnarvon (le comte de Carnarvon). Lorsqu'il apprit son acquittement, Carnarvon lui envoya un télégramme, qui, sur l'insistance de Jimmy de Rothschild, fut encadré et accroché à un mur du White. Ce télégramme disait : « Sincères félicitations pour cette habile victoire remportée d'une encolure. » Nul doute que Broughton n'y ait vu la preuve qu'il était toujours accepté parmi ses pairs et ses camarades officiers. Lord Carnarvon a évoqué son vieux compagnon des champs de courses dans son livre de souvenirs, *No Regrets*. Les deux hommes s'étaient rencontrés à l'armée en 1914, et d'après le livre, Carnarvon aurait connu Broughton mieux que personne. En mai 1980, je lui écrivis en lui demandant de m'accorder un entretien.

Au début des années soixante-dix, Lord Carnarvon était devenu une vedette des débats télévisés, au cours desquels il apparaissait comme un féodal et un ploutocrate sans vergogne. Il n'était pas plus haut qu'un jockey, mais il avait plutôt l'allure d'un bookmaker de bas étage, dont il avait parfois le langage. Il adressait des clins d'œil à tout propos, lançait des plaisanteries salaces et évoquait volontiers les jambes et les chevilles des femmes. Son rire se manifestait par une syllabe unique lancée d'une voix forte : « Ha ! »

Quarante ans après qu'il eut envoyé ce télégramme à Broughton, je me rendis chez Lord Carnarvon, à Highclere Castle, dans le Berkshire, en compagnie de Tessa Reay, la petite-fille de Vera et de Jock Delves Broughton. Nous étions à la fin du mois de mai, la matinée était chaude en dépit d'une petite brise un peu fraîche, et le parc paysager était tapissé de fleurs. Des faisans dorés suivaient les allées de gravier ou traversaient les pelouses non clôturées. Ici, rien ne semblait avoir changé depuis des siècles, et en tout cas pas depuis les fins de semaine que venait y passer Broughton à l'occasion des courses de chevaux, dans les années vingt.

Je tirai la sonnette de la porte d'entrée, mais comme personne ne répondait, nous pénétrâmes dans le grand hall de style néogothique victorien, éclairé par une verrière et dont les murs, tendus de cuir, étaient flanqués de colonnes élancées. A la recherche de Lord Carnarvon, nous découvrîmes une grande pièce meublée en style Empire, et dont les fauteuils et les chaises étaient recouverts de ce cuir vert foncé tellement prisé dans les clubs de St. James Street.

De grandes horloges faisaient résonner leurs tic-tac à l'unisson, mais près du fauteuil installé à côté de la cheminée, nous découvrîmes un réveil vert, d'un modèle bon marché, avec le cadran noir et les aiguilles lumineuses ; il s'agissait peut-être de l'endroit où Lord Carnarvon faisait la sieste, et c'était en tout cas le seul signe de présence dans cette demeure. Nous appelâmes à haute voix en nous penchant par l'ouverture de la porte matelassée, mais seul l'écho nous répondit. Nous nous séparâmes pour explorer le rez-de-chaussée. Dans le vestiaire se trouvait un sauna, avec, affichées, les températures quotidiennes du bain de vapeur de monsieur le comte. Aux murs étaient accrochées des gravures et des caricatures sur le monde des courses et un poème sur le thème du déclin de la puissance sexuelle.

Finie son époque sportive,
Sa petite lumière s'est éteinte.
Ce qui était son sex appeal
Est à présent sa gouttière.

Puis Lord Carnarvon fit son apparition et commença par me prendre pour Cyril Connolly. Une demi-heure plus tard, un majordome apparut lui aussi et s'excusa pour la sonnette qui ne fonctionnait pas.

Carnarvon était vêtu avec élégance d'un pantalon de serge, d'une veste de tweed verte et chaussé de chaussures de golf brunes impeccablement cirées, à semelles cloutées. Sa façon de parler rappelait Willie Whitelaw (pour l'intonation et l'air bravache) et le comte Mountbatten (pour la voix de stentor).

« Ah, la petite-fille de Vera, s'exclama-t-il. Je n'en reviens pas ! Surtout, si vous désirez quelque chose, demandez, et vous serez exaucés. Êtes-vous mariée, heureuse, avec une ribambelle d'enfants ?

« Non, je suis divorcée, dit Lady Reay.

— Bon, bon. Ah, chère Vera... Eh bien posez-moi toutes les questions que vous voudrez. C'était la femme la plus brillante de son temps. Absolument adorable. On la prenait toujours pour Gwladys Cooper, ce qui je crois lui faisait énormément plaisir car elle aimait beaucoup qu'on l'admire. De toute façon, je ne connais pas de femme qui n'aime pas être admirée.

— Avez-vous eu une aventure avec elle ?

— Non, non. Pas du tout. Je n'ai jamais posé la main sur elle. Ça paraît difficile à croire, mais je crois que la chère Vera n'a jamais couché avec personne de bon cœur.

« Ce qui lui plaisait, c'était le tir au fusil (elle a probablement dû tirer aussi au pistolet, mais en tout cas au fusil). Si, comme ça, au cours de la conversation, on lui disait : "Vera, j'aimerais bien que vous m'accompagniez dans le delta du Mékong", elle demandait : "Où est-ce ? Du côté de Tombouctou, par là ? Il y aura des crocodiles ? — Oui, ma chère, absolument garantis. — Va-t-il falloir dormir sous des moustiquaires ?" Et moi, je répondais : "Oh, je n'ai pas demandé. — Mais si, je suis sûre qu'on dormira sous des moustiquaires. — Est-ce un endroit civilisé ? — Non. Pas civilisé du tout. — Oh, alors je serais ravie d'y aller !" Enfin... c'est juste un tableau, comme ça. »

Tessa Reay lui dit que sa grand-mère avait voyagé dans des pays qui semblaient fort lointains à l'époque, la Birmanie et les Philippines, et qu'elle avait mangé de la chair humaine. « Oh, mais je n'en doute pas », répondit Lord Carnarvon.

« Je ne me serais jamais douté qu'elle était amoureuse de Lord Moyne, poursuivit-il. J'imagine que Vera a dû se dire : "Il faut que je sois très gentille avec ce Walter." Je n'arrive pas à imaginer Vera tombant amoureuse. Je n'ai jamais pu mettre en question sa fidélité. C'était le genre de femme incapable de heurter les sentiments de quelqu'un. Elle devait se dire : "Walter est fou de moi et je ne veux me disputer ni avec lui ni avec personne." Mais pour moi, il est impensable qu'elle se soit abandonnée spontanément à un homme. Chère Vera. Je crois que le sexe ne l'intéressait pas.

« Quant à Jock, poursuivit Lord Carnarvon, à mon sens c'était un homme faible. Il n'était en aucune façon un homme courageux. » Il se pencha en avant pour donner plus de poids à ses paroles, et on voyait bien que le mot « lâche » lui brûlait les lèvres. « Je crois que je le connaissais mieux que personne. Il avait peur d'être envoyé sur le front en France, et il a simulé une insolation. Au fond de lui, c'était quelqu'un de malhonnête et il était assez fat.

« Lorsque Vera voulait sortir avec Lord Moyne, il lui disait : "Amuse-toi bien. Tu as ma bénédiction. Je te verrai à ton retour." Ce qui ne veut pas dire qu'il ne se sentait pas blessé, mais il était trop faible pour s'y opposer ; c'était un mari complaisant.

« Vera, elle, devait s'ennuyer avec lui (il faut dire qu'il n'était pas très drôle) il ne racontait pas d'histoires amusantes ou de choses comme ça. Il parlait même rarement. C'était un type très ordinaire, habillé avec élégance, la moustache bien taillée. Très gentil. (Les hommes les mieux habillés de leur époque, c'était d'abord moi, en premier, puis Broughton, Jock Buchanan Jardine, Hugo Londesborough et Burghie Westmorland.) Jock était peut-être un peu fat, mais surtout complètement idiot, si vous voulez mon avis.

« Je déteste dire du mal des gens, et je ne le fais jamais, mais là, j'ai raison. Il n'avait pas beaucoup de matière grise.

« Vous voulez savoir ce à quoi Jock tenait par-dessus tout ? A aller aux toilettes tous les matins. Juré craché ! »

Je suggérai qu'à l'époque où il partit pour le Kenya, Broughton devait être ruiné, ou qu'au moins il connaissait de sérieuses difficultés. « Mais bien sûr, dit Carnarvon. A Doddington, il vivait sur un grand pied. Il pariait et il perdait. Mais en plus, il s'est comporté de façon malhonnête. Il préférait escroquer dix livres qu'en gagner cent honnêtement. A l'insu de Vera et des enfants, il avait vendu des objets et des tableaux qui ne lui appartenaient pas, qu'il n'avait pas le droit de vendre. Oui, oui, parfaitement. Seuls les gens faibles succombent à la tentation d'être malhonnêtes. C'est un fait. Bon... si un pauvre diable dérobe un petit pain dans une vitrine parce qu'il meurt de faim, ça je peux le comprendre, mais Jock n'a jamais eu faim. Je crois qu'il devait avoir honte de revenir en Angleterre, car il savait parfaitement qu'il avait fait quelque chose qui lui aurait valu la prison si on l'avait découvert. Je suis sûr qu'il y pensait. »

Pourquoi, demanda Tessa Reay, son grand-père avait-il pris tant de risques pour continuer de s'offrir ses extravagances ? « Parce que, ma chère, une fois qu'on a commencé à vivre d'une certaine façon, on s'y habitue, répondit Carnarvon. Il est très difficile d'abandonner. Seuls des hommes forts en sont capables. Ce n'était pas un homme fort, et je suis certain qu'il était bien décidé à garder ses habitudes jusqu'à la fin de ses jours. »

Nous traversâmes l'immense salle à manger pour aller prendre notre déjeuner. Lord Carnarvon se trouvait face à un tableau monumental de Van Dyck, représentant Charles Ier à cheval. « Erroll ? Je l'ai connu, dit Lord Carnarvon. Un chaud lapin ! Un des plus chauds lapins de sa génération, un des plus grands sauteurs de tous les temps.

« C'était *le coureur par excellence*. Un homme très attirant. Il a décroché pas mal de beaux petits lots au Kenya. »

Nous déjeunâmes de raviolis, d'agneau de Highclere accompagné de pommes de terre nouvelles et de fraises. « Ce sont des Gorellas, expliqua Lord Carnarvon. Des fraises de Hollande. Elles sont meilleures que les Cambridge. Pas aussi juteuses, mais elles donnent bien.

« Erroll trompait Diana avec Alice de Trafford, poursuivit-il. Leur liaison n'était pas du tout terminée. Quant à Jock, je crois qu'il n'avait pas le cran de tuer quelqu'un. Avec sa main il aurait raté un éléphant dans un couloir. Un épouvantable mauvais tireur. Incapable de soulever le moindre poids. Il n'aurait même pas pu tenir un revolver d'ordonnance. »

Mais pourquoi a-t-il épousé une femme tellement plus jeune que lui, une femme qui en outre n'était pas très bien acceptée par ses amis ? Était-il amoureux de Diana ?

« C'était un homme faible, et donc je dirais qu'il aimait les femmes jolies.

« Ce n'était pas un grand séducteur. C'était le genre à aller apporter une boîte de chocolats dans la chambre d'une fille, et de se vanter du reste ; que Diana ait été ou non jolie à l'époque ne change rien, elle ne m'a en tout cas jamais plu, mais ça c'est une autre histoire. Ha !

« Et puis, comment savoir ! Ce qui plaît à l'un ne plaît pas forcément à l'autre. Par exemple pour moi, les mains sont très importantes, les ongles sont très importants. Après tout, c'est avec ses mains qu'une femme caresse un homme. Alors l'idée d'être touché par quelqu'un qui se ronge les ongles... bêêêê... ça me répugne. Mais non, ma chère, ne regardez pas vos ongles. Ils ne sont pas rongés. C'est ridicule.

« C'est l'une des premières choses que je regarde. J'accorde une grande attention aux mains. Ce n'est pas le cas de tout le monde. J'ai connu plein d'hommes qui s'en fichaient, qui couchaient avec des femmes qui avaient des mains abominables. Moi, ça m'est égal. Tout le monde est différent.

« Mais je ne fais pas attention qu'aux mains, j'observe aussi beaucoup les jambes. Si les femmees ont des jambes affreuses, des jambes grosses... je sais bien, les pauvres, ça n'est pas leur faute. Elles sont nées comme ça. Mais enfin, moi, Carnarvon, je suis comme ça : ça m'a toujours dégoûté. »

Tessa Reay demanda alors : « Et quand une femme perd sa belle apparence ? Que se passe-t-il ?

— Terminé ! » répondit Lord Carnarvon.

Nous nous écartions de notre sujet, mais en même temps je me demandais si c'était ainsi que s'exprimaient Broughton et ses contemporains.

« De mon temps, poursuivait Lord Carnarvon, j'ai connu de nombreuses femmes magnifiques, mais bêtes comme tout, sans la moindre cervelle, et je me disais : "Je vais t'en filer un bon coup et je vais bien m'amuser."

« Ma première femme était plutôt belle. Tilly (Losch, l'actrice, seconde femme de lord Carnarvon) était vraiment très belle. Elle possédait quelque chose de très rare : des yeux verts avec des pupilles couleur d'ambre. C'est le genre de choses que l'on ne voit qu'une fois dans sa vie. Et elle avait des cheveux blond foncé, je crois qu'on appelle ça un blond vénitien. On ne peut pas dire qu'elle avait de très longues jambes — elle est morte à présent — et pourtant elle avait été danseuse au ballet impérial de Vienne. Ça développe les mollets et les cuisses. Allez-y, régalez-vous ! Reprenez de la crème. Tout ce que vous voulez. Arrivez à jeun et repartez soûl, c'est ce que je dis toujours à mes hôtes ! »

Après le déjeuner, il nous conduisit dans un immense salon rempli de livres richement reliés en cuir et de meubles magnifiques. Je lui demandai l'origine d'un de ces meubles. Français ? italien ? « Je ne saurais vous le dire, me répondit-il. Ils étaient déjà tous là à mon arrivée. » Il me montra néanmoins un fauteuil et une table sur laquelle, d'après lui, Napoléon aurait signé son abdication à l'île d'Elbe. « Vous voyez ces éraflures sur le bras du fauteuil ? On dit qu'elles ont été faites par ses ongles. De rage. A l'époque, c'était du bois tendre. » La pièce dans laquelle nous nous tenions avait été sérieusement endommagée par un incendie quelques années auparavant. Les rosaces en stuc qui ornaient le plafond — « les macarons » comme les appelait Lord Carnarvon — avaient besoin d'être remplacées. Il se trouvait à l'étranger lorsqu'il avait reçu un télégramme de l'entrepreneur chargé des réparations : 150 livres par macaron. « J'ai aussitôt renvoyé un télégramme, lança Lord Carnarvon : "Pas de macarons." »

Lord Carnarvon vendit ensuite à Tessa Reay pour 5,95 livres un exemplaire de *No Regrets*, inscrivit la somme sur un registre et disparut. Longtemps après, Tessa Reay partit à sa recherche, et j'entendis sa voix dans quelque couloir éloigné : « Lord Carnarvon ? Lord Carnarvon ? Où êtes-vous ? » Il revint au moment même où nous repartions pour Londres.

17

Palaces et apparences

C'est à partir de son acquittement que notre enquête sur la personnalité mystérieuse de Delves Broughton commença de devenir réellement passionnante. Il n'avait pas réagi tout de suite à l'énoncé du verdict. Le juge remerciait déjà le jury, le dispensant de toute tâche ultérieure, lorsque l'on vit le visage de Broughton s'éclairer de joie, puis, alors qu'il sortait de la salle d'audience, on l'entendit dire à Harragin : « J'ai peur de vous avoir glissé entre les doigts. » Prévoyant la nature du verdict, Diana et Kaplan avaient organisé une réception pour Broughton chez Kaplan. Un des invités se souvient des éclats de rire qui saluèrent les paroles de June Carberry, lorsque celle-ci, levant son verre de cognac, déclara : « Rien n'est trop bon pour notre vieux copain ! »

Quelques jours plus tard, Broughton envoya une lettre circulaire à ses amis en Angleterre, dans laquelle il fit état de l'accueil triomphal qu'il reçut à l'issue du procès, circulaire à laquelle il joignit la lettre de félicitations que lui avait envoyée Morris. (A son retour à Johannesburg, on demanda à Morris qui, à son avis, pouvait bien être le meurtrier. « Mon Dieu, j'ai oublié de demander ! » répondit-il.) Broughton fit une centaine de copies de chaque document. Visiblement, il cherchait à étouffer les allures de scandale qu'avait prise son affaire, à la réduire aux dimensions d'une simple parenthèse dans son existence, d'une anecdote amusante à raconter à ses amis :

« J'aimerais vous raconter le côté secret de l'histoire, mais ce serait censuré, alors c'est inutile.

« Ce fut une affaire ridicule et j'ai été la victime d'un malheureux concours de circonstances... J'ai été détenu du 6 mars au 1er juillet et ne me suis jamais senti ni inquiet ni déprimé et je suis tout le temps resté en pleine forme. Comme j'étais en détention préventive, je pouvais me faire apporter ma nourriture et mes boissons et toute la lecture et le tabac que je voulais, mais je n'avais pas le droit à l'alcool, ce qui ne m'a pas affecté le moins du monde. J'avais de nombreuses visites, j'ai toujours marché deux heures tous les jours et jamais je ne me suis senti mieux qu'en prison.

« Un codétenu faisait le ménage dans ma cellule et je n'avais pas à me plaindre des conditions de détention, excepté de l'étroitesse de la cellule (dont les murs étaient blanchis à la chaux), qui mesurait 3 m sur 2,5. J'avais un lit très confortable et n'ai pas passé une seule nuit blanche.

« J'ai beaucoup lu et beaucoup joué.

« Le procès, la plupart du temps, a été d'un ennui terrifiant, surtout les témoignages et les contre-expertises balistiques.

« Je suis entré dans le box un jeudi et j'en suis sorti le jeudi suivant, ce qui fait cinq jours pleins, dont trois et demi au cours desquels j'ai été soumis à l'interrogatoire de l'avocat général.

« Ils ne m'ont jamais ébranlé ni ne sont arrivés à me faire me contredire ; je trouvais la plupart des questions bien futiles, et il était facile d'y répondre, mais il fallait faire fonctionner sa cervelle et il fallait rester sur le qui-vive.

« Ici, on n'enferme pas le jury jusqu'à la délibération finale, et à ma grande honte, je dois avouer que ce fut la seule fois où je me suis senti anxieux. Je n'arrivais pas à m'asseoir bien longtemps, vers la fin, et pendant trois heures et vingt-cinq minutes j'ai fait les cent pas de long en large.

« Lorsqu'à 21 h 15 le verdict a été rendu, un soupir de soulagement a parcouru la nombreuse assistance ; certains ont applaudi.

« Il m'a fallu dix minutes pour me rendre compte que j'étais un homme libre ; un grand nombre de gens, contenus par la police, voulaient me serrer la main.

« Dès le début, j'avais pratiquement tout le pays derrière moi.

Accompagné de quelques amis, je gagnai en voiture une maison où Diana m'attendait. Je n'avais pas voulu qu'elle assiste à la dernière audience. Pour elle, la pauvre, l'épreuve a été plus dure que pour moi.

« Nous avons alors fait la fête, qui a duré jusqu'à très tard dans la nuit.

« Je ne me suis jamais senti mieux ni plus heureux que le lendemain. Ni ma santé ni mon moral n'avaient été affectés, et, sauf le dernier jour, je n'avais jamais été anxieux.

« Le plus ennuyeux c'est qu'il m'en a coûté cinq mille livres dont je n'ai pas le premier sou. Et, comme le ministère public n'a jamais tort, je ne pourrai rien en récupérer.

« J'ai eu le meilleur avocat d'Afrique, Morris, de Johannesburg.

« J'ai compris que lorsque sa vie est en jeu, on ne peut se permettre de regarder à la dépense, et il y avait en outre la nécessité de laver mon nom de toute tache, par respect pour ma famille.

« Dans son ensemble, le personnel de la prison a été la gentillesse même. Il y a souvent plus de charité en prison qu'à l'extérieur.

« Ainsi se termine ce qui aurait pu devenir, s'il n'y avait pas eu la guerre, un procès historique ; je crois tout de même que Josslyn Erroll (vingt-deuxième comte du nom), haut connétable héréditaire d'Écosse, qui, dans les cérémonies officielles en Écosse marchait immédiatement derrière le roi et la reine, et devant les autres pairs, y compris les ducs, je crois que Josslyn Erroll a été le premier comte à mourir assassiné depuis Bosworth*, l'amant de Mary, reine d'Écosse, sous le règne d'Elizabeth.

« Sa famille a été liée à la famille d'Écosse, ses membres ont souvent épousé des membres de la famille royale, et ses origines remontent fort loin dans les brumes de l'histoire de l'Écosse. »

Broughton serait-il en train de se vanter ? Pas la moindre mention de la tragédie qu'a été la mort d'Erroll, ni une ombre de tristesse pour la perte d'un « grand ami », ni la moindre référence aux circonstances inexpliquées du crime.

* Broughton se trompe. Il doit sans doute faire référence au comte de Bothwell, qui est devenu le troisième époux de la reine Mary. Bothwell organisa le complot des poudres, dirigé contre le deuxième mari de la reine, Lord Darnley, en 1567 (Darnley mourut pourtant étranglé par quelqu'un d'autre). Bothwell est mort fou quelques années plus tard dans un cachot danois.

Dans sa lettre d'accompagnement à Lady d'Avigdor-Goldsmid, Broughton écrivit :

« Depuis que la malchance s'est abattue sur moi, Diana a été la loyauté même à mon égard, et ce qui est arrivé avec elle était en grande partie ma faute, à cause notamment de mon mauvais caractère... (Broughton ajoute ici quelques lignes à propos des « désillusions » de Diana avec Erroll et des « révélations » qui ont été faites depuis lors à son propos.) J'ai alors décidé que la seule chose à faire c'était de reprendre notre vie comme s'il ne s'était rien passé, et je suis parfaitement heureux. Nous allons partir à Ceylan où j'ai un certain nombre d'affaires à régler... »

Sa lettre se termine sur une note inquiète, une question qui revient dans toutes les lettres de cette période qui me sont tombées sous les yeux :

« Écrivez-moi, ma chère, et dites-moi sincèrement comment les gens ont réagi à cette affaire, là-bas, en Angleterre, et si vous pensez qu'il me sera possible de revenir après la guerre et de reprendre ou non une vie normale. Le côté le plus affreux de cette f... histoire, c'est que ma vie privée a été largement étalée au grand jour... »

Après l'épreuve du procès, l'idée d'un long voyage en mer jusqu'à Ceylan en compagnie de Broughton a dû paraître insupportable à Diana. Leur relation était dès lors empoisonnée par la culpabilité et le soupçon, et Diana n'avait pas seulement peur de lui, elle le méprisait aussi. Mais elle n'avait pas d'autre choix que de le suivre. Pourtant, Broughton devait bien se rendre compte qu'après tout ce qui s'était passé, ce voyage prenait pour elle des allures de torture.

Vers la fin du mois d'août, à un moment où les Alliés se trouvaient particulièrement en difficulté en Europe et en Afrique du Nord, Broughton, qui se trouvait alors en Inde, écrivit à un ami en Angleterre :

« Lorsque je me trouvais en Inde en 1927, le nabab de Bhopal (qui est musulman) était le meilleur joueur de polo du monde. Nous sommes restés un moment à Bhopal puis nous nous sommes rendus dans son palais de la campagne, à quatre-vingts kilomètres de là, où il donnait une très belle fête (il n'y avait que des Indiens). Il y a là deux adorables piscines et il possède un nombre incalculable de chevaux. Il y a aussi des courts de tennis, etc. Après le dîner, une quinzaine de personnes se sont mises à danser dehors, sur un parquet que l'on avait sorti spécialement. Au dîner, j'étais assis entre la Begum (sa femme) et une ravissante (un mot manquant) d'une vingtaine d'années. Tout le monde parlait anglais à la perfection. Nous nous sommes rendus là en train. C'est un "palais" merveilleux ; nous avions six grandes pièces et quatre serviteurs qui veillaient sur nous. Nous prenons nos déjeuners et nos dîners avec Son Altesse, qui nous a aussi emmenés visiter la région en voiture, nous a montré ses trois autres palais et nous a fait faire une promenade sur le lac en bateau à moteur. Ce lac est distant d'environ soixante kilomètres et nous avons aperçu deux tigres et... trois léopards qui venaient s'y abreuver. Cet endroit semble à des millions de kilomètres de toute guerre. Il n'y a pas d'Européens et la vie se déroule de la même façon qu'il y a mille ans, si l'on excepte les voitures de Son Altesse, les bateaux à moteur et le confort moderne dont disposent ses palais. La ville est très pittoresque avec des vaches (sacrées) partout dans les rues. Il y a aussi des paons et des singes partout. Son Altesse possède la plus belle collection de perles du monde et des montagnes d'autres pierres précieuses. Il nous a tout montré l'autre soir. Sa collection est évaluée à huit millions de livres. »

Vers la fin du mois de septembre, Broughton et Diana étaient de retour au Kenya ; Broughton avait commencé d'écrire fréquemment à Mme Woodhouse. En novembre 1941, il écrivait :

Chère Marie,

Je n'ai pas reçu un mot de vous depuis votre télégramme de félicitations. Avez-vous reçu la longue lettre qui accompagnait mes notes sur le procès ? Après l'acquittement, je me suis rendu à Ceylan et en Inde pour y régler quelques affaires et je suis rentré ici à la fin du mois de septembre. J'ai passé des moments délicieux dans les deux pays où j'ai été somptueusement reçu. C'est avec un certain humour que j'ai apprécié le fait d'être particulièrement choyé, à Ceylan, par le Lord Chief Justice*, qui avec le plus grand respect, n'arrêtait pas de me donner du « monsieur ». Dans les deux sens, j'ai pris les navires de la compagnie Bank. Ces bateaux sont très confortables, la nourriture est bonne et les stewards efficaces. Vous souvenez-vous de l'effet que vous avait fait ce petit homard que nous avions pris sur le bateau, à Southampton, au début de

*L'équivalent, à peu près, d'un premier président de cour d'appel *(NdT)*.

notre voyage pour Madère ? Je me suis mis à l'agriculture à grande échelle, j'ai mis en culture cinq cents hectares de blé, je vends pour 200 livres sterling de lait tous les mois et j'ai garanti au gouvernement la production d'un millier de porcs par an et d'une tonne de légumes par semaine. Je travaille donc toute la journée et tous les jours. De nos jours, l'agriculture est devenue horriblement difficile. On ne peut pas obtenir de pièces détachées pour les machines et on ne trouve pratiquement rien dans les boutiques. Heureusement, le climat est idéal et la main-d'œuvre bon marché. Je paye mes ouvriers agricoles huit livres par mois, ce qui permet d'en engager une vingtaine.

J'ai une très jolie petite maison à environ vingt kilomètres de Nairobi, avec un jardin absolument divin. La main-d'œuvre est si bon marché que je peux employer vingt jardiniers pour le prix d'un seul en Angleterre. J'ai dix hectares de parc avec un court de tennis (en terre battue), une piscine, trois chevaux, six chiens, deux singes, deux guenons et des paons. On a une vue délicieuse sur les collines de Ngong.

J'ai affreusement le mal du pays. Écrivez-moi pour me dire ce que les gens là-bas pensent de mon affaire. J'ai hâte d'avoir des nouvelles de ma chère amie.

Transmettez mes tendres amitiés à Jim.

Avec toute mon affection. Jock.

L'idée de retrouver sa position tournait à l'obsession. Il avait déjà déclaré à son geôlier qu'il se suiciderait si ses amis d'Angleterre le rejetaient. Deux semaines après le crime, un peu avant son arrestation, il avait senti les premiers signes d'ostracisme. Il déclara en effet à l'audience : « M. Wheelock (son agent), M. Hopcraft (son associé), ainsi que M. et Mme Carberry sont venus me voir, mais je n'ai retrouvé à mes côtés aucun de mes autres amis. » Soames, comme nous l'avons vu, avait quitté le pays. Les Carberry étaient partis pour Johannesburg peu de temps après le procès. Dickinson avait été envoyé en Abyssinie, Pembroke et Lezard au Caire. Quant à Gwladys, après sa déposition au procès, mieux vaut ne pas en parler.

Et tandis que du White, Carnarvon envoyait son télégramme de félicitations, de l'autre côté de la rue, au Brook's Club, on prenait les paris. A la date du 25 mai 1941, le registre des paris du club porte ceci :

« Son Altesse le duc de Saint-Albans parie cinq livres à Sir Mark Grant Sturgis que Sir Delves Broughton sera pendu pour le meurtre du comte d'Erroll. »

Broughton avait pourtant l'impression que son acquittement allait changer tout cela. A son retour de Ceylan, il espérait être tout à la fois un héros populaire et une célébrité. Mais, Kaplan en témoigne, Diana et lui furent ignorés et mis en quarantaine par tout le monde. On voyait en Diana la femme scandaleuse qui avait jeté l'opprobre sur la communauté tout entière. On ne se gênait pas pour parler d'elle en public en termes injurieux, et ce n'était plus seulement le fait des notables : à une ou deux exceptions près, toute la bande des anciens officiers sortis des écoles privées était maintenant contre elle. Broughton, que l'on considérait d'un œil soupçonneux, était devenu persona non grata. Bill Allen, qui en juin 1941 avait quitté Addis-Abeba pour une permission, écrit : « J'ai compris que fréquenter les Broughton était très mal vu par Lord Francis Scott, qui était alors secrétaire aux Affaires militaires. »

L'excommunication fut rondement menée. Le comité directeur du club Muthaiga fut le premier à accomplir son devoir et à prononcer leur exclusion. Dans une histoire du club qu'il se propose de publier, un ancien membre, qui a tenu à garder l'anonymat, rapporte ainsi la réunion du comité au cours de laquelle fut décidée l'exclusion des Broughton :

« Avant la réunion du comité en 1941 et avant l'assemblée générale annuelle, Lord Erroll a été assassiné. A l'époque, il vivait au club et son cadavre a été découvert dans une voiture, après qu'il eut quitté Karen où il avait dîné (sic). Dans sa jeunesse, sa carrière a été mouvementée, et il a plusieurs fois eu maille à partir avec le comité du club ; dernièrement, il avait accompli un travail remarquable comme secrétaire du Comité kenyan de recrutement militaire. Les circonstances de la mort de Lord Erroll, la qualité et la célébrité des gens impliqués dans cette affaire, le fait que Lord Erroll était membre du club, ont attiré sur celui-ci une publicité tapageuse et malsaine. Cela a duré pendant des mois, notamment lors du procès pour meurtre intenté contre Sir Delves Broughton.

« Alors que la guerre fait rage, on a évoqué une société kenyanne incapable de s'arracher à un mode de vie frivole et dissolu. De manière fort compréhensible, le comité du club a été extrêmement gêné par des événements dont il ne pouvait influencer le cours.

« Cela dit, lorsqu'après l'acquittement de Sir Delves Broughton une réception a été donnée au club, le comité, après une réunion spéciale, a décidé de réagir vigoureusement face à des comportements qui ne pouvaient qu'entacher la réputation du club. »

Quelles que fussent ses bonnes intentions, l'auteur ne pouvait dissimuler totalement la vérité. En réalité, on déclara franchement aux Broughton que leur présence n'était plus souhaitée au club Muthaiga. L'auteur de ces mémoires m'expliqua à part que le principal reproche qu'on leur fit fut « d'avoir célébré au club lui-même l'acquittement d'une personne accusée du meurtre d'un membre du comité du club ».

La vie prit dès lors un cours dramatique pour le couple. Broughton se trouvait confronté à ce qu'il redoutait le plus : la solitude et l'anonymat ; ses lettres, à partir de cette date, trahissent la dépression naissante. De manière significative, peut-être, il se mit à parler d'Erroll. A Marie Woodhouse, il écrivit : « J'ai toujours bénéficié de la sympathie de l'opinion publique, car ce briseur de ménages professionnel avait de nombreux ennemis ; au Kenya, on disait même : ''Celui qui a fait ça mérite une médaille.'' » Ce thème, il allait le reprendre souvent par la suite. Il commençait aussi à regretter de s'être séparé de Vera, faisant ainsi écho à la conversation qu'il avait eue avec Gwladys le jour des obsèques. A un autre de ses amis anglais, il écrivait : « Depuis ma séparation d'avec Vera, après vingt-sept ans de mariage, je n'ai jamais eu de chance. Ça ne nous a porté chance à aucun des deux. » (Broughton fait ici allusion au fait que Moyne refusait toujours d'épouser Vera.)

Le travail que Broughton décrit était en fait peu absorbant : un travail de bureau routinier à Nairobi, tandis que son agent Wheelock et son associé, Hopcraft, dirigeaient le domaine du lac Naivasha et la plantation de café de Spring Valley. En fait, son travail de bureau s'interrompit vers la fin de l'année 1941. Lorsque, de façon incroyable, Broughton emménagea dans la maison d'Erroll, il prouva que ni lui ni Diana ne parvenaient à se déprendre de son souvenir. Il loua donc le Djinn Palace, sur les bords du lac Naivasha, qui était vide depuis la mort d'Erroll. Il chercha même à l'acheter aux administrateurs de biens, mais il ne put réunir la somme nécessaire. Le portrait d'Erroll, en costume du sacre, se trouvait toujours en haut des escaliers. De nos jours, on voit encore dans le hall un tableau représentant Molly Ramsay Hill étendue sur un canapé.

Le domaine que Broughton possédait près du lac Naivasha ne pouvait justifier un tel déménagement. La maison, dont le jardin descend en pente raide jusqu'au lac, ainsi que les environs, sont d'une beauté inoubliable. Mais le lac Naivasha, maintenant comme à l'époque, est un endroit étrange et isolé d'où émane une impression de solitude et de danger. Une brise fraîche souffle des Aberdares, et l'on se noie toujours dans ces eaux plus profondes chaque année et qui n'en paraissent pas moins paisibles et sans piège. Broughton était-il venu en ces lieux mettre à l'épreuve sa propre solitude désespérée ? Il allait être effroyablement malheureux dans cette maison, tandis que son mariage avec Diana se mourait avec une effroyable lenteur.

Un jour, Broughton alla rendre visite à Paula Long, hospitalisée à la suite d'un grave accident de voiture. Il lui confia sa principale inquiétude : d'avoir à quitter les clubs dont il était membre (le Turf, le Guard's, etc.) à son retour en Angleterre. Elle trouva cela bizarre, mais « typique de son caractère mondain et vaniteux ». D'après lui, on avait rendu un fier service à la société en tuant Erroll (récurrence de sa nouvelle obsession), et Erroll « l'avait bien cherché ». En observant Broughton, elle fut convaincue que c'était lui-même qu'il cherchait à justifier et qu'en fait, il avouait être le meurtrier. Ce soupçon lui était déjà venu au cours du procès. Elle s'était souvent promenée avec lui et le jugeait « excellent marcheur ». Mais pour elle, la pièce à conviction essentielle était cette chaussette de golf tachée de sang et à moitié calcinée découverte dans les cendres du feu de jardin. Broughton avait en effet déclaré qu'il ne portait jamais de chaussettes de golf, alors que Mme Long non seulement se souvenait qu'il en portait « tout le temps », mais encore elle possédait une photographie pour le prouver.

Broughton, dit-elle, était un personnage pathétique dont la fierté avait été blessée par Diana et Joss Erroll, et qui s'était aussi révolté parce qu'il ne savait jamais ce que l'on complotait contre lui. Diana le rendait fou et furieusement jaloux, même après le procès. Elle décrivit Erroll et Diana dansant « collés l'un à l'autre comme s'ils étaient en train de faire l'amour. C'était un véritable coup de foudre, et Broughton avait l'air bien misérable ».

Elle imaginait donc que Broughton avait voulu poursuivre dans la voiture d'Erroll une discussion déjà entamée à propos de son divorce d'avec Diana (la veille du meurtre, il avait déjà choisi l'intimité de la voiture d'Erroll pour une discussion identique). Au cours du trajet, Erroll avait dû dire « quelque chose de blessant », alors Broughton était sorti et avait tiré sur lui, soit par la portière ouverte, soit par la vitre. A son avis, il avait pu sans difficulté rentrer chez lui en marchant ou en courant. En fait, comme June avait presque certainement inventé l'alibi de Broughton, il avait pu prendre tout son temps pour regagner sa maison.

A y regarder de plus près, les suppositions de Paula Long sont parfaitement vraisemblables. La plupart des choses qu'elle a racontées à Connolly et à moi quelques années plus tard ont montré qu'elle possédait une intuition remarquable et une très grande connaissance des personnes et des événements de ce temps, qualités bien connues de son entourage.

Les Broughton ne connaissaient presque personne autour du lac, et même dans cette petite communauté où les gens étaient très liés, on les traitait comme des parias ; seul un homme extraordinaire, Gilbert Colvile, faisait exception.

Colvile, fils unique du général Henry Colvile de Lullington Hall, Derby, avait été à Eton le condisciple de Broughton et de Lord Francis Scott. Il était devenu le plus africanisé de tous les admirateurs des Masaïs, et c'était l'un des plus grands éleveurs du pays. Gauche, de petite taille, le menton fuyant, c'était aussi un homme avare et un ermite qui vivait dans des conditions sordides au milieu de ses nombreux chiens, tandis que dans sa maison régnait l'odeur âcre de fumée des *boma* masaï. Il se vêtait ostensiblement avec pauvreté et s'y connaissait en élevage aussi bien que les Masaïs eux-mêmes. Il devint rapidement le protecteur officiel de Diana, non tant contre l'hostilité de la communauté que contre Broughton lui-même, devenu misérable et agressif, et dont le caractère semblait de plus en plus altéré par l'alcool.

A partir de là, Diana va faire montre de talents inégalés dans l'art d'opérer la transition entre un mari et le suivant, avec souvent en coulisses la présence d'un cavalier de ses soirées dansantes. Connolly devait recevoir une lettre écrite le jour de Noël 1969, et qui apportait un témoignage sur cette période. La lettre, postée dans le Hertfordshire, venait d'Albert Andrew.

Cher monsieur Connolly,

J'ai été passionné par la description que vous avez donnée du meurtre d'Erroll, et je compte bien commander l'autre livre écrit sur le sujet, s'il est toujours disponible. Comme cette affaire semble visiblement vous passionner, j'ai tenu à vous faire connaître le peu que j'en sais. J'aurais seulement aimé être plus précis quant aux dates. Vers le mois de mars 1942, je vivais chez les McCrae qui possédaient un bungalow sur les bords du lac Naivasha. Nous avions appris que les célèbres Delves Broughton avaient emménagé dans le secteur, et Mme McCrae, Margaret, sa fille, et nos voisins, le capitaine et Mme Ralston, espéraient bien ne pas être contraints de les recevoir. (Lady Diana Broughton était toujours désignée par : « cette femme-là ».)

Et puis un jour (je crois que c'était au début du mois d'avril), je me trouvais seul dans la maison en compagnie de Mme McCrae, lorsque l'un des domestiques africains vint nous avertir qu'une femme blanche se trouvait devant la porte et qu'elle désirait voir la maîtresse de maison. Mme McCrae alla voir et ramena une jeune femme qui s'avéra être Diana Delves Broughton. Elle était fort effrayée, car son mari venait de faire une chute de cheval. En compagnie de deux indigènes, je me rendis à l'endroit qu'elle nous avait indiqué, et je trouvai Sir Delves Broughton étendu dans les broussailles, et qui visiblement souffrait. Il nous fallut retourner à la maison pour confectionner un brancard car il était intransportable autrement ; mais entre-temps, Mme McCrae avait dû téléphoner à la Croix-Rouge de Naivasha et ce sont eux qui sont venus le chercher.

Après cela, Diana vint remercier Mme McCrae de son aide, et ils furent petit à petit admis dans le cercle des habitants des bords du lac. Notre petite société a dû leur paraître bien différente de celle qu'ils avaient connue, car bien qu'on y dansât, qu'on y jouât au bridge et au tennis, cela n'avait rien à voir avec la vie que l'on menait dans la Vallée joyeuse. Diana, pourtant, semblait désireuse de nouer des amitiés, et je comprends fort bien comment elle a pu s'installer au Kenya. Elle n'était pas vraiment snob. Son mari, lui, ne venait pas très souvent. Vous dites que la rupture est intervenue en mai 1942, mais je suis sûr de les avoir vus ensemble à un bal donné au Country Club en juin 1942. Je me souviens très bien d'avoir dansé avec Diana et l'avoir raccompagnée à sa table où se tenaient notamment Colvile et Broughton. Y a-t-il pu avoir une brève réconciliation à ce moment-là ? En notre présence, Diana se montrait toujours courtoise avec lui, et je n'ai entendu parler de leur séparation qu'en juillet ou en août, alors que je me trouvais à Nairobi. Tout le monde était désolé, mais nous n'étions pas surpris, car il avait l'âge d'être son père.

Je n'ai connu qu'une seule autre personne parmi celles que vous avez évoquées, il s'agit d'Idina (je crois qu'à l'époque elle s'appelait Idina Soltau). Personne n'était plus réfléchi ni plus agréable qu'elle, et elle n'avait rien d'une snob. Elle cherchait à être gentille avec tout le monde, et elle n'avait pas le moindre préjugé de classe. Elle se montrait exceptionnellement aimable avec les serviteurs.

Franchement, j'ai trouvé plus de snobisme dans les milieux des fonctionnaires, des militaires ou des missionnaires que chez les soi-disant noceurs. Ces derniers accueillaient tout le monde parmi eux, sauf les raseurs. Pour être admis chez eux, il suffisait d'être un joueur passable au bridge et de tenir l'alcool avec une relative dignité. C'était peut-être des fainéants, mais du genre divertissant.

Je vous remercie quand même d'avoir fait revivre les souvenirs d'une des périodes les plus intéressantes de ma vie.

Sincères salutations.

Albert W. Andrew.

Alors que Broughton se trouvait de plus en plus isolé, Mme Woodhouse lui apparaissait comme sa seule amie fidèle. Au début du mois de mai, il lui écrivit qu'il voulait rentrer en Angleterre.

Ma chère Marie,

Votre lettre m'a fait un immense plaisir et j'ai été désolé de ce qui s'est passé avec Jim. Quelle affreuse chose que le mariage. De nos jours, tous les mariages semblent tourner au désastre. Je compte revenir en Angleterre le plus rapidement possible, mais je doute que ce soit possible avant la fin de la guerre. Je me sens bien malheureux ici, à des milliers de kilomètres de tous mes amis.

Écrivez-moi souvent. Vous ne pouvez pas savoir combien vous me manquez.

Puis Broughton fit un voyage mystérieux à Mombasa. On ne sait ni où il résida ni ce qu'il fit, sauf qu'à peine remis de son accident de cheval, il tomba du haut d'un quai de chemin de fer et se blessa sérieusement au dos.

Cet épisode m'a été raconté dans une lettre que m'adressa Mme Molly Hall (qu'à son époque kenyanne on appelait « Woody Hall »), qui vivait alors à Majorque. La lettre, non datée, me parvint en février 1970.

Cher Monsieur Fox,

Lady Nihill (épouse de Sir Barclay Nihill, Chief Justice du Kenya de 1947 à 1950) m'a demandé de vous raconter ce que je me rappelle des derniers jours de Sir Delves Broughton. Avant toute chose, laissez-moi vous dire qu'il n'a jamais avoué avoir commis le meurtre ; voici ce qui s'est passé...

Jane Wynne Eaton (connue sous le nom de « Silver Jane », c'était une aviatrice célèbre en Afrique orientale) qui vivait avec moi à Mombasa lui a demandé à brûle-pourpoint si c'était lui qui avait tué ; il s'est alors souvenu fort à propos d'un rendez-vous qu'il avait et il a tourné les talons. Aucune réponse : ni oui ni non.

Mais par ailleurs il évoquait volontiers cette affaire, sa vie en prison et il insistait sur le fait qu'il n'y avait pas de mobile à ce crime. Il parlait aussi beaucoup de sa femme, Vera. Apparemment, elle était tombée amoureuse de quelqu'un d'autre et espérait que cet homme l'épouserait si elle était libre — de là son divorce ; Jock avait le cœur brisé et voulait partir, mais pas tout seul. A l'époque, nous raconta-t-il, il y avait deux femmes qui auraient pu partir avec lui, mais celle qu'il aimait le plus ne pouvait pas partir, tandis que Diana semblait enthousiasmée à cette idée. Comme vous le savez, on les a forcés à se marier*. A sa sortie de prison, après le procès, il a passé deux semaines à Mombasa. Il arrivait le matin chez moi et demeurait assis presque toute la journée. J'ignorais totalement où il dormait. Comme il évoquait vaguement l'existence d'une tente, je lui suggérai de l'installer sur un bout de terrain attenant à ma maison : il aurait pu ainsi utiliser la salle de bain et mes serviteurs auraient pu s'occuper de lui, mais il me répondit qu'il était bien là où il était.

---

* L'idée (erronée) couramment admise au Kenya était qu'on leur aurait refusé l'entrée dans le pays s'ils n'avaient pas été mariés. Ces faits ont été démentis au procès.

Mombasa grouillait de soldats. Cette histoire de tente est bien mystérieuse. Où aurait-il pu l'installer ? Un Africain est un jour venu le voir — pas un « boy » africain ordinaire — il était très grand et costaud, c'était peut-être un Somali. Il s'avança sur la véranda où nous prenions le café. Je me suis dit qu'il voulait de l'argent.

« Il veut de l'argent pour s'acheter à manger », me dit Jock. Je lui répondis alors : « Finissez votre café et dites-lui de vous attendre à l'office. » Mais je parlais déjà dans le vide. Ils étaient partis. Jock revint plus tard et nous ne parlâmes plus de cet incident. Jock m'accompagna un soir au club pour échanger des livres à la bibliothèque. Il aimait bien aller au club, mais il n'y allait pas seul, bien que le secrétaire lui eût dit qu'il était le bienvenu. Nous prîmes deux whiskies et je le raccompagnai jusque chez moi en voiture. Il pleuvait et je lui offris de le ramener jusqu'à sa « tente », mais il ne voulut pas en entendre parler et refusa même d'entrer chez moi : il voulait marcher ! Je dois vous dire, ici, que ma maison donnait sur le port — devant, il y avait une large route, un accotement herbeux, plutôt étendu, et une tranchée dans laquelle passait une voie ferrée pour de petits trains de marchandises. C'est là qu'il est tombé, juste sur l'allée en contrebas. Il est revenu le lendemain, plâtré du cou jusqu'à la taille ; il avait l'air de beaucoup souffrir. Je l'ai revu quelques semaines plus tard au port, alors qu'il s'embarquait. (Entre-temps, Broughton était retourné à Nairobi.) Il n'avait pas de bagages, seulement un sac de couchage et son matériel de rasage. Il voyageait sur le pont, toujours avec son plâtre.

Je connais bien Diana. J'ai vécu avec elle au Gin (sic) Palace alors qu'elle était mariée avec Gilbert Colvile. A l'époque, j'essayais de m'occuper de Micky Dew (née Grosvenor). Aucune maison de santé ne l'aurait accueillie. C'était une femme très difficile, qui avait toujours un fouet soit à la main, soit posé dans son lit, et dont elle se servait contre ses domestiques.

Je me suis souvent dit qu'un jour elle serait assassinée ! Cela ne me plaisait guère de rester dans cette maison, mais je ne pouvais la laisser, malade comme elle était. Diana et Gilbert sont venus nous voir, un jour, et sans la moindre hésitation ils nous ont emmenées toutes les deux au Gin Palace. Je ne vous raconte ceci que parce que je n'ai pas aimé ce que vous avez écrit à propos de Gilbert Colvile. Il était généreux, timide peut-être, et charmant. Diana allait partout avec lui, au fin fond de la brousse, là où il allait inspecter ses vastes propriétés, compter son bétail, etc. Diana est une femme gentille et chaleureuse.

Il me semble que personne n'ait songé qu'Erroll ait pu être tué par une femme, une femme qui s'est servie d'un revolver à la gare du Nord et a épousé ensuite l'homme qu'elle avait blessé. Une femme qui après la mort de Joss Erroll s'est entortillé la tête dans des mètres de chiffons, s'est couchée dans un lit recouvert de fleurs et s'est suicidée avec un revolver. Elle avait un mobile, si vous estimez que l'amour non partagé est un mobile.

J'aurais aimé vous parler. Il est si difficile d'écrire. Il pourrait en sortir un indice par-ci, par-là, qui pourrait se révéler utile. Par exemple, le mystérieux Africain de Mombasa. Jock le connaissait visiblement depuis des années. Et le revolver perdu ? Quoi de plus facile que de lui donner ce revolver et de déclarer ensuite le vol à la police ? Ce garçon aurait pu facilement se glisser à l'arrière de la voiture, cette nuit où Joss se trouvait dans la maison. J'espère avoir pu vous aider.

Sincères salutations,
M.M. Hall.

La chute du quai, le mystérieux Somali : titubant à travers l'Afrique, Broughton commençait à ressembler à Oreste poursuivi par les Furies. Toujours plâtré, il parvint à revenir à Nairobi pour tenter une dernière fois de faire revenir Diana. Il retrouva Dickinson au bureau de Grogan, et lui demanda d'intercéder en sa faveur auprès de Diana. Dickinson refusa, faisant valoir que Diana ne voudrait jamais le rejoindre ; « les nerfs malades, affaibli par l'alcool », selon le témoignage de Kaplan, Broughton se mit à hurler des menaces contre lui et elle.

En juillet, Mme Woodhouse lui écrivit pour lui annoncer la mort de son mari. Broughton lui télégraphia : « J'arrive immédiatement. » Le 9 août, il lui écrivit de Nairobi :

Chère Marie,

J'essaye de rentrer en Angleterre aussi vite que possible. Je prends l'avion pour Johannesburg, le train jusqu'au Cap, et de là, le bateau. Tout cela est complètement fou et peut prendre six mois.

Quand je rentrerai, si je rentre, je vous contacterai immédiatement. J'ai hâte de vous revoir.

Avec toute mon affection.

Jock

Je rentre seul.

Broughton finit par partir pour Mombasa en septembre de cette année-là.

18

Huîtres et perles

L'ami de Diana, Hugh Dickinson, apparaît dès lors comme un personnage central de cette histoire. C'était Poppy qui nous avait dit (d'abord en termes assez vagues) que Broughton l'avait menacé, et nous nous rendîmes compte ensuite qu'à tous les moments cruciaux de l'affaire, sauf la nuit du crime, Dickinson était invariablement présent, même s'il ne jouait qu'un rôle mineur. D'une certaine façon, il semblait indispensable aux Broughton.

Ami du couple dès l'époque de Doddington (quoique légèrement à part), Dickinson semblait se rapprocher de Diana au fur et à mesure que le temps passait. Lorsqu'il la retrouva à Mombasa, Diana lui confia son certificat de mariage ainsi que le « pacte » qu'elle avait signé avec Broughton ; ce geste étrange n'a jamais été expliqué. Le trio se reforma dans la réserve masaï à l'occasion du safari qui eut lieu quelques jours après le meurtre d'Erroll. Enfin, avant le départ de Broughton pour l'Angleterre, ce dernier demanda à Dickinson de servir d'intermédiaire auprès de Diana.

Je savais Dickinson toujours en vie, mais il semblait avoir perdu tout contact avec le vieux réseau des Kenyans, et il me fallut des mois pour retrouver sa trace. Les lettres que j'envoyai à son ancien régiment et au bureau des effectifs militaires ne donnèrent d'abord aucun résultat. En insistant, je finis par obtenir l'adresse de sa banque à l'époque de la guerre. Vers la fin du mois d'octobre 1969, alors que la date limite pour la remise de notre article approchait, Dickinson me téléphona, à ma grande surprise, à mon bureau du *Sunday Times*. Il avait reçu ma lettre cette semaine-là et acceptait de me rencontrer. Il était à présent directeur d'une entreprise de nettoyage de bureaux à Londres. Son numéro de téléphone, m'expliqua-t-il, figurait dans l'annuaire sous le nom de jeune fille de sa femme. Je lui donnai rendez-vous pour déjeuner le 5 novembre, au Savoy Grill et envoyai un télégramme à Connolly.

Alors que nous nous rendions à notre déjeuner, j'annonçai à Connolly que j'avais mis sur pied une petite supercherie pour obtenir une photo de Dickinson : à un moment donné au cours du repas, je devais recevoir un coup de téléphone du photographe, qui m'indiquerait ainsi qu'il était prêt à prendre un cliché de Dickinson au moment où nous sortirions du restaurant. Connolly redoutait d'être surpris en train d'utiliser des méthodes journalistiques aussi discutables.

Le menu parvint heureusement à calmer ses appréhensions. Voici un extrait de son carnet :

« Dickinson, 5 novembre (anniversaire de mariage de DB). Savoy Grill (huîtres, perdreaux, rosé !). Dickinson mince, grisonnant, visage rose, traits agréables, tranquille, réservé, nerveux. (En fait, d'après mes propres notes, Dickinson avait les cheveux blonds tirant légèrement sur le roux.) Déteste la publicité. A passé de mauvais moments après le procès. Issu d'une vieille famille du Northumberland. Frère ou beau-frère premier shérif. Parle du Savoy autrefois. Du Kenya autrefois. Propose de raconter toute l'histoire pour 20 000 livres. »

Nous refusâmes l'offre. Dickinson, pourtant, resta. Voici résumé ici l'essentiel de notre conversation.

Il avait rencontré Diana à un cocktail, puis, grâce à elle, Delves Broughton. Il leur rendait fréquemment visite à Doddington (« très confortable, très luxueux »). Il a toujours entretenu sa forme, et pouvait, encore maintenant, jouer douze sets d'affilée au tennis et parcourir de longues distances à la marche. Il était très proche de Diana et leur relation était très chaleureuse mais platonique. Il était vrai qu'il l'avait suivie au Kenya. Diana et lui se considéraient comme demi-frère et sœur. Alors qu'il était militaire, il avait obtenu une permission pour lui trouver une maison, en faisant valoir ce lien de parenté imaginaire, alors qu'il ne cherchait qu'à la rejoindre. Une fois la vérité découverte, à l'occasion du procès, il fut muté en Abyssinie.

Diana était « une femme merveilleuse », qui brillait beaucoup en société. Avant 1940, ses petits amis avaient pour nom Mark Pilkington, Rory More O'Ferrall et Broughton. Ils avaient passé d'excellents moments ensemble, tous les deux, mais cela faisait dix-huit ans qu'il ne l'avait pas revue. Oui, il était possible qu'aux hommes, elle préférât les vêtements et les bijoux. Elle n'avait rien d'une fille facile.

Erroll était le plus grand « athlète » du Kenya, où ils étaient nombreux, et ce fut certainement pour Diana le plus grand amour de sa vie. Il était détesté et sa mauvaise réputation a beaucoup contribué à l'acquittement de Broughton. Il n'y avait aucun doute, répéta-t-il, que Diana aimait Erroll à la folie, et que lui l'aimait aussi, « à sa manière ». Il était toujours tiré à quatre épingles et mieux habillé que tout le monde.

Ce qui caractérisait Broughton, c'était avant tout son esprit tortueux — il aurait même été capable d'écrire des lettres anonymes —, c'était un homme intelligent, pas le moins du monde amer, gai compagnon, amical et bienveillant, mais hypocrite. Il pouvait être charmant avec quelqu'un et le traiter d'horrible vieille vache quelques instants plus tard. C'était le genre à vous taper dans le dos en vous disant que vous étiez un vrai chic type tout en pensant que vous étiez un bonhomme épouvantable. Il était physiquement fou de Diana, mais par la suite (c'est-à-dire au moment de l'affaire Erroll), ils se détestaient. Il était normal qu'un tel amour tournât à la haine. Il ne se souvenait de rien ni d'aucune conversation au cours du safari qui ait pu laisser entendre que Broughton était le meurtrier — de toute façon, ce sujet était inabordable.

Il vit Broughton pour la dernière fois à Nairobi, au bureau d'Ewart Grogan. Broughton était tombé d'un quai de chemin de fer à Mombasa et il avait le torse plâtré. Il l'avait cru un peu cinglé et lui avait dit : Pourquoi ne vas-tu pas passer quelque temps en maison de repos ou quelque chose comme ça ? » Et Broughton avait répondu : « Je ne peux pas vivre sans Diana. Tu la connais bien et tu es le seul qui ait de l'influence sur elle. Ne veux-tu pas aller la voir et tenter de la persuader ? » Dickinson lui avait répondu que rien ne la ferait revenir avec lui et qu'il ne se risquerait pas à le lui demander. Broughton était furieux et se mit à crier. Dickinson répéta qu'il ne pouvait rien faire. Mieux valait se résigner et rentrer en Angleterre. « Il a dit des tas de choses complètement folles au cours de cette entrevue. »

Dickinson reconnut avoir fait passer à Broughton en prison une seringue et de la morphine dissimulées dans une boîte de chocolats, car l'incarcéré lui avait dit vouloir se suicider si l'affaire tournait mal pour lui. Lorsque nous lui suggérâmes que Broughton avait essayé de l'impliquer dans l'espoir de faire revenir Diana, il répondit que Broughton lui en voulait à cause de son amitié avec Diana. Il n'en dit pas plus à ce sujet.

D'après lui, Broughton aurait été moralement, mais non physiquement, capable de commettre le crime, et il ne voyait pas qui d'autre aurait pu le commettre. Lui, Dickinson, en aurait été physiquement capable, mais à ce moment-là, il se trouvait à l'hôpital de Nyali. Une épine de cactus lui avait transpercé le pied (selon Poppy, il s'agissait de coraux), et il avait failli être amputé. Selon lui, l'idée que le coup eût pu être fait par des tueurs africains était invraisemblable, quoique « pour quelques shillings, n'importe quel Africain aurait accepté de disparaître à jamais ». Erroll aurait pris à bord de sa voiture n'importe quel Européen lui faisant signe, mais jamais un Africain.

Dickinson semblait nerveux quand nous évoquions le meurtre ; mais lorsque nous parlâmes des vols, il sembla carrément mal à l'aise. Deux mois avant la déclaration de guerre, il se trouvait dans le sud de la France avec Diana, Mark Pilkington, Rory More O'Ferrall et quelques autres. Pendant qu'ils déjeunaient au restaurant, Dickinson avait laissé les bijoux dans la boîte à gants de la voiture (« il faut être idiot, quand même », etc.). Ils furent tous interrogés par la compagnie d'assurances, mais seul Freddy McIlvray, qui jouait les playboys dans le Midi, alla voir la police. Dickinson ne savait rien des tableaux volés à Doddington.

Le photographe me téléphona comme convenu, puis le déjeuner prit fin. Mais au lieu de sortir par la porte latérale du Grill, face à l'objectif du photographe, Dickinson passa par l'entrée principale de l'hôtel et monta dans un taxi. La seule photographie immortalisant cette journée fut celle de deux journalistes à l'air honteux, Connolly et moi-même, le visage empourpré par le bordeaux, qui sortaient du Savoy Grill.

Dickinson passa ensuite la Noël de 1969 chez son frère Roy, près de Newcastle. Par chance, nous eûmes peu de temps après des échos de cette réunion de famille. La publication de l'article avait fait de Hugh Dickinson le héros du jour, et l'on ne parla plus que du meurtre d'Erroll. D'après nos renseignements, Dickinson déclara à la famille qu'il connaissait le nom du meurtrier mais qu'il avait juré de garder le secret. Ce n'étaient ni lui ni Broughton qui avaient tué, déclara-t-il, bien que Broughton eût tout organisé. On lui avait offert 25 000 livres pour raconter l'histoire (sic), mais il y avait des choses que l'on ne pouvait pas faire pour de l'argent. Tout cela ne laissait pas de me rappeler ces rumeurs kenyannes et ces déclarations à l'emporte-pièce (je suis le seul à savoir !) qui n'ont jamais pu être étayées.

Mais un détail de cette soirée m'avait pourtant échappé lorsqu'elle m'avait été rapportée, et je n'y pris garde qu'en relisant une nouvelle fois la transcription pour la rédaction de ce livre. L'un des hôtes avait demandé à Dickinson si son alibi — son séjour à l'hôpital sur la côte — était véritable, et il avait répondu par un clin d'œil appuyé. Dans le box des témoins, il avait fait un lapsus qui était passé inaperçu. Il déclara à Harragin qu'il était entré à l'hôpital le 18 ou le 19 janvier « pour environ un mois ». Mais lorsque Morris l'interrogea sur sa rencontre avec Diana et Erroll à Malindi, une semaine environ avant le crime, et lui demanda : « Après cette rencontre, quand avez-vous revu Lady Broughton et Sir Delves ? » Dickinson répondit : « Je crois que c'était le dernier jour du mois de janvier ». Était-ce une simple erreur ? Si Dickinson s'était donné la peine de se forger un faux alibi, il n'aurait pas trébuché aussi facilement, et en plein tribunal. Mais, après tout, un lapsus est un lapsus.

19

Un bon parieur

Broughton n'ignorait pas le risque qu'il courait en rentrant en Angleterre. Sir Evelyn, son fils, m'a appris en 1980 que son père se trouvait alors en très mauvaise posture sur le plan financier, situation à laquelle Broughton lui-même fait allusion dans la lettre circulaire adressée à ses amis à la suite du procès. (« Le plus ennuyeux de tout, c'est que ça m'a coûté cinq mille livres, dont je n'ai pas le premier sou... ») Sa tentative de justifier dans sa lettre cette dépense pour sa défense ressemble fort à un appel aux administrateurs de ses biens en Angleterre.

Quelques conversations fortuites, des paroles de commisération lâchées par des amis de son père sur les champs de courses et à la Cité de Londres, et Evelyn découvrait que Delves Broughton avait dilapidé en l'espace de quinze ans la quasi-totalité d'une fortune familiale fort considérable.

Le père d'Evelyn avait dupé les administrateurs de la propriété familiale en bradant à peut-être cent livres l'hectare près de 16 000 hectares de terres agricoles dans le Cheshire. Il avait empoché la somme — un million et demi de livres environ — au lieu de la réinvestir dans la propriété.

« Mon père se croyait toujours fauché, disait Evelyn, même quand il n'y avait aucune raison. C'était une vraie manie chez lui. »

Broughton avait également commis des erreurs quasiment suicidaires sur le plan financier : depuis Doddington, il jouait sur les marchés des changes étrangers, sur le marché des matières premières, et, selon Evelyn, investissait « dans des mines d'or ne valant pas un clou ». Il perdit aussi beaucoup en paris divers (Broughton engloutissait des sommes considérables dans les combats de coqs, illégaux), tandis que l'on menait grand train à Doddington, dont toutes les chambres d'amis étaient pleines chaque week-end. L'on tenta de réaliser quelques économies dérisoires : la maison de Hill Street fut fermée pendant quelques semaines à une époque et l'on réduisit légèrement le personnel de Doddington.

Evelyn s'aperçut que les administrateurs du domaine familial (certains étant au service de Broughton lui-même) n'avaient pas fait obstacle aux agissements de son père. A l'âge de vingt-quatre ans, donc, Evelyn demanda aux avoués de son père de les poursuivre et il se retrouva face à lui. « Je lui ai dit que le bruit courait qu'il ne restait rien de mon héritage, raconte-t-il. Et je lui ai demandé où était passé l'argent. Mon père s'est fâché. Il a contourné son bureau et m'a chassé de la pièce en me menaçant de sa cravache. »

Dans l'espoir de sauver le peu qui restait, Evelyn loua alors les services d'avoués choisis par lui-même.

« Au cours de la première année de la guerre, j'ai limité ses revenus aux intérêts de sa fortune parce qu'il s'était vraiment mal conduit. Or dans la caisse il n'y avait pratiquement plus rien. Autour de cinquante mille livres. Tout l'argent de la vente des terres s'était envolé.

« Je n'y avais jamais pensé avant, poursuit Evelyn, mais je comprends aujourd'hui pourquoi il est parti au Kenya en fermant Doddington. »

Aucun de ses proches n'attendait Broughton à son arrivée à Liverpool au mois de novembre 1942, pas même Mme Woodhouse. Ce fait n'avait d'ailleurs rien de surprenant, étant donné les difficultés de transport en temps de guerre et le secret entourant les heures d'arrivée des navires. Broughton fut en revanche accueilli par deux inspecteurs de Scotland Yard, fort bien informés, eux, de ses allées et venues. Frustré par l'acquittement, Poppy avait fait parvenir en Angleterre un dossier le concernant, en sorte que Broughton se retrouvait au centre d'une enquête pénale, pour escroquerie, cette fois-ci. Mais comme il n'y avait encore aucune preuve tangible contre lui, il put regagner Doddington sans être inquiété.

Seul l'espoir d'un retour digne maintenait chez Broughton un semblant d'équilibre et cet interrogatoire eut sur son psychisme un effet désastreux. Voilà qui explique amplement son attitude au long des trois semaines qui suivirent. Il rentra à Doddington presque secrètement. Le *Chester Chronicle* devait rapporter plus tard que « très peu de gens étaient au courant de son retour » et qu'il habitait chez M. Martin, le majordome, au fond du parc, « où on l'avait aperçu se promenant ». Entre-temps, Doddington avait été transformé en centre d'instruction militaire pour le temps de la guerre.

Le 24 novembre, Broughton téléphona à Eustache Bowles, un avoué de Market Drayton, qu'il connaissait depuis trente ans. Il lui dit avoir fait une chute de cheval (sans parler de sa chute du quai du train à Mombasa), qu'il avait le torse dans un plâtre, ce qui était très désagréable, mais qu'on allait bientôt le lui retirer à l'hôpital. Broughton demanda : « Puis-je passer vous voir un de ces jours ? » Bowles proposa le 6 décembre, un dimanche.

Broughton devait savoir à présent que sa famille était au courant de ses agissements concernant la fortune familiale. Il dit à Mme Woodhouse qu'il prendrait contact avec eux « en temps voulu ». Il rendit d'abord visite à Vera, qui vivait avec sa mère près de Wrexham, pour la convaincre de revenir auprès de lui, mais elle refusa.

Un jour, peu après son retour, Broughton rencontra par hasard un vieil ami, Alan Horne, un éleveur de chevaux qu'il connaissait depuis la fin des années vingt. Au beau milieu d'une longue conversation, Broughton avoua avoir commis le meurtre. Ce fut le premier des deux aveux qu'il fit au cours de cette période.

Grâce à une indication de Quentin Crewe, nous avons retrouvé Horne, désormais retraité, à Worthing dans le Sussex. Nous l'avons rencontré deux fois, au Beach Hotel, en mai et juin 1969. C'était un homme mince et nerveux, d'un abord direct, plein d'humour, très sympathique. Il est arrivé tiré à quatre épingles, vêtu de tweed, bien coiffé et rasé de près, — le genre d'homme à qui convenait sûrement mieux la fréquentation des chevaux dans les écuries que la vie de retraité dans une ville très comme il faut de la côte sud.

Sa conversation avec Broughton l'avait tellement poursuivi au long des années, qu'il avait tenté de s'en libérer en écrivant une pièce évoquant l'incident, d'une écriture appliquée dans un cahier à couverture cartonnée rouge. Horne avait comblé les lacunes du récit de Broughton par des inventions de son cru. Connolly trouvait la pièce « vraiment tirée par les cheveux, terriblement gauche, mais fort intéressante ».

Horne venait souvent à Doddington dans les années trente donner des conseils sur l'élevage des chevaux, mais il avait abandonné cet emploi en 1941. En 1942, il était censeur dans les services de la Sécurité de Liverpool.

C'est au cours d'un voyage pour aller voir un ami à Malpas que Horne rencontra Broughton par hasard. Voici ce qu'il raconte :

« J'ai fait une halte pour déjeuner dans un petit village à la périphérie de Nantwich. C'est à la sortie du pub que j'ai vu Sir Delves. Un de ses amis lui avait demandé de l'attendre dans sa voiture pendant qu'il rendait une brève visite à quelqu'un.

« Il m'a fait signe au passage en sortant la main par la vitre de la voiture. Il m'a dit que son ami serait de retour une demi-heure plus tard. Nous avons parlé de choses et d'autres, d'hippisme essentiellement, puis j'ai évoqué le procès. J'ai dit combien j'étais désolé qu'il ait été mêlé à une affaire aussi éprouvante, mais heureusement tout s'était bien terminé. C'était un ami de longue date, voyez-vous. On a bien dû bavarder une heure. Il a dit : « Je n'ai rien fait, vous savez. » Alors moi : « Je n'ai jamais pensé cela, Sir Delves. » Il s'est mis à parler de l'affaire elle-même. Il parlait et il parlait. Je n'ai jamais eu à le relancer. Il avait l'air tellement désemparé. Il était à bout de nerfs, anxieux, agité. Alors que ce n'était pas le genre à se faire du souci dans sa jeunesse. Il était élégant, fringant, bel homme, le maintien martial, si vous voyez ce que je veux dire. Mais j'ai l'impression qu'il buvait un peu trop les derniers temps.

« Je me rappelle qu'il m'a dit : "Vous me promettez de ne pas colporter ça partout, si je vous dis deux-trois petites choses, Horne ?" »

Broughton raconta à Horne avoir organisé le meurtre avec un ami. Sans vouloir mentionner de nom, il donna à son complice le pseudonyme de « Derek ». Ce dernier souhaitait pour des raisons personnelles écarter Erroll de son chemin. Talonné, Broughton avait fini par accepter de participer au plan en versant mille livres à un Africain engagé par « Derek » pour assassiner Erroll. Il s'était également laissé convaincre au sujet du vol des revolvers. Puis Broughton, qui buvait trop à l'époque, avait été pris de regrets, et il avait essayé de tout annuler, pour s'entendre dire par « Derek » qu'il était trop tard pour prévenir l'Africain. Selon Broughton, Erroll fut tué un jour plus tôt que prévu.

L'Africain s'était caché à l'arrière de la voiture garée dans l'allée de la maison de Karen. Il avait tiré sur Erroll au carrefour avant de disparaître dans la nature. Broughton expliqua ensuite qu'après le procès, en particulier pendant son séjour à Ceylan, il s'était dit que « Derek » l'avait trahi en maintenant l'action malgré son opposition. Horne cite les paroles de Broughton : « Je lui ai demandé des comptes à mon retour au Kenya. Il a nié en devenant rouge de colère, mais il avait l'air assez embarrassé et ça ne m'a pas plu du tout. » (Il ne faut pas oublier que Horne a recréé la conversation de mémoire.)

Qu'est-ce qui avait pu inciter Broughton à lui raconter l'histoire ? « C'est que nous nous intéressions tous les deux aux courses, a répondu Horne, et ça crée un lien difficile à définir — peut-être parce que c'est un milieu où souvent on sait beaucoup de choses les uns sur les autres. On ne trouve ça dans aucun autre milieu. On sait perdre quand on est un bon parieur — impossible d'expliquer ça. »

Broughton occupait ses journées en promenades autour du lac de Doddington, s'arrêtant volontiers pour bavarder au hasard de ses rencontres sur le domaine. Il voyait Mme Woodhouse tous les jours. Il était si fier de sa performance à l'audience, qu'il lisait et relisait avec elle jour après jour la transcription du procès.

Nous avons rencontré Mme Woodhouse à Hastings où elle habitait depuis la fin des années soixante. L'entrevue a eu lieu au Queen's Hotel par une journée venteuse du mois de juillet. Voici les notes jetées par chacun de nous sur le personnage :

> *Connolly :* Tante très connue sur les champs de courses du Cheshire. Un fils, aujourd'hui médecin à Hammersmith. Cheveux sombres, âge moyen sur le retour, à l'aise, sens de l'humour, jolis yeux bruns, parfum tenace. Adore le bon vieux temps. Parti tory. Doubles whiskies. D'abord méfiante (photos dans les journaux) mais, s'est ouverte progressivement. Aime beaucoup les affaires policières. Déteste les travaillistes. Très fine !
>
> *Fox :* A sûrement passé sa jeunesse à chasser. Buveuse de gin. Exactement le genre d'originaux qui entouraient

Broughton. Lunettes. Tailleur de tweed sur mesure. A pris un double whisky à l'heure du thé, habilement encouragée par CC, elle a répondu : « Ça alors, c'est une bonne idée. »

Mme Woodhouse n'est pas venue au fait directement. Elle a commencé par évoquer les premiers temps de Doddington, l'antipathie qu'elle éprouvait pour Diana et comment à son retour du Kenya, Broughton traitait Diana de « véritable salope ». « Vera voulait absolument épouser Lord Moyne, poursuivit-elle, de là sont venus tous ses malheurs. Ensuite sa fille, Rosamund, qu'il adorait — et réciproquement — s'est mariée, et ça a été un coup supplémentaire pour lui. Il ne restait plus à Broughton qu'à se trouver une jeune et jolie femme. Vera avait été très belle, avec des yeux verts et un corps splendide. Rosamund voulait aller au Kenya assister au procès, mais il l'en a dissuadée. »

Elle est persuadée que Rosamund ne l'a pas évité à son retour. Il n'en avait tout simplement pas avisé ses enfants, et d'après elle, il n'avait même pas vu Vera.

Broughton, disait-elle, était très amoureux de Diana. Mais c'était un homme d'une grande dignité, qui ne pouvait tolérer une telle déloyauté. Peut-être était-il impuissant ? L'idée lui avait traversé l'esprit parfois. Il avait un jour montré un grand intérêt pour les extraits de glandes de singe qu'un voisin avait utilisés avec succès, mais, pensait-elle, ce ne devait être qu'une affaire d'orgueil, la peur de vieillir... C'était un très mauvais cavalier mais un homme parfaitement vigoureux, et ce serait mentir que de dire qu'il ne pouvait pas parcourir de longues distances, même à vive allure.

Il s'était mis à boire au Kenya, ce qui ne lui réussissait pas. Il avait jusqu'alors été d'une grande prudence concernant l'alcool, à cause de son frère Brian, « un ivrogne invétéré ». Il venait assez souvent à Doddington et Broughton disait : « Voyez pourquoi je ne touche jamais une goutte d'alcool. »

« Ils se sont mariés le 1er avril », raconte Mme Woodhouse (en fait, c'était le 5 novembre)*, « et il m'a écrit : "J'espère que ce n'est pas moi le poisson d'avril." Il avait vu juste, le malheureux homme...

« Je le voyais presque tous les jours après son retour. Il venait

* 5 novembre : anniversaire de la conspiration des Poudres.

me chercher en voiture avec son chauffeur, et nous retournions à Doddington prendre le thé ou nous promener. Disons que nous avions des affinités... et nous étions seuls l'un et l'autre.

« Il se préoccupait terriblement du jugement que pouvaient porter sur lui les métayers et les gens du pays à la suite du procès. On avait fait des paris sur le verdict au pub. Il vivait à crédit à l'époque... Il préférait dîner tranquillement. Il ne supportait plus la vie de bâton de chaise. Je me rappelle qu'il considérait June Carberry comme une amie véritable et fidèle, mais d'après lui Mlle Wilks ne valait pas mieux que sa maîtresse et s'était rangée dans son camp à elle. »

Elle et Broughton commentaient encore la transcription du procès deux jours avant son départ à Liverpool où l'on devait lui changer son plâtre.

« Nous nous promenions et nous parlions beaucoup, raconte Mme Woodhouse. Il m'a dit : "Vous savez, c'est moi qui l'ai tué, Marie." Et moi, abasourdie : "Non, ce n'est pas possible, Jock. — Je n'ai jamais couru aussi vite de ma vie", a-t-il dit.

« C'est fou, mais on a ri. Il disait avoir rendu service à tout le monde, mais j'ai bien l'impression qu'il fanfaronnait un tantinet. Il essayait de se remonter le moral. »

D'après ses confidences à Mme Woodhouse, Broughton avait quitté la maison après avoir vu Mme Carberry (horaire officiel : 2 h 10 du matin) ; il avait marché jusqu'au lieu de l'embuscade et était revenu en courant. Le vol des revolvers n'était nullement simulé et le meurtre avait été commis avec une troisième arme, ensuite confiée à un ami qui l'avait cachée. « C'est tout ce qu'il a dit, et je ne pouvais pas lui demander d'entrer dans les détails. »

Elle avait l'impression que la liaison de Diana et Joss le hantait littéralement. Peu après le début, il lui avait écrit à ce sujet. « Il m'a dit qu'un mari trompé avait déjà administré une cravachée à Erroll à Nairobi. Je lui ai demandé pourquoi il n'en avait pas fait autant ; il m'a répondu qu'il n'était pas assez fort pour cela, et il voulait en finir une bonne fois pour toutes.

« L'épisode du feu de jardin nous a beaucoup fait rire aussi, car ce n'était pas du tout le genre d'homme à s'occuper du feu ! »

A la fin de notre entrevue, debout sur le pavé, en plein vent, Mme Woodhouse nous a dit : « Eh bien, bon courage, messieurs. » Connolly et moi avons longé un moment la plage à contre-vent — lui avec son chapeau feutre menaçant de s'envoler — en direction d'un bar où coucher quelques notes. Plus tard, Mme Woodhouse nous a écrit pour nous dire combien elle avait apprécié notre article.

Le 2 décembre 1942, deux jours après sa dernière conversation avec Marie Woodhouse, Broughton prit une chambre à l'hôtel Adelphi de Liverpool :

« Il y est allé sans moi (nous avait raconté Mme Woodhouse). Nous avions réservé deux chambres parce que nous devions aller à un spectacle pour le distraire un peu. Jock attendait son admission à l'hôpital où on devait lui mettre un autre plâtre, plus léger et moins gênant. Au dernier moment, j'ai dû renoncer parce que je ne pouvais pas laisser mon fils, Nick, qui était très malade.

« J'ai téléphoné à Jock pour l'avertir, mais il semblait souhaiter que je vienne malgré tout. Il avait l'air assez déçu. Un peu plus tard, il m'a rappelée et m'a demandé : "Est-ce que ça va, Marie — sur le plan financier, je veux dire ? — Bien sûr, Jock", ai-je répondu. J'étais perpétuellement fauchée. Il m'a dit qu'on se verrait le lendemain. J'ai dit oui, si mon fils allait mieux. J'ai essayé de l'appeler le lendemain matin, mais à l'hôtel on m'a dit que Sir Delves Broughton était sous traitement et qu'il ne fallait pas le déranger. Quelle idiote j'ai été de ne pas deviner alors de quoi il s'agissait en réalité. Je savais qu'il avait déjà un tube de morphine en prison en cas de verdict défavorable. »

Le *Cheshire Chronicle* relata les faits trois jours plus tard :

> ... Mlle Bridget Hayes, chef de réception à l'hôtel Adelphi, dit avoir reçu le mercredi 2 décembre, vers 15 h 30, un appel téléphonique de Sir Delves lui annonçant son arrivée.
>
> Le coroner : Avait-il des exigences particulières ?
> Mlle Hayes : Très peu de chose. Il a juste demandé qu'on le laisse parfaitement tranquille. Il ne voulait être dérangé par personne.
> Q. : Vous lui avez demandé s'il désirait quelque chose ou si vous pouviez faire quelque chose pour lui, et il a juste insisté sur son désir de n'être pas dérangé ?
> R. : Oui.
> Un témoin ajoute que Sir Delves lui avait fait part de son intention d'entrer à l'hôpital (Northern Hospital) le dimanche matin suivant.
> Q. : Il ne vous a pas dit ce que vous pouviez faire pour lui ou non entre-temps — plutôt inhabituel, non ?

R. : Si. Il a dit qu'il ne voulait être dérangé par personne.
Q. : Du mercredi au dimanche. Ça ne vous a pas surprise ?
R. : Si. J'ai demandé : « Et pour les repas ? » Il a répondu : « Pas de nourriture. Je m'occupe de cela moi-même. Je me prépare en vue d'une opération. »
Q. : Vous ne vous attendiez donc pas à le revoir avant le dimanche matin, ni pour les repas ni pour rien du tout ?
R. : C'est cela.
R. : Quelqu'un a-t-il parlé de faire son lit ?
R. : Il a dit de ne pas nous préoccuper de ça.

Quarante-huit heures après, trop tard, Mlle Hayes découvrait Broughton saignant du nez et des oreilles, dans le coma. Elle remarqua un détail digne du pire mélo : une étiquette marquée « Medinal » flottant dans les toilettes.

Le Dr Ray Maudsley, médecin militaire interne du Northern Hospital, admit Broughton le vendredi 4 décembre à 18 h 30. Il avait une marque de piqûre dans le creux du bras gauche, ainsi que plusieurs autres mais pas dans la veine. Broughton s'était fait quatorze injections de Medinal. Il mourut le 5 décembre à 2 h 25 du matin.

Mme Woodhouse reçut la visite de la police du Cheshire, de même qu'un message de Vera qui souhaitait la rencontrer rapidement. La question du suicide compromettait le versement de l'assurance sur la vie et, selon Mme Woodhouse, la famille voulait être sûre de la cause du décès. Mais la conclusion du coroner ne laissait aucun doute sur ce point.

Le cercueil où reposait Broughton fut placé dans le caveau de famille en l'église de la paroisse de Broughton. Il avait envoyé à Mme Woodhouse des paquets de café et de thé du Kenya : un véritable luxe en temps de guerre. Ces paquets continuèrent d'arriver après sa mort, ce qu'elle trouvait « plutôt sinistre ».

Il avait laissé deux lettres, toutes les deux adressées à ses avoués. La plus significative évoque la « tension » résultant du procès et le fait qu'il se sentait incapable d'affronter d'autres accusations. Il terminait sa lettre par un *Moriturus te saluto* d'une grandiloquence caractéristique. Dans la seconde lettre il expliquait qu'à cause de sa blessure au dos, il avait perdu connaissance plusieurs fois pendant son voyage de retour et depuis son arrivée en Grande-Bretagne ; il avait à présent le côté droit complètement insensible, ce qui annonçait la paralysie. Il avait en conséquence décidé de mettre fin à ses jours.

20

Chantage

Messieurs, avez-vous jamais entendu récit plus incroyable ? Enfin, voici un homme dont la vie s'est écroulée ; on lui a ravi sa femme sous ses yeux ; on l'a tourné en ridicule devant toute la population du Kenya ; et lorsque sa femme revient à la maison, il discute du prix d'un bijou. Pouvez-vous croire un seul mot de tout cela ?

Cet argument nous paraît manquer totalement de consistance, ne serait-ce que parce qu'aux moments de crise aiguë entre eux, Broughton remettait sur le tapis cette question des bijoux. Et puis l'escroquerie à l'assurance ne semblait pas une nouveauté pour Broughton, car dès 1967, Connolly avait entendu dire à Nairobi que Broughton avait payé quelqu'un pour lui « dérober » ses tableaux.

Les perles ne cessaient de revenir avec insistance dans cette histoire, et nous avions le sentiment qu'en suivant leur piste, nous finirions par découvrir un élément important, et pourquoi pas, une affaire de chantage. A la recherche d'indices qui pourraient nous guider, nous explorâmes le dossier Broughton du *Daily Express*, où étaient rassemblées toutes les coupures de presse le concernant ; nous eûmes la surprise d'y découvrir une note de synthèse d'un journaliste, car ce genre de note se retrouve rarement dans ces dossiers qu'en argot de presse on appelle une « morgue ». La note avait été rédigée le 11 décembre 1942, peu de temps après la mort de Broughton.

MÉMO CONCERNANT : SIR DELVES BROUGHTON

« Le bureau de Manchester nous dit tenir cette histoire d'une source locale, et la considérer pour ce qu'elle vaut.

« Il semblerait que Sir Delves Broughton, mort à Liverpool tout récemment, mort sur laquelle le coroner doit commencer à enquêter le lundi 14 décembre, ait été impliqué dans le vol des tableaux de Doddington Park, qui a eu lieu il y a quelques années. Trois tableaux avaient alors disparu, qui semblaient d'une certaine valeur.

« On n'a jamais retrouvé ces tableaux ; malgré ses soupçons, il semble que l'assurance ait indemnisé Sir Delves Broughton.

« Après son acquittement pour le meurtre du comte Erroll, quelqu'un aurait déclaré à la police de Nairobi que Broughton ''épluchait'' tous les articles de presse relatifs à cette affaire.

« Il semble également qu'à son retour récent à Liverpool, Scotland Yard se soit intéressé à ce vol de tableaux et l'ait recherché. On ne sait pas si les inspecteurs de Scotland Yard l'ont ou non interrogé, mais Sir Delves Broughton se serait suicidé. On s'attend à ce que l'enquête du coroner se traduise par une sorte de non-lieu. »

Le moment était venu de déjeuner à nouveau avec Poppy, ce que nous fîmes au Metropole Hotel de Brighton. Il nous apprit que la compagnie d'assurances qui avait indemnisé Broughton pour les tableaux et les perles volées dans la voiture de Mlle Caldwell avait eu son attention attirée par les articles de presse concernant le procès de Nairobi, et particulièrement par les disputes entre Jock et Diana à propos des perles. Mais l'enquête de l'assurance ne donna rien : ils finirent par tomber sur les perles d'Erroll. Mais Poppy, en revanche, fut intrigué. Ses informateurs à Karen faisaient état de discussions continuelles à ce sujet. Il avait également eu sous les yeux une lettre de Broughton à Diana la menaçant de l'impliquer dans une escroquerie si elle n'acceptait pas de rentrer en Angleterre avec lui par le prochain bateau. Diana se demandait que faire face aux menaces de Broughton, et Poppy s'attendait donc à une visite de sa part. Mais ce ne fut pas Diana qui vint le voir. Ce fut Dickinson.

Dickinson déclara à Poppy qu'il « avait quelque chose sur le cœur ». A la fin de l'entretien, il signa la déclaration suivante.

« Au cours du dernier mois de juin avant la guerre, Sir Delves Broughton vint me voir à Londres et m'annonça qu'il avait une proposition à me faire, mais que Diana (qui à l'époque s'appelait Diana Caldwell) n'en devait rien savoir, sous aucun prétexte. Il me suggéra de dérober les perles qu'elle portait et qu'il lui avait prêtées ; ces perles, il les avait achetées à titre d'investissement pour le prix de 6 000 livres et les avait assurées pour environ 12 000 livres. Il m'expliqua qu'il était aussi fauché qu'elle et que je lui paraissais la personne idéale pour ce coup parce que j'aimais beaucoup Diana. Je lui répondis que je réfléchirais, car je ne pouvais pas donner de réponse tout de suite. Il revint me voir un peu plus tard, mais je parvins à éluder ses propositions. Plus tard encore, il apprit que nous allions tous nous rendre dans le Midi de la France, et il me dit que nous tenions là une occasion en or. Je répondis que je le ferais si une occasion se présentait, mais je ne lui fis aucune promesse.

« Dans le Midi, je demeurais à Juan-les-Pins tandis qu'elle et X (Mark Pilkington) étaient descendus au Carlton, à Cannes. Un soir, tous les trois, en compagnie de cinq ou six autres personnes, nous prîmes un verre au Carlton avant d'aller dîner dans un restaurant distant d'environ quarante kilomètres. Diana et X devaient aller passer la nuit dans un autre hôtel, en sorte qu'elle emporta ses bagages et que nous attendîmes tous, debout, qu'on les eût chargés dans sa voiture. Finalement, à deux ou trois voitures, nous partîmes dîner. Au milieu du dîner, qui était fort gai, je quittai le restaurant, sortis la trousse de voyage de Diana de la voiture de X pour la porter dans la mienne, et revins m'asseoir à ma table. Nous nous séparâmes à la fin du dîner ; je gagnai un endroit tranquille le long du rivage, mis les perles dans ma poche et jetai la trousse dans la mer. Le lendemain, j'enterrai les perles et ne les récupérai que la veille de mon retour en Angleterre, où je les enterrai à nouveau en attendant d'avoir repris contact avec Delves Broughton. Il me dit alors d'acheter un petit coffret, d'y placer les perles et de le confier à ses avocats ; pour ne pas éveiller leur méfiance, il me dit de leur déclarer en leur donnant le coffret : "Voici le coffret que vous avez promis de garder pour moi." Je suivis ses instructions, mais je ne me rappelle plus le nom des avocats. Quelque temps plus tard, il vint me dire qu'il désirait faire disparaître de Doddington quelques tableaux particulièrement bien assurés ; si je refusais, me dit-il, il demanderait à ses avocats de prévenir Scotland Yard qui viendrait inspecter le coffret que j'avais laissé chez eux. J'étais obligé de lui obéir.

« Il me dit de venir à Doddington pour qu'il puisse me montrer les tableaux qu'il voulait voir disparaître ; je crois qu'il y en avait trois, mais je ne le jurerais pas. Peut-être y en avait-il quatre. Il m'expliqua qu'il me faudrait une échelle de corde que je pourrais trouver chez Gamages, un grand sac pour mettre les toiles et un diamant pour couper le carreau de la fenêtre des toilettes. Je devais aussi louer une voiture à Londres. Il me dit d'opérer un certain dimanche de la fin du mois d'octobre 1939, alors qu'il passerait la nuit dans un hôtel de Liverpool. J'arrivai sur les lieux le jour dit, et vers onze heures du soir je me mis à l'ouvrage. Je garai la voiture sous un arbre à environ cent mètres de la maison et entrepris de découper le carreau qu'il m'avait indiqué, mais en vain.

« En faisant alors le tour de la maison, j'avisai une fenêtre entrouverte au premier étage. La lune éclairait brillamment ce soir-là, mais je grimpai le long du tuyau de gouttière, pénétrai dans la maison, ouvris la porte d'entrée et ramenai à l'intérieur tout mon matériel : le sac, l'échelle de corde, etc. Je découpai les toiles sur leurs cadres, et comme deux d'entre elles étaient trop grandes pour entrer dans le sac, je les découpai en petits morceaux. Puis je regagnai la voiture et quittai les lieux. Après avoir roulé pendant près d'une heure, je m'arrêtai dans un endroit désert et, comme Broughton me l'avait suggéré, je tâchai de brûler les toiles à l'aide d'un peu d'essence. Je n'y parvins pas. Je remis alors les toiles dans le sac, remontai en voiture et roulai encore quelque temps jusqu'à ce que j'aperçoive une petite rivière le long de la route. J'enroulai les toiles dans l'échelle de corde, jetai le tout dans la rivière puis rentrai à Londres. Mon rôle dans cette affaire était terminé ; plus tard cependant, il m'apprit que la compagnie d'assurances avait des soupçons, mais il pensait que tout allait bien se passer. Il ne me proposa rien pour ce que j'avais fait, et d'ailleurs je n'aurais jamais accepté, mais il me rendit les perles qui lui avaient servi à me faire chanter. Je ne savais qu'en faire et ne voulais pas les déposer à ma banque, car comme ma situation financière était plutôt mauvaise, cela aurait pu paraître curieux. Je demandai alors à Diana Caldwell si elle accepterait de déposer à sa banque un coffret contenant des papiers personnels, car je ne voulais pas les laisser à ma propre banque. Elle accepta et je crois qu'elle le déposa sous son nom, mais je ne puis en être absolument sûr.

« Après que j'eus déménagé les tableaux, on m'apprit que la société qui avait procédé à leur évaluation était une société bidon. Broughton me dit que la compagnie d'assurances faisait des difficultés pour le régler car il avait récemment augmenté la valeur de son assurance pour un montant considérable, et parce qu'elle ne pouvait retrouver la société qui avait procédé à l'évaluation. »

Dickinson dit à Poppy qu'il « n'avait jamais passé un aussi mauvais moment en franchissant la douane », et que parmi les bijoux jetés à la mer il y avait une broche en jade, un bracelet-montre en or et platine ainsi que trois bracelets en pierre bleue. Parmi les tableaux détruits figuraient deux portraits de membres de la famille Broughton peints par Romney.

La compagnie d'assurances avait versé 12 730 livres à Mlle Caldwell. Sans qu'elle le sache, les perles avaient donc terminé leur périple dans son propre coffre-fort. Inutile de se demander plus longtemps pourquoi Broughton remettait sans cesse sur le tapis l'affaire des bijoux. Le procédé était particulièrement sordide, et sous l'apparence tranquille du patricien, il révélait sa véritable nature. Diana allait donc devoir vivre le reste de ses jours avec un homme qu'elle méprisait, et sous la menace constante du chantage.

De la même façon, s'éclaire l'entrevue qui eut lieu dans le bureau de Grogan entre Dickinson et Broughton, lorsque ce dernier lui demanda d'intervenir pour persuader Diana de revenir avec lui. Dans ses aveux à Horn, avait-il choisi le pseudonyme transparent de « Derek » pour suggérer qu'il s'agissait de Dickinson, se vengeant ainsi de sa résistance au chantage et de sa dénonciation à Scotland Yard ? Dickinson avait en tout cas déclaré à Poppy que si Broughton voulait le faire chanter, il l'entraînerait avec lui dans sa chute.

Treize ans plus tard, lorsque j'appelai Dickinson au téléphone, je fus surpris par la lassitude que trahissait sa voix. L'assurance que j'avais remarquée chez lui lors de notre rencontre avec Connolly avait disparu. Il m'apprit que sa femme avait eu le fémur brisé au cours d'une agression et que lui-même avait subi une opération à cœur ouvert. Les dix dernières années avaient été tristes et douloureuses. Il accepta tout de suite de me voir et je proposai que nous nous retrouvions au Ritz.

Son visage était beau, un peu amaigri, et il avait acquis dans ses manières le charme et la politesse attentive qui vient souvent avec l'âge. Nous essayâmes de commander des boissons à un jeune serveur hispanique au sourire flagorneur. « Je prendrai un Martini dry », dit Dickinson. Cette requête, apparemment si simple, fut mal comprise, et une dispute pénible s'ensuivit, sur le thème des ingrédients et de la préparation. Dickinson suivit des yeux le serveur qui s'éloignait, et dit : « Quel drôle de type ! » Le Ritz avait baissé. Dickinson s'était aperçu récemment qu'il ne pouvait plus remplir le lavabo aux toilettes : il n'y avait plus de bonde. « Au Ritz ! » s'exclama-t-il. « Le garçon s'est excusé. Ils ne pouvaient plus mettre de bondes : les gens les emportaient. »

Nous commençâmes par corriger certains détails biographiques, et éclaircîmes rapidement l'affaire de son alibi. Avec son pied blessé, il avait été transféré à l'hôpital de Nairobi, ce qui lui avait permis de rencontrer Broughton et Diana à la fin du mois de janvier. Quant aux déclarations faites à sa famille et à ses amis selon lesquelles il savait qui était le meurtrier, il m'assura qu'il s'agissait d'une pure spéculation.

Je trouvai Dickinson émouvant, triste, très digne, et j'étais sur le point de renoncer à lui montrer la déclaration qu'il avait faite à Poppy, et que, quarante ans après, il devait croire enfouie à jamais. Mais il était aussi détendu, apaisé, et il semblait goûter cette évocation du passé. Je lui dis alors que je croyais que Broughton avait essayé de le faire chanter, et que j'avais apporté avec moi les aveux qu'il avait faits à Poppy. Il rougit un peu et le silence s'installa entre nous. Puis, toujours avec la même courtoisie, il me dit : « C'est vrai, il avait essayé. Il commençait à devenir un peu gênant. Ça (les aveux), c'était destiné à lui couper l'herbe sous le pied. »

Je lui donnai le document, qu'il lut avec lenteur, les mains tremblant au bord des pages. Il laissa tomber un feuillet par terre. Au milieu de sa lecture, il me dit : « Tout cela revient à la vie, maintenant. Comment avez-vous obtenu ce document ? » Il poursuivit sa lecture et ajouta : « Voilà qui va certainement ajouter du piquant à votre livre. »

Nous commandâmes une deuxième tournée. Dickinson continua de lire, lentement, avec une grande concentration. Il leva les yeux :

« Mon Dieu, je vais devenir célèbre, ou tout au moins connu. » Lorsqu'il eut terminé sa lecture, il déclara : « Je n'oublierai jamais cette nuit, aussi longtemps que je vivrai. C'était absolument magique. » Il me décrivit ensuite les événements de cette nuit-là, à peu près comme il l'avait fait dans ses aveux à Poppy, ajoutant, pourtant, quelques détails pittoresques.

« Vous n'avez pas idée de ce qu'une toile peut être solide. On croit que c'est fin comme du papier, délicat. Mais il fallait découper, découper, découper encore. J'ai découpé ces saletés en petits morceaux grands comme ça — il me montra le miroir rococo du bar — et je suis sorti par la porte d'entrée, comme un gentleman, j'ai trouvé un coin tranquille pour les brûler. J'ai fait brûler toute mon essence, mais ces saletés de toiles ne voulaient pas brûler. J'étais tellement fatigué que je me suis endormi au volant en retournant à Londres et que je suis sorti de la route. »

Je lui demandai s'il avait été forcé de voler ces tableaux parce que Broughton le faisait chanter au sujet de son rôle dans le vol des perles. « Oui, Broughton n'arrêtait pas de remettre cette affaire sur le tapis. Pour moi, c'était plutôt une aventure, un défi. » Mais à la fin, Dickinson refusa d'aider Broughton : « Après le procès, il voulait que Diana revienne à lui, repentante, Voilà pourquoi il a essayé de nous faire chanter tous les deux. Alors, j'ai répondu : ''Va te faire voir ! Elle fait ce qu'elle veut !'' » (Diana, plus tard, m'affirma que Broughton n'avait aucune prise sur elle pour la faire chanter.)

Lorsque Dickinson revint en Angleterre sur un transport de troupes, les inspecteurs de Scotland Yard vinrent le cueillir à bord, devant les autres passagers. Il ne fut jamais inculpé. « Dès qu'ils savent qu'on n'a retiré aucun profit d'une affaire, ils se désintéressent de vous. » En revanche, Dickinson coopéra avec les enquêteurs de la compagnie d'assurances. Broughton, à qui il avait fini par rendre les perles, lui avait dit de les cacher dans le trou d'un tronc d'arbre, à Doddington. Pendant plusieurs jours, Dickinson et un enquêteur de la compagnie arpentèrent la propriété à la recherche du collier. Ils ne le retrouvèrent jamais, mais Sir Evelyn Broughton nous apprit qu'un ouvrier agricole le découvrit un jour et que le collier fut renvoyé à la compagnie d'assurances.

Dickinson finit par évoquer Diana. Il semblait inquiet à son sujet ; peut-être était-il encore sous son charme. Leur relation avait toujours été platonique, mais ils étaient très proches l'un de l'autre et il ferait n'importe quoi pour elle. La femme de chambre de Diana, à Duke Street, avant la guerre, l'avait une fois appelé « l'homme à tout faire ». Diana s'était offusquée du propos, et « il faut dire, ajouta Dickinson en riant, que ça ne me plaisait pas d'être appelé comme ça ». Mais Diana, dit-il aussi, « voulait être titrée et couverte de bijoux, alors que moi je ne cherchais pas à sortir de ma condition ». Ils ne s'étaient pas revus depuis vingt ans. « Je lui étais totalement dévoué, et d'une certaine manière, je le suis encore. »

21

Royauté blanche

Jours de rêve au club Muthaiga, dernière étape de ma quête en 1979. Le crissement des insectes dans la chambre, des fourmis sorties de nulle part qui charrient, derrière la fenêtre métallique, des carapaces d'insectes morts, la pluie qui ruisselle sur les feuilles de bananiers. L'excitation sensuelle du retour sur les lieux familiers, l'odeur âcre du bois brûlé, la terre rouge et brillante, les rumbas métalliques jouées à la guitare, qui fusent de la radio du taxi.

Le plaisir essentiel que procurent les chambres à coucher dans les bons clubs coloniaux britanniques (et le Muthaiga en constitue un bon exemple) découle de leur taille colossale et leur ventilation spartiate. Les portes sont à la mesure de ces larges espaces : immenses. On y trouve aussi quelques meubles fabriqués en Inde aux alentours de 1930, un petit cabinet de toilette, une carafe d'eau, un sol de linoléum vert ou brun, et une luxueuse salle de bain où le tonnerre de l'eau chaude vient rebondir contre les murs de couleur crème.

Les célibataires sont souvent logés dans l'aile militaire, là où se trouvent les chambres les moins chères, mais on me conduisit dans la partie la plus luxueuse, dans une chambre où l'on accédait par un balcon commun. Dans le tiroir du bureau, je trouvai le règlement du club, inchangé depuis l'époque (les membres qui apportent au club leur propre alcool devront en acquitter le montant ; il est interdit d'introduire des serpents au club ; après minuit, les membres présents dans les salles publiques devront renouveler leurs consommations toutes les heures) ; j'y trouvai aussi les indispensables blocs-notes : les feuillets blancs pour le bar, les autres verts et roses pour toutes sortes de commandes. Pour accomplir les longs voyages du bar à la chambre et retour, le feuillet à la main, les serviteurs étaient nombreux. Ma chambre était-elle celle qu'avait occupée Portman, et où Broughton s'était habillé en tenue de soirée, la nuit où il avait porté ce fameux toast ; j'imaginais Portman, le visage empourpré par les Martinis, et le tonnerre du robinet d'eau chaude.

Le thé du matin est servi à 6 h 30, sauf instructions spéciales des membres, dans les solides services à thé bleu pâle, si caractéristiques de la civilisation anglaise. Le thé est toujours extrêmement fort, et c'est le moment de rêver, de savourer le luxe, la naissante lumière tropicale qui pointe derrière la courte averse, l'odeur douce de la végétation, la fraîcheur, l'appel des engoulevents, le silence qui accompagne ses pas lorsque l'on se coule sur le balcon ou dans le jardin. Ce thé matinal permet d'attendre pendant deux heures le somptueux petit déjeuner swahili composé de paw-paw et de « bacon na mayai », et qu'accompagne la lecture du *Daily Nation* et de l'*East African Standard.* Il permet aussi de voir défiler devant ses yeux l'image d'une Buick au carrefour des routes de Karen et de Ngong.

Dans le bureau des membres, je feuilletai le livre de réclamations :

« 4 h 30 du matin : réveillé par un indigène qui balaye des feuilles mortes. 5 h 15 du matin : réveillé par les pas lourds du gardien qui éteint les lumières. 5 h 30 du matin : réveillé par le raffut d'une charrette à bras traînée derrière les chambres. Cela fait quelque trente ans que cet indigène (ou ses ancêtres) balaie les feuilles mortes avant le lever du jour. Est-ce bien nécessaire ? »

Un autre : « J'aime bien l'aile militaire. Elle est tranquille. On n'a pas à subir les hurlements provenant des chambres des membres mariés qui battent leurs femmes jusqu'à la reddition complète. »

A midi, les arbres brillent comme du cristal sous la lumière du soleil. Un serviteur vient se plaindre au directeur du club, ancien commissaire du Kenya : il a été insulté. Alors qu'on avait accusé ce serveur d'avoir volé de la crème dans la salle à manger, le directeur aurait déclaré : « J'imagine que vous avez dû la boire. » A quoi le directeur répond : « C'était une plaisanterie ; si vous n'êtes pas capable de comprendre la plaisanterie, tant pis pour vous. Je n'ai pas de temps à perdre. » Le directeur refuse de s'excuser et le serveur refuse de quitter le bureau tant que l'offense n'aura pas été réparée, ce qui semble hautement improbable.

Je suis invité à un dîner à Nairobi : on a disposé des pétales de bougainvillées dans une grande coupe, et sur une table de style reine Anne exécutée par un ébéniste local, on a disposé des chandeliers d'argent. Tapis persans ; du sherry servi avec la soupe ; jus de piri-piri ; pigeons et perdreaux ; bananes frites et bordeaux rouge.

Sujets de conversation : Les différentes variétés de flamboyants — le nandi et l'abyssinien. Lorsque Elspeth Huxley est arrivé au Kenya, il n'y avait que des nandis. On critique l'avidité et l'ostentation des fermiers nouveaux riches de Kikuyu. Sur un point particulier, on défend la vénalité de Kenyatta ; il a obtenu près de Nakuru de grandes quantités de terres qu'il n'a pas payées et pour lesquelles il n'a donné nulle compensation, car en agissant ainsi, il a pacifié une région en proie aux conflits tribaux.

Chacun a sa propre version du meurtre d'Erroll. On admire et on respecte Diana Delamere. « Elle est très habile, Diana ! » dit une femme. On suppute l'étendue de sa fortune, le nombre d'hectares qu'elle possède à présent et la rente laissée par son mari, Tom Delamere. On ne parlera plus que de cela jusqu'à deux heures du matin.

« Vous devriez la voir aux concours de pêche à Malindi. Toute seule, couverte de bijoux de la tête aux pieds, elle longe le quai jusqu'à son bateau de pêche au makaire. Elle revient presque toujours avec un poisson, et de nos jours, il est difficile d'attraper des makaires le long de la côte. »

Premier invité : « Elle a de la classe. Plus encore que n'en avait Wallis Simpson. »

Deuxième invité : « Le même genre de femme. Tout à fait le même genre. »

Troisième invité : « Devant elle, messieurs, chapeau bas ! »

Et comment, en effet, ne pas lui tirer son chapeau ? Lorsqu'elle se mit à la pêche hauturière, elle eut le mal de mer pendant deux ou trois saisons ; un tel handicap aurait eu raison de l'enthousiasme de n'importe quel novice, mais pas de celui de Diana. La canne à la main, une cuvette sur les genoux, elle s'obstina et finit par triompher.

Pour l'hôte qui reçoit, à Nairobi, le meurtre d'Erroll est un sujet en or. C'est le seul thème de discussion qui depuis vingt-cinq ans parvient à tenir les invités en haleine, un sujet sur lequel les gens peuvent exceller et faire assaut de compétence historique. On mesurera, chez l'étranger de passage, la connaissance qu'il a du pays à l'aune de celle qu'il possède sur cette affaire, sans compter que la présence de Diana au Kenya (et quelle présence !) ajoute à la discussion le piquant de l'indiscrétion. Mais qu'on ne s'y trompe pas : il ne s'agit nullement de cancans provinciaux qui auraient tôt fait de faire paraître les locaux bien balourds aux yeux des métropolitains venus visiter les réserves de grands fauves : cette affaire a acquis un véritable statut culturel, à égalité avec les histoires que l'on peut rapporter sur Karen Blixen et Hemingway.

De temps à autre, Diana a eu à en souffrir publiquement. Un jour, vers le milieu des années soixante, Diana se trouvait à un déjeuner en compagnie de feu le duc de Gloucester, qui visitait le Kenya, et de plusieurs hommes politiques kényans, dont l'ancien procureur général du pays, Charles Njonjo. La discussion tomba sur le récent meurtre d'une infirmière africaine, et un ancien homme politique du temps de la colonie lança à haute voix en regardant du côté de Diana : « Au moins, n'y a-t-il plus de Blancs assassinés. » Njonjo se fâcha. Il est vrai que peu de temps auparavant, il avait dû se forcer à rire à une plaisanterie du duc qui avait lancé à un célèbre homme politique kikuyu : « Vous achetez vos femmes une par une ou par douzaines ? » On raconte que Njonjo éprouve beaucoup d'affection pour Diana et qu'il lui a offert une manière de protection en siégeant au conseil d'administration de sa société de gestion.

L'ascension de Diana vers la richesse et, d'une certaine façon, la célébrité, a été le fruit de sa volonté, et s'est accomplie de façon spectaculaire. Après le meurtre d'Erroll, amère, rejetée par l'arrogante et moralisatrice société coloniale, son avenir semblait des plus incertain. Elle reçut une lettre de condoléances de Nancy Wirewater, qui se trouvait au Cap, et Mark Pilkington, son ancien amant, lui écrivit qu'il allait la rejoindre sous peu : hélas, il fut tué en Afrique du Nord peu de temps après que Diana eut reçu sa lettre. Le pire, peut-être, c'est qu'il allait lui falloir rester encore un certain temps avec son mari.

C'est alors que Gilbert Colvile apparut dans sa vie ; cet homme, pourtant, personne ne se souvenait de l'avoir vu adresser la parole à une femme, et il n'avait certainement jamais eu de liaison.

Dans la région du lac Naivasha, on insinue fielleusement que Diana aurait demandé à l'associé de Broughton, John Hopcraft : « Qui est l'homme le plus riche du Kenya ? », en songeant bien sûr à sa prochaine proie. A l'époque, les Delamere commençaient seulement à se remettre des ravages financiers de l'entre-deux-guerres (il avait fallu vendre un grand nombre d'hectares pour payer les dettes de Lord Delamere), et Colvile n'était pas loin d'être en effet l'un des hommes les plus riches de la colonie (il présidait même le Conseil législatif en l'absence de Delamere).

« C'était l'homme le plus ennuyeux du monde », déclare son voisin du lac Naivasha, le baron Knapitsch, un chasseur de trophées autrichien. « Il ne savait parler que de pluie et de bétail. » « Il ne buvait pas et ne fumait pas », me dit un Somali que je rencontrai là-bas. « La seule chose qui l'intéressait, c'était les Masaïs. Il avait tellement de chiens que c'était comme l'herbe. »

Colvile, ancien d'Eton et de Sandhurst, ancien lieutenant des Grenadier Guards et membre du Guard's Club, était méprisé par les Somalis avec qui je m'entretins — peut-être à cause de son amour des Masaïs — et lorsque Diana l'épousa, tous ses serviteurs la quittèrent en raison de la réputation d'avarice qu'avait son mari. Mais il existait d'autres raisons plus snob. Les Somalis avaient de nombreuses choses à reprocher à Colvile :

« La mère de Colvile vivait à Gilgil et tenait un hôtel. »

« Elle n'était pas comme une Mazungu (une Blanche). »

« Elle n'avait pas des manières d'Anglaise (elle était en partie française) et transportait le lait sur sa tête. »

« On ne la respectait pas beaucoup parce qu'elle ne jouait pas au tennis, au polo ou au bridge ; quant à Colvile, c'était la même chose. »

« Les vaches entraient dans sa maison. » (Ce qui est faux.)

« Il conduisait sa voiture avec sur le siège à côté de lui, un Moran masaï qui tenait une lance. » (Et mon interprète d'ajouter : « Remarquez le ton méprisant dans sa voix. »)

Peut-être Colvile était-il misanthrope. D'après Sir Michael Blundell, c'était un homme solitaire, austère et taciturne. « Au Conseil des éleveurs, où siégeait aussi Tom Delamere, il arrivait coiffé d'un chapeau de feutre à larges bords, enfoncé au centre. Pas de chaussettes, bien sûr, et un costume en tweed léger tout fripé. Lorsque j'ai essayé de l'appeler Gilbert, il m'a dit : "Mon nom est Colvile." »

Une relation de Diana décrit ainsi la situation : « Pendant et après le procès, personne ne lui parlait. Elle dut abandonner tous les clubs et ne pouvait plus séjourner dans aucun hôtel. Colvile détestait les femmes. En rencontrant Diana, il a dû la trouver particulièrement dure. Il la considérait un peu comme un homme. Il lui écrivit qu'il ferait n'importe quoi pour elle ; il était membre fondateur de tous les clubs d'Afrique, et grâce à son argent il la ferait accepter partout. »

Dès que Broughton eut quitté la scène, Diana amena Colvile au Djinn Palace, et en janvier 1943, un mois après le suicide de Broughton, elle l'épousait. Colvile n'avait que cinq ans de moins que Broughton. « Il lui acheta la maison d'Erroll, le Djinn Palace, raconte une relation de Diana, et lui donna ses bijoux de famille. Il haïssait Delves Broughton. » A une de ses amies, Dushka Repton, Diana déclara qu'elle était au bout du rouleau ; personne ne lui adressait plus la parole. Colvile lui avait permis de remonter la pente, et elle n'oublierait jamais ce qu'il avait fait pour elle.

Colvile tint parole : démentant sa réputation d'avarice, il lui donna par contrat de mariage une grande partie des terres, lui permit d'investir de l'argent dans une écurie de courses à Nairobi ; mais il encouragea aussi sa vie mondaine. On vit de nouveau Diana aux réceptions, en compagnie cette fois d'un cavalier, Jack Hilton. Colvile ne s'en formalisait pas : pour les soirées dansantes, il lui fallait bien un cavalier. Diana et Colvile n'en étaient pas moins profondément attachés l'un à l'autre. Elle l'appelait « mon petit monstre ». A un de ses amis, elle disait : « Non, mon cher, je ne peux pas venir ce soir, j'ai promis d'emmener Pooey (un des surnoms qu'elle lui donnait) au cinéma. » Colvile était-il déjà allé au cinéma auparavant ? L'histoire ne le dit pas. Mais rares étaient ceux qui comprenaient ce couple étrange : comment Diana pouvait-elle supporter cet homme ? Et lui, comment avait-il pu abandonner des habitudes aussi anciennes et se dévouer ainsi à une femme jeune et élégante dont il n'attendait rien ?

Pour Poppy, Colvile était effectivement un drôle de bonhomme, et dans l'étrange existence qu'il menait avant l'arrivée de Diana, il voyait une obsession homosexuelle ayant pour objet sa tribu préférée, les Masaïs, et notamment ses jeunes guerriers. En brousse, en dehors de l'ivrognerie et de l'adultère (et encore, dans des limites respectables), il n'y avait guère de place pour l'excentricité, mais « devenir un indigène », comme le soupçonnait Poppy, était particulièrement impardonnable. Pour Poppy, cela ne pouvait s'expliquer qu'en termes d'aberration sexuelle.

Vers le début des années cinquante, la période de purgatoire de Diana avait pris fin, et elle commençait d'assister à tous les événements mondains de quelque importance. Une course de chevaux à Nairobi ne constituait pas un événement (disons un événement « royal ») si Diana ne l'honorait pas de sa présence. Il y avait aussi un club des 400 à Nairobi, et on y voyait souvent Diana en compagnie de Jack Hilton. Ses faits et gestes étaient abondamment commentés dans la rubrique mondaine locale, les « Plus beaux moments de Miranda ». Une femme se souvient de l'avoir vue au club des 400 à cette époque. « Elle portait une magnifique robe noire et de splendides émeraudes. Elle était superbe. Tout le monde était béat d'admiration. ».

Mais deux tragédies successives vinrent endeuiller la vie du couple. Diana perdit deux enfants ; le premier ne vécut que dix jours, et le second était mort-né. Diana et Colvile adoptèrent une fille, Sarah, connue sous le nom de « Snoo ».

Lorsque Diana rencontra pour la première fois Tom Delamere, le fils du pionnier, il ne lui plut pas : il avait les cheveux roux et il était de petite taille. Colvile et Delamere étaient amis intimes, bien que le père de Tom, Hugh Delamere, eût marqué pendant leur enfance une nette préférence pour Colvile qu'il traitait avec plus de gentillesse que son propre fils. Diana, Colvile et Delamere ne tardèrent pas à être vus ensemble un peu partout, et le trio faisait souvent la navette entre le Djinn Palace et Soysambu, le ranch de Delamere.

Diana, qui selon ses dires n'avait rien éprouvé pour un homme depuis la mort d'Erroll, tomba amoureuse de Tom. Le pacte non écrit fut cette fois-ci sincère, et Colvile, quoique malheureux de perdre Diana, lui conserva toute son amitié, ainsi qu'à Tom. En 1955, il accepta de divorcer à l'amiable, promettant même à Diana de lui léguer à sa mort toutes les terres qui lui restaient. La même année, Mary Delamere engageait une procédure de divorce contre son mari, en l'accusant d'adultère avec Diana ; puis Diana épousa Tom Delamere, qu'elle surnommait « Bear » et « Buzzer ».

Au mariage, Diana déclara à Kaplan : « La troisième fois, c'est la bonne. » (Elle oubliait Vernon Motion, son premier mari, pilier des Savoy Orpheans de Carroll Gibbons.)

Puis l'état d'urgence fut proclamé auquel succéda l'indépendance, sous la houlette de Kenyatta. A sa mort, Colvile laissa tout ce qu'il possédait à Diana. Pour régler les frais de succession, Diana dut vendre les biens de Colvile ; les estimations les plus raisonnables chiffrent la vente à deux millions et demi de livres.

La première fois que je vis Diana, ce fut à Nairobi, en 1966, à l'occasion d'une course de chevaux ; je travaillais alors pour le *Daily Nation*. Elle était de petite taille, comme les membres de la famille royale, et elle était habillée et se comportait comme eux. Vêtue avec la dernière élégance par Hardy Amies, coiffée d'un petit chapeau melon blanc et arborant de fabuleux bijoux, elle était si éblouissante que même dans la famille royale on aurait jugé cela excessif. Mais cette aura qui émanait de sa personne, elle la devait moins à sa parure qu'à la beauté de son visage et à l'éclat de ses yeux bleus. En même temps, je ne pouvais m'empêcher de penser qu'elle en faisait un peu trop, et que même à Ascot — sans parler de Nairobi — elle aurait attiré tous les regards. Disons qu'elle n'arborait pas sa richesse avec une discrétion particulière.

J'avais le sentiment que si elle n'avait pas été vêtue et parée de façon aussi voyante, si elle n'avait pas arboré de façon aussi ostensible son pouvoir et sa richesse, comme à la parade, peut-être aurait-on moins jasé sur ses origines. Il est communément admis à Nairobi, et parfaitement à tort, d'ailleurs, que Diana est « sortie de rien ». Danseuse de cabaret et mannequin sont les suppositions les plus obligeantes que l'on évoque au club Muthaiga. « Elle n'est devenue aussi respectable que parce qu'elle ne l'était pas au départ », affirme une dame, membre du club. Ce qui n'empêche pas la plupart des Blancs de voir en Diana la femme la plus fascinante du Kenya, le symbole de la survivance des Blancs dans ce pays et de la profitable coopération qui s'est instaurée entre eux et la nouvelle classe dirigeante noire après l'indépendance.

Ce jour-là, le président Jomo Kenyatta lui remettait un énorme trophée en argent, la coupe Uhuru (Delamere et elle avaient toujours possédé les meilleurs chevaux du pays). Les deux grands survivants des époques héroïques se souriaient comme deux conspirateurs, et je me dis qu'une fois encore, Diana avait réussi à séduire un homme riche et puissant.

Les serviteurs somalis étaient stupéfaits en voyant qu'elle ne quittait jamais ses nombreux bijoux avant de se baigner dans sa piscine de Kilifi. Visiblement, elle se sentait « nue » sans ses bijoux, mais les serviteurs, eux, avaient l'impression de voir quelqu'un se jeter dans un tourbillon, alourdi par le poids des cailloux étincelants.

Un de mes amis la vit un jour arriver au club Muthaiga, revêtue d'une cape fermée par de puissants aimants ; fasciné, il la vit ouvrir les aimants et les laisser se refermer avec un bruit sec. Il remarqua qu'elle avait emprunté à la bibliothèque du club plusieurs livres d'une série intitulée « Les grandes affaires criminelles ». Après l'indépendance, l'avenue Delamere à Nairobi fut rebaptisée avenue Kenyatta et la statue de Lord Delamere fut transportée dans le jardin de Soysambu. Dans ce jardin, on jetait de petits miroirs aux paons, qui par vanité allaient picorer leur propre image. Diana les encourageait de la voix.

Antonia Fraser écrivait à Cyril Connolly :

« Cette affaire m'a toujours hantée. Visiblement, chacun y trouve quelque chose de différent : pour moi, c'était moins Jock Broughton que Diana, la femme fatale, et la façon dont certaines femmes sont irrémédiablement vouées au drame (je songe par exemple à Mary Stuart). Imaginez mon excitation lorsque, vers 1958, je vis entrer au club Muthaiga une femme léopard vêtue de jersey or pâle (tout le monde portait des vêtements de coton fripé), la peau et la chevelure de même couleur, et un manteau de fourrure sur le bras (il faisait plus de 30°) ; un murmure parcourut l'assemblée : ''Diana Delamere''. L'une de mes théories à propos des femmes fatales, c'est qu'en comparaison des autres, elles ont souvent l'air froides... »

« Froide », « dure », sont des épithètes qui reviennent souvent à propos de Diana, mais ses proches évoquent au contraire sa fidélité et sa chaleur envers ses amis. « Elle est très aimable avec les gens du commun », ai-je entendu dire.

Elle est toujours entourée de suivantes. Elle a peur d'être seule. Ce n'est pas toujours facile pour les suivantes, m'a-t-on dit, de se consacrer autant à elle, mais pour Diana, « un ordre est un ordre ».

« Elle a toujours été fidèle et très tendre envers Tom, qui n'était pas un homme facile et qui a été longtemps malade, expliqua une amie de Diana. Elle était très patiente avec lui, alors que lui de son côté était plutôt strict. Il ne voulait pas la voir courir partout. »

« Soysambu était assez sinistre, poursuit cet ami. Ils vivaient extrêmement bien ; ils ne tentaient pas de dissimuler leur richesse, mais c'était fait sans ostentation vulgaire. Leurs serviteurs étaient toujours vêtus de façon impeccable : fez vert, bottes et pantalon blanc bouffant. Un jour que j'étais assis seul dans le salon, l'un de ces serviteurs merveilleusement habillés entra. Il ne m'avait pas vu. Il prit le flacon à whisky sur le plateau à alcools, avala une longue lampée, reposa le flacon et quitta la pièce. Son attitude m'a beaucoup impressionné.

« Diana attachait beaucoup d'importance à ses vêtements. C'était tout un branle-bas de combat avant les courses à Ascot, puis une fois ces épreuves passées, elle préparait les suivantes, dessinant elle-même les modèles avec Hardy Amies. En tant que femme, Diana possédait une grande qualité : elle vous faisait sentir que vous étiez le type qu'elle avait absolument envie de dominer. »

La description que donne son ami de l'uniforme des serviteurs n'est pas tout à fait correcte : ils portent bien un fez vert, mais l'uniforme se compose d'une longue tunique kaki serrée à la taille par une large ceinture verte, et d'un pantalon kaki également. A Kilifi, sur la côte, ils sont habillés tout en blanc, et sur le bateau les « garçons de bord » portent un pantalon ou un short bleu marine et un tee-shirt portant le nom du bateau de Diana, le *White Bear*. En certaines occasions, les garçons de bord sont aussi habillés de blanc.

Autre signe de raffinement à Soysambu, les petits déjeuners. Le soir, au moment où ils vont se changer pour le dîner, les hôtes trouvent sur leur table de nuit, à côté d'une rose pour leur boutonnière, une carte bordée d'or avec le menu du petit déjeuner. L'on peut y cocher ses préférences parmi une grande variété de fruits tropicaux et de plats cuisinés. Le petit déjeuner ne peut être servi que dans les chambres. Un de mes amis qui avait fait un séjour à Soysambu me déclara : « Je crois que Diana n'a aucune envie de voir de jeunes hommes traîner dans la maison tôt le matin. L'invité n'est guère encouragé à se lever trop tôt le matin. »

Connolly finit par rencontrer Diana avant que nous eussions terminé notre article. Il relate ainsi leur rencontre dans son cahier :

> 1re rencontre avec elle au cours d'un dîner avec Lady Hoare. 14, Selwood Terrace. 23 juillet (1969).
> Diana portait une simple robe d'été à motif de fleurs noir et blanc, très près du corps, avec un énorme collier de perles à cinq rangs et un petit clip en diamant.

Taille moyenne (pas petite), cheveux blonds coupés court, grands yeux bleus, petit nez aquilin. Lorsque mécontente, les coins de la bouche ne s'abaissent pas. Voix assez métallique, mais pas du tout éteinte, vibrante, avec une nuance de gaieté et de rire. Ce n'est pas du tout une petite femme. A dû être éblouissante.
Elle me rappelle : 1) La duchesse de Windsor, qui avait ce même côté enjoué et tenait à bout de bras un mari plus âgé et passablement stupide. — 2) Diana Cooper vingt ans auparavant. — 3) Les grandes figures de l'école de charme des années vingt et trente, c'est-à-dire Doris Castlerosse, Lady Queensberry (Mme Follett). Mais, à la différence de cette dernière, pas déprimante.
Le genre de femme qui évoque Cannes, l'Écosse, Ascot et Saint-Moritz tels qu'ils étaient autrefois, mais qu'on n'imagine pas recevoir chez elle ni vouée à une tâche autre que le plaisir.
Pas du tout bohème.
Était aussi présent le couple Walter Bells ; lui est un ancien officier des services de renseignements (Kenya). Bon dîner.

Sujets de conversation.
Sa passion pour Rome. Demeure à l'hôtel de ville. Suite luxueuse (air conditionné). Elle aime les homosexuels, mais son mari déclare que les « tantouses » (comme on disait à l'armée) « l'agacent ». Elle défend « ceux qui sont charmants », lui disent si elle est bien coiffée, remarquent ses vêtements, etc.
Opinions.
Ne supporte pas l'Afrique du Sud, rien ne pourrait la forcer à vivre là-bas. Adore le Kenya, le préfère à tout autre pays au monde. Elle a une ferme « adorable » sur les bords du lac Naivasha et une maison à Kilifi, du côté de Mombasa. Elle s'occupe de ses cultures à Elmenteita, et va sur la côte en hiver pour sa santé. Elle aime le gril d'Alan Bobbé (un restaurant de Nairobi). N'a absolument rien bu.

A acheté un tableau de Michonze pour 600 livres. A fait restaurer « un petit Gainsborough » — « un objet de famille » (Delves Broughton ?) — un portrait de petite fille en robe blanche avec un col bleu.

Anti-Wilson, pro-Kenyatta. Lord D. a discuté de politique africaine toute la soirée avec Bell. Ont parlé d'Eton. Elle lui a dit : « Je sais que pour toi, c'est très mauvais signe de ne pas avoir les lobes des oreilles bien détachés, mais il y a quelqu'un d'autre qui est comme ça — elle voulait dire, moi. Elle a ôté ses boucles d'oreilles en perles et a soulevé ses cheveux pour me montrer ses oreilles. Lui, l'appelle « Buzzy ».

C'est avant tout une séductrice et une meneuse d'hommes — on comprend très bien comment un homme a pu devenir fou d'elle trente ans plus tôt s'il était l'homme qui lui convenait. Un peu terre à terre, ou peut-être simplement mondaine. Diamants, saphirs et perles. Très amicalement, ils m'ont reconduit à la gare Victoria. La ferme aux serpents à Kilifi.

Elle s'est rendue dans la City, et on lui a dit de garder ses valeurs sûres. La crise allait s'accentuer. Songeait à donner une réception d'adieu chez Aspinall (elle n'aime pas les cocktails) en sorte que ses amis pourraient jouer s'ils en avaient envie. Trouvait que l'affaire Kennedy était tragique. Lord D. était très opposé à la guerre. Pensait que tout le monde devrait voir *Oh What A Lovely War !* pour savoir ce qu'il en était exactement. Tout plutôt que Sandy Wilson. Elle n'était pas allée à la maison de Jack Block et n'avait pas vu ses tableaux. A mentionné les courses de Chester. Elle vole sur Alitalia — elle a un ancien petit ami qui y travaille. Aime les courses.

En 1979, je vis à nouveau Diana Delamere aux courses de chevaux de Nairobi, assise dans la loge Delamere ; elle était veuve, désormais, mais elle semblait infiniment plus jeune que lorsque je l'avais aperçue en 1966. Elle était toujours habillée de façon royale par Hardy Amies. Le mari de sa suivante du moment soulevait son feutre à chaque mouvement que faisait Diana : lorsqu'elle se levait pour gagner le paddock, puis à son retour pour observer la course. La loge Delamere se trouve à l'extrémité nord des tribunes réservées aux membres, juste devant le poteau d'arrivée. Ce jour-là, elle portait un chapeau rouge.

Elle déjeuna au restaurant réservé aux membres du club, en

compagnie de son entourage, parmi lequel je remarquai son beau-fils et héritier de la fortune Delamere, Hugh Cholmondeley, qui est à présent Lord Delamere. Avant le départ de la première course, on brancha les haut-parleurs, et un long hurlement strident de feed-back retentit dans la salle de restaurant. Les lèvres de Diana se serrèrent en une moue d'agacement et elle s'exclama : « Ah, bon sang ! »

Je craignais d'essuyer un refus définitif, voire pire, si j'osais évoquer l'affaire Erroll en sa présence, mais je gardais pourtant l'espoir qu'un jour, en des circonstances appropriées, elle accepterait de parler, même brièvement, à un historien sérieux. Il ne fallait pas gâcher cette chance. Il aurait été pratique, mais en tout cas malhonnête de ma part d'écrire que Diana refusait de me parler, si ma requête avait été présentée de façon inacceptable.

Les courses n'étaient pas l'endroit convenable. Elle y était trop exposée. Après tout, on n'interviewe pas les membres de la famille royale à Ascot. Le téléphone était également à proscrire. On pouvait tout perdre en quelques secondes. Notre premier contact devait se faire en face à face. Et il devait se faire sur le plus ancien champ de bataille du journaliste : le pas de la porte. Mais vu de la route, il semblait impossible de l'approcher dans sa forteresse de Soysambu. Loin de la maison, il y avait d'abord une barrière sur la route, flanquée d'une guérite de gardien ; après cela, le chemin disparaissait dans la brousse, au-delà de l'horizon. Il aurait été absurde pour un journaliste indésirable de se faire annoncer par un téléphone de campagne à partir d'une lointaine guérite. Dix-huit mois allaient passer avant que je rencontre à nouveau Diana.

22

Abdullah et la princesse afghane

Avant de partir pour l'intérieur du pays, je pris la route de Karen, par un chaud et immobile après-midi, dans l'espoir que le lieu lui-même me fournirait quelque indice sur les événements tragiques de cette nuit-là. Je connaissais bien le chemin depuis mes précédents séjours au Kenya : il fallait traverser les faubourgs de Nairobi, suivre la route étroite longeant le champ de courses et le Jamhuri Park ; une fois, au cours des journées de « construction de la nation » qui avaient suivi l'indépendance, j'avais vu, très impressionné, Kenyatta prononcer un discours en s'éventant avec son chasse-mouches, et diriger les chants de *Harambee* (« rassemblons-nous ») entonnés par la foule.

Les routes de Ngong et de Karen, à l'intersection desquelles on a retrouvé la Buick, sont maintenant goudronnées, et à quelques mètres du fossé s'élève à présent un bâtiment de pierre et de bois, l'église de St. Andrew : ce sont là les seuls changements visibles dans le voisinage immédiat, depuis l'époque du meurtre. Lorsque l'on regarde l'endroit, l'on est immédiatement frappé par le virage serré qu'a dû accomplir la Buick après le carrefour pour aller terminer sa course dans le fossé. J'ai tout de suite eu l'impression qu'Erroll avait dû braquer à fond sur la droite pour éviter une voiture venant en face sur le mauvais côté de la route. Il est aussi possible qu'après le virage à droite et les coups de feu, Erroll soit tombé en avant sur le volant, que son pied ait lâché la pédale d'embrayage et que la voiture ait foncé dans l'herbe en exécutant un virage serré. Comme toujours, s'imposait à moi l'impossibilité de reconstituer avec exactitude la scène du crime.

Entre le carrefour et la maison de Broughton, s'étend une vaste prairie utilisée pour le bétail, et coupée par la route empruntée par Erroll et qu'a dû suivre Broughton pour retourner chez lui. Frappé par la distance entre le carrefour et la maison (4,3 kilomètres, c'est plus long qu'il n'y paraît), je me convainquis d'abord que l'assassin avait dû attendre Erroll au carrefour et que ce devait être un tueur à gages et non un habitant de Karen. En tout cas, si le meurtrier était Broughton ou quelqu'un d'autre de la maison, il ne fait pas de doute qu'il ou elle a accompagné Erroll en voiture après son départ de Karen. Couvrir une telle distance et se trouver à Karen à l'heure indiquée par June Carberry supposait que Broughton fût en parfaite condition physique. Je me rappelai alors la phrase de Diana qu'aurait entendue le secrétaire de Harragin : « Il n'est pas aussi vieux schnock qu'il le décrit. »

De lourdes grilles en fer forgé s'élevaient à présent devant l'ancienne maison de Broughton qui avait l'air vide et fermée. Son nouveau propriétaire était l'ancien beau-fils de Kenyatta, Udi Gecaga, qui avait été un temps directeur de la Lonhro, la compagnie minière anglaise. Il m'expliqua que depuis l'époque de Broughton, rien n'avait été changé, sauf que le portail et l'allée avaient été déplacés vers un autre côté de la maison.

Je consacrai ensuite un après-midi à survoler en petit avion les riches plantations des collines de Kikuyu, puis la colline de Nyeri dont le sommet jaillit soudain sous nos ailes. Ses flancs recouverts d'arbres constituent un point de repère pour les aviateurs qui volent à basse altitude, et cette colline marque presque exactement la limite entre la région des fermes de Kikuyu et les grands pâturages de plaine des Masaïs qui s'étendent presque jusqu'au lac Rudolph. En petit avion, c'est un paysage inoubliable qui s'offre à la vue lorsque l'on remonte cette large vallée entre le mont Kenya et la région des Aberdares : une immense étendue de savane d'un vert tendre qui s'élève doucement jusqu'aux contreforts de la montagne.

Le pilote, David Allen, était gardien de réserve, et nous étions accompagnés ce jour-là de sa femme, Petal, fille de Sir Derek Erskine. Nous atterrîmes sur une piste en gazon attenante au jardin de leur maison, qui fait face au mont Kenya et ne se trouve qu'à quelques kilomètres de l'ancienne ferme de Soames, près de Bergeret. Nous terminâmes l'après-midi par une partie de pêche à la truite dans une rivière bordée d'arbres immenses et inconnus de moi. Le lendemain matin, dès le lever du soleil, nous avions repris nos cannes à pêche.

Quelques années auparavant, à l'occasion d'un de mes reportages éclair à Nairobi, Sir Derek Erskine m'avait raconté une histoire fort intéressante à propos de Broughton, histoire que je m'étais toujours promis d'approfondir. Malheureusement, Erskine était mort entre-temps. Sa famille, qui à l'occasion du présent voyage m'offrait généreusement l'hospitalité, se souvenait pourtant parfaitement de l'histoire. J'appris que, peu de temps avant sa mort, Sir Derek avait enregistré ses mémoires, y compris l'histoire de Broughton et du cheval Pantaloon. Cette nuit-là, sa veuve, Lady Erskine, offrit de me faire écouter les bandes.

Bien que Broughton eût possédé ses propres chevaux, m'expliqua-t-elle, il avait souvent proposé à son mari de lui acheter Pantaloon, un superbe animal, fort agréable à monter. La veille du crime, le matin, Broughton demanda à son mari s'il pouvait lui emprunter le cheval jusqu'au dimanche. Ce dimanche-là, Broughton se trouvait seul à Nairobi, attendant les résultats de l'autopsie. Diana et June Carberry étaient parties pour Nyeri. Broughton ramena le cheval vers quatre heures de l'après-midi. Erskine était l'un des rares à connaître déjà la cause de la mort d'Erroll.

Jock Broughton arriva à cheval jusqu'à l'écurie ; le cavalier comme la monture avaient l'air épuisés. J'étais très choqué en voyant cela. Jock se laissa plus ou moins tomber du cheval et gagna notre maison en chancelant. Nous lui avons demandé s'il voulait une tasse de thé, et il a répondu : « Non, je suis à cheval depuis longtemps, depuis neuf heures et demie ce matin. Je n'ai rien mangé depuis et je préférerais du gin. » Ma femme lui apporta une bouteille de gin et un verre, et il vida un verre entier comme si cela avait été de l'eau.

Puis il m'a dit : « Avez-vous appris quelque chose sur Joss ?

— Eh bien... rien, à part qu'il est mort.

— Mais qu'est-ce qui a bien pu se passer ? a dit Jock. Est-ce que ça aurait pu être une crise cardiaque ?

— Oui, répondis-je, ça a fort bien pu être une crise cardiaque.

— Mais il allait si bien vendredi soir, qu'est-ce qui a pu provoquer cette crise cardiaque ?

— La réponse est toute simple, dis-je. Elle a été provoquée par une balle dans la nuque. »

J'ai regardé Jock avec beaucoup d'attention en prononçant ces mots, et à partir de ce moment-là, je n'ai plus eu aucun doute sur l'identité de l'assassin de Joss Erroll.

Ce qui rend cette conversation encore plus significative, c'est la remarque que fit Broughton la veille, avant que le meurtre ait été rendu public, à Kenneth Coates, un jeune policier. Il lui dit en effet : « Maintenant, je suis le suspect numéro un. »

Deux ans plus tard, un de mes grands amis, Arthur Orchardson, qui sortait souvent mes chevaux et était l'un des meilleurs tireurs du Kenya, passait à cheval à côté du fossé où l'on avait retrouvé la voiture d'Erroll ; il aperçut alors ce qui ressemblait fort à une arme rouillée. Il descendit de cheval et ramassa ce qui s'avéra être un pistolet. Il me le montra, et nous décidâmes aussitôt de nous en débarrasser ; nous l'enterrâmes dans un endroit où l'on ne pourrait jamais le retrouver.

Deux jours plus tard, lors d'un déjeuner avec les Erskine, je rencontrai une femme que l'on n'appelait que la princesse afghane, bien que par ses manières elle fût anglaise jusqu'au bout des ongles. Elle me dit se souvenir fort bien de Lord Erroll. Elle avait vécu dans cette région toute sa vie, et son mari, à présent décédé, avait été l'aide de camp de ce même duc de Gloucester qui avait tant agacé le procureur général Njonjo. Elle et son mari avaient vécu l'état d'urgence, s'accrochant à leur ferme éloignée, alors que la plupart des Blancs avaient quitté les campagnes pour se réfugier en ville. « Il en a tué un », dit la princesse, faisant référence respectivement à son mari et à un combattant Mau-Mau, « au fond du jardin ».

La princesse m'invita alors à aller passer la nuit chez elle ; je pris mes affaires et l'accompagnai, bien que j'ignorasse ce qu'elle savait de l'affaire Erroll.

Elle vivait dans le même district que les Erskine, près d'une maison de retraite pour colons, que l'on appelait là-bas « La ligne de pression artérielle ». Sa mère appartenait à une grande famille afghane et avait épousé en Inde son père qui, lui, était anglais. La princesse était donc une authentique « Anglo-Indienne », mais en parlant avec elle, on avait l'impression qu'elle avait passé sa vie entière dans les comtés du sud de l'Angleterre. Au bout de l'allée, nous vîmes arriver dix ou douze chiens qui paraissaient d'une effroyable férocité et aboyaient de façon inouïe. La princesse élevait des Ridgeback de Rhodésie, ainsi nommés parce qu'ils ont le poil constamment hérissé le long de la colonne vertébrale.

Il m'apparut tout de suite que la princesse ne savait presque rien sur Erroll ; les seules paroles que je jugeai dignes d'être consignées furent les suivantes : « Erroll était habile en tout. » Elle fit preuve cependant d'un grand sens de l'hospitalité, bien que les Ridgeback occupassent tous les sièges et qu'il semblât imprudent de leur demander de s'en aller. Comme seul demeurait vide le fauteuil de la princesse, je m'y assis. Sa belle-fille, qui vivait avec elle, me dit alors : « C'est *son* fauteuil. Je voulais simplement que vous le sachiez. Je ne crois pas que ça ait beaucoup d'importance pour le thé. »

A six heures, un serviteur somali dressa la table pour le dîner : sets individuels décorés de scènes de chasse, bocaux de pickles, salière et poivrier en argent, etc.

Le repas fut délicieux. Sherry, comme d'habitude, pour accompagner la soupe ; filet mignon servi avec des carottes et des petites pommes de terre parfaitement sautées. Il y eut ensuite une pause, qui ne tarda pas à se transformer en attente. Le plat suivant n'arrivait pas. Sa cuisine avait récemment brûlé, et elle en avait fait installer provisoirement une autre au fond du jardin, dans l'obscurité. L'impatience de la princesse afghane se mua en colère. (Elle avait hurlé à l'opérateur du téléphone de Nanyuki : « Lavez-vous les oreilles, espèce de *troufignon* ! ») La princesse se leva de table et, depuis le seuil, hurla dans l'obscurité : « Wapi la suite ? » (En swahili, *wapi* veut dire « où ».)

Surgirent alors de la nuit africaine de délicieux œufs à l'anchoïade fourrés dans une merveilleuse pâte à tarte ; le repas avait été préparé sur une cuisinière à pétrole, quelque part à côté du poulailler. Tout se passait bien, mais je me demandais quand même comment elle n'avait pas encore été assassinée, alors que depuis tant d'années elle injuriait ses serviteurs africains de façon aussi effroyable. J'appris un peu plus tard, à Nanyuki, qu'on la considérait surtout comme une excentrique, qu'elle s'était très souvent montrée d'une extrême gentillesse et que cela avait joué en sa faveur.

La princesse afghane me relâcha le lendemain, et je partis alors pour le lac Naivasha, sur les dernières traces d'Erroll et de Broughton. Ces terres appartenaient désormais à Diana Delamere. Je louai au bord du lac une maison qui avait appartenu autrefois à Kiki Preston, la dame à la seringue d'argent ; l'endroit était sauvage et isolé, et il me servait surtout de base arrière pour mes enquêtes dans la région. En dehors de Stefan, le boy de maison, j'étais seul.

Tous les matins, tôt, j'allais marcher sur les berges du lac Naivasha, longeant les jacarandas, les poivriers et les gros buissons d'épineux, dérangeant des colonies d'oiseaux aquatiques qui s'envolaient à mon approche. Lorsque la chaleur commençait à devenir trop forte, je regagnais la maison où le boy avait déjà mis à rafraîchir pour moi des paw-paw et des ananas. Chaque fois que je tournais mes regards vers le lac, il me semblait que la surface de l'eau avait changé, souvent de façon spectaculaire. C'était d'abord un miroir que traversaient sans y laisser la moindre ride des bandes de pélicans aux becs énormes. Une minute plus tard, un vent soudain l'avait transformé en loch écossais déchaîné, parcouru de courants et de vagues aux crêtes blanches. La lumière peut changer avec une égale rapidité. Parfois, le ciel est si clair qu'on distingue avec une grande netteté chaque branche d'un épineux sur la rive opposée. L'instant d'après, le même arbre n'est plus qu'une vague traînée grise, que rend parfaitement inexplicable l'absence de tout nuage dans le ciel. Hallucination : les distances moyennes semblent grandir puis diminuer, et l'on ne tarde pas à se sentir oppressé par l'atmosphère lugubre du lieu, avec ses maisons isolées et ses larges prairies qui glissent jusqu'à l'eau comme si le niveau du lac s'élevait lentement. Alors que la solitude commençait de l'affecter, Broughton avait dû éprouver un véritable désespoir dans un tel environnement.

A quatre kilomètres de l'autre côté du lac, depuis le jardin de ma propre maison, je pouvais apercevoir le sommet de la blanche tourelle crénelée du Djinn Palace, émergeant au-dessus d'un bouquet d'arbres. La maison avait été restaurée par un homme d'affaires allemand, et l'ancienne cour marocaine avec ses fontaines et ses mosaïques ressemblait à présent à un garden center bien achalandé. La fontaine avait été remplie. Les boiseries, en revanche, ainsi que le bar en mosaïque avaient été laissés intacts.

Pendant les années de guerre, cette partie sauvage du lac avait accueilli des hôtes de marque. Feu l'Aga Khan vivait dans la maison de Preston et le prince Paul de Yougoslavie dans la maison voisine ; ils partageaient la même pelouse.

Cette dernière maison appartient désormais au baron Knapitsch, le chasseur de trophées. Le baron avait tué tellement d'animaux, grands et petits, en conservant chaque fois les cornes, que ses salons caverneux ne pouvaient plus rien accueillir et que les toilettes des messieurs étaient hérissées de ramures de dik-diks et de gazelles de Grant. Le baron avait même disposé en arche dans son jardin deux énormes branches d'arbre, évoquant de façon irrésistible une monumentale paire de défenses d'éléphant.

Il m'invita à dîner. Je pris un bain et n'eus qu'à traverser la pelouse. « Vous ne pouvez pas imaginer le gibier qu'il y a eu ici il y a quelques années. Merveilleux. Incroyable. » Diana était restée quelque temps avec lui dans son château autrichien. « Une femme magnifique. Non. Vraiment. Magnifique. »

Colvile, me dit-il, possédait 30 000 hectares ici, autour du lac Naivasha, 70 000 à Rumuruti et 15 000 ailleurs. (L'estimation rejoignait à peu près celle des colons pour qui, à sa mort, Colvile avait laissé 100 000 hectares.) Le baron déclara aussi que Colvile possédait 29 000 têtes de bétail — « Incroyable. Même d'après les critères brésiliens. Non, vraiment » —, et qu'à leur mariage, il avait donné à Diana la moitié de ses droits sur ses fermes.

Vers la fin de mon séjour, je trouvai une piste qui me sembla des plus prometteuse. Au cours de mes périples autour du lac, j'avais eu la chance de rencontrer le vieux serviteur somali qui avait travaillé pour Soames et pour plusieurs amis d'Erroll. Étant donné le grand âge de cet homme, son employeur me conseilla de ne pas remettre à plus tard un éventuel entretien avec lui.

Le vieux serviteur ne parla au début qu'avec prudence. Son employeur nous servait d'interprète, et je rapporte ici sa traduction : « Il dit que pendant le court séjour qu'il a fait au Kenya, les serviteurs, en général, aimaient bien Broughton. Mais comme c'était un nouveau venu, ils ne pouvaient pas être vraiment sûrs. »

Après un certain temps, il dit simplement : « Oui, je sais beaucoup de choses à propos de Lord Erroll — Bwana Hay — et... je voudrais vous parler de lui. »

Suivit alors un récit époustouflant de précision des événements de janvier 1941. Des oublis et des déformations auraient été parfaitement compréhensibles, mais après quarante années, ce Somali déroulait l'acte d'accusation dans le moindre détail et sans jamais se tromper. Ce fut une performance impressionnante, que ne vinrent jamais entacher ces rumeurs qui gâchaient souvent la précision des récits donnés par les colons.

A l'époque, il avait longuement commenté l'affaire avec ses collègues. Après en avoir discuté avec les autres serviteurs, son opinion personnelle était que le vieil homme avait lui-même tué Erroll. Certains de ces serviteurs étaient-ils encore en vie ? Je mentionnai Abdullah bin Ahmed, principal serviteur de Broughton, qui avait témoigné lors du procès. Oui, répondit le Somali, Abdullah était son meilleur ami et il vivait à présent à Kilifi. Il ajouta qu'il était convaincu qu'Abdullah savait exactement ce qui s'était passé, mais si j'allais le trouver il ne fallait pas laisser entendre que c'était lui qui me l'avait dit. Abdullah avait préparé le feu de jardin sur les instructions de Broughton, et Abdullah savait parfaitement ce qui avait brûlé. Oui, bien sûr, ils avaient discuté entre eux de ce feu de jardin.

Il raconta aussi que lorsque Broughton avait quitté le Kenya, Diana avait gardé Abdullah à son service, mais ensuite la plupart des serviteurs, dont Abdullah, n'approuvèrent pas son mariage avec Colvile. Colvile était comme un Masaï, il avait un chauffeur masaï. Diana était correcte. Elle n'était pas rousse et elle ne laissait jamais entrer dans sa maison les gens du commun. Mais Colvile, ce Masaï, était avare, et tous les serviteurs l'ont quittée. C'était la première fois qu'Abdullah partait. Il a été renvoyé plus tard deux fois pour ivrognerie, mais il est toujours revenu.

Malgré l'ivrognerie d'Abdullah, Diana l'aimait bien. Il y a longtemps, bien après les incidents qui avaient privé temporairement Abdullah de travail, Diana l'avait repris à Kilifi et lui avait dit : « Tu vas travailler ici. » Il touche une pension depuis lors. Cela fait très longtemps qu'il perçoit cet argent. « Diana est un peu comme sa mère, dit le Somali. Elle ne veut pas qu'Abdullah ait des ennuis. » Il était certain, répéta-t-il, qu'Abdullah savait qui avait tué Lord Erroll, mais c'était à Abdullah lui-même de le dire. Peut-être aurait-il peur de parler, mais lui, le Somali, lui indiquerait comment le trouver, sur la côte.

Quelques jours plus tard, par une de ces chaleurs terribles, sans le moindre souffle d'air, qui peuvent parfois s'abattre sur la côte, je quittai Mombasa en voiture en direction de Kilifi. J'emmenais avec moi une de mes amies, Mary Ann Fitzgerald, journaliste à Nairobi, qui allait me servir d'interprète.

En atttendant le ferry-boat de Kilifi, nous achetâmes du jus de goyave et des noix de cajou, contemplant les carcasses des vieux radeaux qui avaient servi de bac et achevaient de pourrir dans la boue, près du gué. L'une des seules photos de Diana et de Joss au cours de leur brève liaison a été prise à bord de l'un de ces bacs, qui à l'époque étaient tirés par une longue chaîne.

Nous commençâmes à nous enquérir d'Abdullah près de la place du marché de Kilifi, à quelques centaines de mètres à peine de la maison de Diana, la villa Buzzer (Buzzer était le surnom que Diana avait donné à Tom). Dans un grand magasin presque dépourvu de toute marchandise à l'exception de grandes quantités d'eau de rose, et au centre duquel trônait un énorme réfrigérateur à pétrole, nous apprîmes qu'Abdullah vivait bien dans le voisinage, mais qu'il était vieux et très malade. Deux petits garçons guidèrent notre voiture le long de chemins boueux serpentant entre des maisons faites de pierres à corail tendres, de tôles, de boue, de poteaux taillés dans des palétuviers, et séparées les unes des autres par des monceaux d'immondices. Un palmier planté au beau milieu de la route bloqua notre voiture que nous dûmes laisser là. Nous poursuivîmes notre chemin à pied et finîmes par nous arrêter devant une porte étroite en bois, presque dissimulée derrière un amoncellement de parpaings.

Abdullah était assis sur une chaise au bout d'un couloir sombre aux murs nus de couleur crème et blanc ; il était torse nu, vêtu seulement de son kekoï, et il avait le ventre ballonné. Dans une niche en bois au-dessus de la porte de sa chambre, on apercevait ses deux seules possessions visibles : une brosse à dents et un Coran.

La pièce était louée, et le lit, le seul meuble, était recouvert de chiffons. Accrochés très haut sur un mur, presque hors de vue, des chromos indiens bon marché. Abdullah commença de parler avec lenteur, de façon presque indistincte : visiblement, il souffrait. Mon amie lui donna une longue explication. Abdullah eut l'air embarrassé, devenant de plus en plus amorphe. Puis il donna un bref mais saisissant aperçu de ce qu'il savait. Broughton, dit-il, était un homme fort et un bon marcheur. Mais lui, Abdullah, était malade, il avait besoin de médicaments. Pourrions-nous revenir le lendemain ?

Nous retraversâmes la rivière, déjeunâmes à l'Ocean Sports Club et dînâmes au repaire des vieux colons, le Mnarani Club de Kilifi. Le lendemain matin, nous achetâmes des analgésiques et des fruits, puis nous embarquâmes à nouveau nos deux petits garçons souriants dans la voiture. Cette fois-ci, ils nous conduisirent au marché, où Abdullah était assis devant un petit étalage de vêtements ; il portait une chemise et tenait à la main une canne.

Les façons d'Abdullah avaient gagné en assurance. J'avais cru qu'après tout le mal que je m'étais donné pour le trouver, Abdullah allait me parler. J'avais tort. Il était évident, dit-il, que nous voulions tout savoir sur le meurtre d'Erroll. « Je suis vieux, dit-il, elle (Diana), elle est vieille aussi, mais elle a de l'argent... C'est une affaire très grave. Je ne me souviens de rien. Je ne me souviens même pas de Delves Broughton. Je ne me souviens plus de lui. Cela fait très longtemps. J'ai oublié. »

Abdullah nous remercia pour les médicaments et pour les fruits que nous avions apportés aux enfants. Il dit aussi : « S'il vous plaît, ne soyez pas fâchés que je n'aie rien dit. » Il rassembla ses poignets pour imiter un prisonnier, puis fit le geste de donner un coup de couteau. C'était le prix qu'il payerait s'il se montrait trop bavard. Et il répéta : « C'est une affaire très grave. » Abdullah avait peur, et il ne plaisantait pas. Il n'avait rien d'autre à dire.

23

Lady Delamere

Diana, Lady Delamere, et moi nous retrouvâmes pour la première fois face à face sur le seuil de son appartement londonien, quelque part derrière le Ritz, à la fin du mois de mai 1981. Lorsque je sonnai à sa porte, mon cœur cognait à tout rompre, et j'imaginais que ses battements résonnaient jusqu'au bout du couloir recouvert de moquette. J'allais regagner l'ascenseur, soulagé finalement d'avoir une excuse, lorsque la porte s'ouvrit ; devant moi se tenait une minuscule femme de chambre vêtue de noir, qui semblait effrayée, tassée sur elle-même. Je découvris plus tard que, comme Mlle Wilks avant elle, on l'appelait par son nom de famille : Peterson. Je donnai mon nom, et Peterson disparut à ma vue. Les battements de mon cœur s'étaient transformés en coups de marteau-pilon dans ma poitrine, et je me dis alors qu'une amère justice poétique allait sanctionner ma grossière intrusion : je m'écroulerais sur le seuil, terrassé par un infarctus foudroyant, sans pouvoir même poser ma première question, au moment précis où elle viendrait me saluer. Mais pour approcher Diana, il avait fallu arriver sans tambour ni trompette, et malgré cela, une certaine préparation s'était révélée nécessaire.

Grâce au réseau de ses amis anglais, j'avais découvert que Diana viendrait en Angleterre pour les courses hippiques de York, en mai, et qu'elle demeurerait chez un de ses amis, dans le Yorkshire. Au deuxième jour des courses, en début de soirée, imaginant qu'elle serait confortablement installée, je téléphonai à son hôte et demandai à parler à Diana. A ma grande consternation, l'ami me répondit qu'elle se trouvait encore à Nairobi. Mon information était fausse.

Je devais dès lors quelques explications, même succinctes, à mon interlocuteur soupçonneux, qui était d'ailleurs lui-même un grand propriétaire terrien au Kenya. Il m'avertit qu'elle ne voudrait jamais me parler de sa vie au Kenya, et me suggéra de lui envoyer une lettre en bonne et due forme. Pour cela, il me donna son adresse à Londres — un atout précieux, pour moi — dans un immeuble situé derrière le Ritz, mais, comme il s'avéra par la suite, il me donna un faux numéro d'appartement. Plus tôt dans la conversation, il m'avait aussi, en me corrigeant, donné sa date exacte d'arrivée à Londres. J'avais à présent alerté son ami, et donc Diana elle-même, trois semaines à l'avance ; ma dernière chance, il ne me restait plus qu'à aller la jouer devant sa porte. Lettres et coups de téléphone, une fois encore, n'auraient fait que mettre un terme instantanément à toute l'affaire.

Les quelques vols quotidiens en provenance de Nairobi arrivent à Londres le matin, à une ou deux heures d'écart les uns des autres. Le jour dit, je choisis le dernier vol, ajoutai une heure ou deux pour la fatigue du décalage horaire et la sieste, et décidai de jouer mon va-tout à quatre heures de l'après-midi. J'allai auparavant déjeuner dans un restaurant chinois avec un ami, et pour me donner un dernier encouragement moral, j'appelai mon éditeur qui avait été autrefois, je le savais, un excellent vendeur à domicile d'encyclopédies. Il m'expliqua que la porte s'ouvrirait et qu'on me dirait : « Qu'est-ce que vous voulez ? » Et lui, toujours, répondait : « C'est exactement ce dont je suis venu vous parler. » D'après lui, grâce à cette méthode, il n'avait jamais connu d'échec.

Aux portiers qui discutaient dans le hall de l'immeuble, je lançai, plus à titre de mot de passe que de demande de renseignement : « Lady Delamere. » L'un d'eux me répondit : « Quatre-vingt-deux » ; j'étais prêt à me rendre au quarante-trois.

Ce fut alors, cet après-midi-là, qu'apparut à la porte l'une des femmes les plus éblouissantes que j'aie jamais vues ; elle portait un peignoir bleu admirablement bien coupé, agrémenté de rubans sur les côtés, et de longues chaînes d'or autour du cou. Elle avait l'air plus jeune que je ne le croyais : son visage était plus long et plus fin qu'autrefois, mais ses yeux bleus étaient très pénétrants. Elle n'attendait personne, mais un maquillage parfait avait effacé toute trace de la fatigue du voyage. J'étais pétrifié par cette apparition, et ma mémoire n'a conservé presque aucun souvenir de notre première conversation. J'étais écrivain... certains personnages... le Kenya... je serais reconnaissant... m'accorder quelques minutes d'entretien. Lady Delamere tenait la porte entrouverte. Elle me dit qu'elle venait à peine d'arriver ; le vol avait été épuisant. En outre, elle ne parlait jamais de sa vie privée et ne pensait pas pouvoir m'être d'un grand secours.

Je pensais à Diana depuis des années : elle était devenue un personnage fascinant, à jamais hors d'atteinte, qui emporterait son secret dans la tombe. Si nous pouvions parler ne fût-ce que cinq minutes, mon obsession, au moins, serait apaisée ; et pourtant je me trouvais là, au seuil de sa porte, comme dans ces cauchemars qui reviennent sans cesse : je ne parviens pas à m'expliquer, les mots refusent de franchir mes lèvres, elle ne me reconnaît pas et, lentement, la porte se referme, effaçant le dernier rayon de lumière. Mais ce jour-là, je me trouvais confronté à la réalité, et Diana me dit : « Eh bien, je ne vais pas vous laisser comme ça dans le couloir. Entrez donc. »

Le mobilier de cet appartement de location était censé apporter une note d'élégance. Dans le salon, la fille de Diana, Snoo, était assise dans un fauteuil. Sur les étagères de la bibliothèque, on avait déjà disposé plusieurs photographies de Tom Delamere. Le contenu du sac à main de Diana était éparpillé sur le tapis. « Je suis un peu ennuyée, me dit-elle, j'ai perdu mes cachets. » Le cœur battant toujours la chamade, je proposai mon aide, nous imaginant déjà tous les trois à quatre pattes sur le tapis. J'appris alors que ces cachets étaient destinés aux troubles cardiaques.

Elle répéta qu'elle ne pouvait pas m'aider. On lui avait souvent demandé d'écrire quelque chose — et même récemment, un « charmant » éditeur londonien — mais elle avait toujours refusé. Voulais-je lui expliquer tout de suite quel était mon sujet ? Je répondis « oui » et me rétractai aussitôt. La première règle que je m'étais fixée était de m'entretenir avec elle seul à seule. Je pris le risque de lui proposer un rendez-vous cinq jours plus tard. Elle accepta.

J'étais déjà frappé par son charme, son aisance et son attitude d'emblée amicale. Mais je savais aussi que cette impression risquait de disparaître rapidement.

Lors de notre rencontre la semaine suivante, Diana portait quatre rangs de perles, séparés chacun de chaque côté du cou par des boucles en diamant, et d'impressionnantes boucles d'oreilles aussi en diamant. Elle portait une étroite robe de cocktail noire à longues manches et de petites chaussures noires à lanières verticales. Cette robe mettait admirablement en valeur sa silhouette haute et fine, et cette incontestable perfection lui donnait l'allure altière de quelque grande prêtresse. Mais les contraignantes exigences de la haute couture ne tardèrent pas à se manifester : pour saisir une bouteille de tonic dans un meuble bas, elle dut se livrer à une manière de révérence grotesque, jambes et genoux en biais comme un poulain nouveau-né qui tente de se mettre debout.

Comme lors de ma première entrevue avec le sac à main, il y avait eu un petit drame domestique avant mon arrivée. Peu familiarisée avec le tuyau de douche flexible, Mlle Peterson s'était copieusement arrosée en essayant de reprendre le contrôle de l'engin rétif. Sa robe séchait à présent devant le radiateur électrique, et Mlle Peterson elle-même était provisoirement dans l'incapacité d'effectuer son service.

Diana se plaignit du froid qui régnait à Londres en cette fin du mois de mai. Elle sortait toujours en manteau de fourrure, me dit-elle ; le chauffage central de l'immeuble avait été coupé au début du mois et elle avait dû acheter le chauffage électrique devant lequel séchait à présent l'uniforme de Mlle Peterson. Cela me rappela la remarque d'Antonia Fraser, pour qui Marie Stuart et Diana Delamere partageaient la même frilosité de la femme fatale. Diana me dit que depuis son arrivée elle n'avait cessé de courir d'un cardiologue à l'autre. En 1968, elle avait eu une attaque cardiaque qui avait tourné ensuite à l'angine de poitrine. Le médecin lui avait alors dit qu'elle ne pouvait vivre à l'altitude de Soysambu plus d'un mois de suite, ce qu'elle trouvait « affreux ». On lui avait même dit qu'elle ne devrait plus aller à la pêche au makaire. Elle avait répondu au médecin que, de toute façon, c'était un hiver épouvantable pour la pêche.

Sa façon de parler, ses expressions évoquaient irrésistiblement les années trente. Elle menait une vie très mondaine, les courses, les dîners de charité (« Il faut absolument acheter quelque chose, sinon on a l'air *horrible* »), les week-ends et les visites chez les médecins.

Ces derniers lui avaient dit de se ménager, d'éviter les contrariétés (un coup d'œil dans ma direction). Elle n'irait pas à Ascot. « Je ne peux pas aller à Ascot sans Tom, dit-elle au téléphone à un ami. J'irai à l'Ascot *dégoûtant.* » (Il s'agit probablement du samedi de la semaine royale d'Ascot, seul jour où, en l'absence de la famille royale, la tenue élégante n'est pas de rigueur.)

Aucune des descriptions que l'on avait faites de Diana ne lui rendait justice. Au regard des critères de ce milieu (et même des snobs incroyables des années trente, qui avaient été nombreux à l'évoquer), je trouvais que Diana possédait un style indéniable et une impressionnante distinction. Lorsque j'abordai le sujet du snobisme et en particulier l'usage du mot « commun », elle me répondit simplement : « Les gens utilisent-ils encore ce mot ? » Elle n'était ni froide ni dure, bien qu'elle contrôlât étroitement son entourage. On sentait chez elle une grande vivacité d'esprit, de l'intelligence et du courage. Elle avait dû sûrement représenter un véritable danger pour ses rivales. « Du talent pour le plaisir et pour apporter du plaisir aux autres » : Connolly avait vu juste.

Mais elle avait la réputation d'un adversaire redoutable et impitoyable si l'on osait se mettre en travers de son chemin. C'était là pratiquement le secret de sa survie, et je m'attendais à tout instant à ce que l'on m'indiquât le chemin de la sortie. En particulier, tous les gens qui la connaissaient bien disaient la même chose : elle n'avait jamais dit un mot des événements de 1941, même à ses amis proches, et elle ne le ferait jamais. Cette règle ne souffrait pas d'exception : ne jamais en parler et ne jamais donner l'occasion d'en parler. Si elle avait laissé échapper le moindre petit détail, nul doute que dans cette petite communauté kényanne il fût revenu, même des années plus tard. Cela n'avait jamais été le cas.

Nous eûmes plusieurs conversations, qui se déroulèrent dans une atmosphère de circonspection et de conflit que l'on sentait prêt à éclater à tout moment . Dès notre première rencontre, je lui dis que je voulais écrire sur l'affaire Erroll, mais uniquement dans l'optique de ce que cette affaire pouvait révéler sur la société kényanne à un certain moment de l'histoire, et non dans le but de « réveiller un scandale ». Pour un écrivain, dis-je, l'histoire était extraordinaire et le serait toujours, et Broughton, en particulier, avait la stature d'un véritable personnage de roman. Mon livre n'était pas un roman, mais il pouvait être avant tout une galerie de portraits, et en outre, il pourrait permettre de détruire certains mythes, notamment à son endroit. « Cela m'est égal, dit-elle. Il y a toujours eu des rumeurs à mon propos et je ne... » Elle balaya l'espace devant elle d'un grand geste du bras, laissant sa phrase inachevée. « Je ne l'ai pas tué, si c'est ça que vous voulez savoir. »

Je lui dis que pour ma génération, elle n'avait rien de scandaleux mais qu'elle représentait un personnage fascinant. Elle me répondit que cela ne l'intéressait pas. Je lui montrai une lettre d'un de ses amis (réécrite à la machine, le nom ayant été enlevé), qui faisait son éloge et jugeait extraordinaire qu'une telle histoire, avec tous ces personnages incroyables, ait pu réellement avoir lieu. Diana me dit qu'elle aussi était stupéfaite de ce qui s'était passé. Elle croyait que ce genre de choses « n'arrivait qu'aux soubrettes ».

D'emblée, elle m'annonça qu'elle ne voulait pas voir ressusciter le passé. Elle m'avertit : elle ne voulait pas que j'écrive quoi que ce soit sur elle ; elle demanderait à ses avocats de surveiller mon éditeur. Quelqu'un que je connaissais bien — elle ne cita aucun nom — lui avait conseillé dans l'intervalle des cinq jours avant ce premier rendez-vous, de faire rendre une ordonnance par le tribunal, de ne pas me rencontrer et de me mettre ses avocats sur le dos. Mais, me dit-elle, il n'y avait matière à aucune ordonnance judiciaire, et elle ne suivrait jamais un tel conseil sans d'abord voir par elle-même de quoi il en retournait. En matière d'affaires personnelles, elle prenait toujours elle-même ses décisions.

Tandis que nous discutions, il semblait que ce fût elle qui éprouvât le besoin de me mettre à l'aise. Elle m'offrit un whisky : « Vous devez en avoir besoin. » Elle-même prit une vodka russe avec une tranche de citron. Une fois, au milieu d'une phrase qui, je le sentais, allait nous conduire à la rupture, elle s'interrompit et me demanda : « Vous aimez ça ? On ne peut en manger que si on ne sort pas ensuite » ; et elle me tendit un bol de cacahuètes à l'ail. Puis, comme pour expliquer sa réticence, elle me dit soudain : « Je n'ai jamais aimé que deux hommes dans ma vie : Tom Delamere et... — elle s'interrompit quelques instants — et Joss.

« J'ai toujours pensé que c'était à cause de moi qu'il avait été tué, bien qu'à mon avis il aurait été de toute façon assassiné un jour ou l'autre. C'était ce genre d'homme. J'étais éperdument amoureuse de Joss. C'était la première fois de ma vie que j'étais amoureuse. »

Elle eut dès lors quelques réticences à évoquer le passé. Je suis sûr que c'était la première fois depuis quarante ans qu'elle pouvait discuter de ces tragiques événements sans avoir à tout expliquer. Elle me dit que si Tom Delamere avait été encore vivant, cette conversation aurait été impossible. Ils s'étaient juré de ne jamais parler publiquement de ce sujet. De mon côté, je redis ma fascination pour le personnage de Broughton, et expliquai à Diana ce qu'il représentait à mes yeux. « Je crois que c'est probablement Jock qui l'a tué, dit-elle. Il était un peu fou, à l'époque. Lorsque je suis allée en Afrique du Sud pour engager Morris, il m'a dit qu'au vu de ses réactions, Jock donnait des signes d'un sérieux dérangement mental. Jock n'a jamais admis devant moi avoir commis ce meurtre, mais il ne l'a jamais nié non plus. »

L'attitude de Broughton avant le meurtre n'avait-elle alerté ni Joss ni elle ? « Je devais être très naïve. J'étais très jeune. Rétrospectivement, bien sûr, nous avions eu tort de prendre tout pour argent comptant. » Pour Joss, me dit-elle, Broughton était un gentleman à l'ancienne mode, et il avait donné sa parole. Il n'a jamais pensé qu'il pût en être autrement. Elle, trouvait qu'il était affreux de traiter Broughton de la sorte, et pensait qu'elle ne pourrait pas aller jusqu'au bout, mais Joss insistait : le pacte de mariage devait être pris au sérieux, c'était sa vie à elle et son bonheur qui importaient.

Diana rapporta alors la conversation avec Gwladys, presque exactement dans les termes des minutes du procès, lorsque celle-ci les avait encouragés à poursuivre leur aventure amoureuse. Le soutien et l'approbation de gens plus âgés qu'elle avaient aidé Diana à prendre sa décision. Erroll l'aurait-il finalement épousée ? Et les problèmes de divorce, puisqu'à l'époque, il fallait compter trois ans avant que le divorce soit effectivement prononcé ? Elle était follement amoureuse, et elle n'avait jamais songé à agir autrement. Il devait y avoir un moyen de contourner ce problème.

Se souvenait-elle de ce qui s'était passé la nuit du crime ? N'avait-elle pas entendu Broughton rentrer ? Elle ne parvenait pas à comprendre comment elle ne l'avait pas entendu. Quand il se produit quelque chose de très désagréable, me dit-elle, une porte de fer se verrouille et on ne se souvient plus de rien. Mais elle se rappelait que Broughton lui avait bien recommandé de rentrer par la porte-fenêtre, non par la porte principale, et il lui en avait donné les clefs. Il avait dû confondre les clefs car elle n'avait pas pu rentrer par là et était donc passée par la porte principale. Broughton lui avait aussi dit de ne le réveiller sous aucun prétexte à son retour.

Il avait pris un somnifère et ne voulait pas être dérangé. Il serait de fort mauvaise humeur si on le réveillait, ce qui, dit-elle, était compréhensible.

Je lui dis avoir trouvé bizarre que peu de temps après le crime elle soit partie en safari avec Broughton. La raison, me dit-elle, c'est qu'elle avait peur de vivre à Karen avec Broughton. Il faisait de terribles cauchemars, allait marcher de long en large dehors, devant la maison, et venait la regarder à travers les fenêtres. Son visage était particulièrement effrayant lorsqu'il la regardait à travers le carreau ou par la fenêtre ouverte. Elle voulait se retrouver à l'extérieur, avec quelques chasseurs blancs pour la protéger. Voilà pourquoi ils avaient emmené avec eux J.A. Hunter.

Le voyage en Inde et à Ceylan après l'acquittement avait été « un cauchemar. Un cauchemar. J'étais si exaspérée et si malheureuse que plus rien ne m'importait. Je ne ressentais rien. J'avais le sentiment que je devais le remettre sur pied. Je ne sais pas si j'y suis arrivée ». Elle estime que ce sont les tensions de cette époque qui sont à l'origine de son infarctus, vingt ans plus tard.

« C'était un homme très mauvais. Il m'a envoyé une lettre pour essayer de me faire rentrer en Angleterre avec lui. C'était effroyable. Je l'ai apportée aussitôt au procureur général. » Je lui demandai s'il avait essayé de la faire chanter. « Oui, me dit-elle, mais il n'y avait aucune possibilité. »

Elle ne savait rien d'une quelconque implication de Broughton dans le vol de ses perles à Cannes, ni si c'était un de ses compagnons qui les lui avait prises. Je lui dis qu'on les avait retrouvées dans un arbre du parc de Doddington, après la guerre. « Ce que vous me dites là me bouleverse », me dit-elle.

Après sa tentative de chantage, une fois rendu en Angleterre, il lui envoya un télégramme qu'elle trouva « complètement fou » : « Admire énormément ton cran. Je t'aime et soignerai tes chiens comme s'ils étaient à moi. »

« Il était fou », dit-elle en portant l'index à sa tempe.

Puis elle me parla de Colvile avec beaucoup d'affection. Après le crime, il l'avait prise en affection par pure loyauté pour Erroll. Les deux hommes étaient des amis très proches, et Joss avait prévu qu'une fois réglés les problèmes avec Broughton, la première chose qu'il ferait serait d'aller passer un week-end à Oserian et de présenter sa future épouse à Colvile. Ils avaient même prévu de s'y rendre au cours du week-end où Erroll avait été tué. Erroll adorait

Oserian. Bien qu'il n'ait pas eu les moyens de l'entretenir, il n'avait jamais voulu la vendre, ni même la quitter. Voilà pourquoi Diana s'y était immédiatement installée avec Broughton à leur retour de Ceylan, et pourquoi aussi elle avait persuadé Colvile de l'acheter aussitôt après leur mariage. « J'aurais fait n'importe quoi pour Joss. »

Diana confirma que Colvile n'avait pratiquement jamais adressé la parole à une femme avant elle. « C'était vraiment étonnant quand nous étions ensemble. Il était gentil et intelligent, mais il pouvait se montrer dur comme le roc. » C'est vrai qu'il était avare, dit-elle, mais seulement pour les petites sommes. C'était son côté français, hérité de sa mère. Le mariage ne fit nullement perdre à Colvile son côté taciturne. Un jour, un de ses amis est venu voir Colvile, mais celui-ci a ouvert son journal et n'a pas dit un mot. La situation était fort embarrassante pour Diana. Finalement, l'ami déclara : « Je ferais mieux de partir. Visiblement, Gilbert ne veut pas me parler. »

Colvile et elle parcouraient à cheval leurs immenses propriétés. Ils importèrent une meute d'Atherstone et se mirent à chasser le lion ainsi que l'antilope. Tous deux gardaient dans des sachets passés autour du cou une redoutable poudre à priser masaï, dont ils prenaient des pincées de temps à autre. Diana l'appelait « l'eau de Boma ». « Ça éclaircit les idées et permet de mieux apercevoir la trace du gibier », dit-elle. Colvile lui apprit à sélectionner les bêtes au milieu des troupeaux. Il la faisait asseoir sur les palissades tandis que les Masaïs conduisaient les bêtes à l'intérieur, et lui apprenait à reconnaître la vache sans lait, le bœuf pas assez lourdement charpenté, le veau trop faible. A la fin, elle se montrait plus impitoyable que lui pour désigner les bêtes qui devaient être sacrifiées, et Colvile devait souvent la modérer.

« Gilbert a été triste quand je l'ai quitté pour Tom », me dit-elle. « Il disait toujours : "Il y en a un qui aime et l'autre qui est aimé." » Tom et elle lui firent construire un appartement particulier à Soysambu, en sorte qu'il puisse venir là-bas chaque fois qu'il désirait leur compagnie. Elle, était Petit ours blanc, Tom, Petit ours brun, et Colvile était Pooey, déformation de Pooh Bear (Pauvre ours).

Puis Diana s'assit à côté de moi sur le canapé et me montra des photos, prises du temps de Tom Delamere et de Soysambu : son jardin, ses chevaux, les salons. « J'ai eu des années de bonheur avec Tom. Nous parlions pendant des heures. » Pourtant, lorsque j'abordai le sujet de son célèbre amour des bijoux, elle se raidit.

« Ce n'est pas moi qui étais folle des bijoux. C'était Tom. Il les adorait. Il entrait dans les boutiques et demandait : "Quelle est l'affaire de la semaine ?" Si c'était une belle pièce, il me demandait souvent : "On partage ?" »

Quant à celui ou celle qui l'avait décrite parcourant l'embarcadère couverte de bijoux, il s'était trompé. Jamais elle ne portait de bijoux sur son bateau de pêche. Quant aux Somalis, ils n'avaient pas pu la voir non plus plonger dans sa piscine alourdie par le poids de ses pierres précieuses. « Je ne nage jamais avec mes bijoux... mais il peut m'arriver parfois de porter une bague en or tout à fait ordinaire. Je ne porte pas de bijoux pendant la journée... sauf parfois une paire de boucles d'oreilles en or pour le déjeuner. Je ne porte vraiment de bijoux que le soir. »

Elle enterra Tom Delamere dans le petit cimetière qu'elle fit construire sur la ferme de Colvile à Ndabibi (mot masaï signifiant l'endroit des trèfles) ; Tom Delamere est enterré aux côtés de Colvile et de l'unique enfant de Diana, mort à l'âge de dix jours. Elle a fait planter des figuiers et fait venir de l'eau pour les fleurs, et a enterré un chien au pied de chaque tombe. Un espace pour elle est réservé entre les tombes et elle a rédigé toutes les épitaphes : pour l'enfant, « Une vie si courte » ; pour Colvile, « Si vous cherchez un monument funéraire, regardez autour de vous » ; et pour Delamere : « Un si grand homme ».

Au moment où je prenais congé, elle releva une manche de sa robe noire pour imiter un boxeur et me dit : « Ça sera comme ça ! » Nous rîmes tous les deux et elle ajouta : « On n'en est pas encore là, n'est-ce pas ? »

Quatre mois plus tard, en septembre, peu avant son retour à Nairobi, nous nous rencontrâmes à nouveau.

Comme d'habitude, j'arrivai au beau milieu d'une crise. Diana avait renversé son verre de vodka-tonic et une boîte entière de biscuits de cocktail ; le verre avait atterri sur sa robe plissée et les biscuits étaient éparpillés sur le sol. Mlle Peterson vint à son secours, mais Diana voulait se changer. J'émis l'opinion que les dommages ne semblaient pas très graves. « C'est pour moi que je m'inquiète », me dit-elle. Elle réapparut vêtue d'une robe à fleurs blanche et bleue, et avait ajouté des saphirs à ses diamants.

Mlle Peterson et elle avaient discuté du cheval de course Shergar, invaincu jusqu'alors.

« C'est curieux de parler ainsi, dit Diana, mais ça l'intéresse vraiment. Toutes les deux, nous pensons que Shergar n'aurait pas dû être engagé dans le prix de St. Leger. Vous n'êtes pas d'accord, Peterson ? Ça me fait mal au cœur de voir un bon cheval battu. » Mlle Peterson ne répondit pas.

Au début, Diana me considéra d'un œil soupçonneux. Cette semaine-là, un journaliste américain, envoyé spécial au Kenya, publiait dans mon ancien journal de Nairobi une série d'articles sur l'affaire Erroll ; de l'aveu même du journaliste, ses papiers s'inspiraient largement de notre article du *Sunday Times*. Ces articles ne contenaient rien de nouveau, et je réussis à convaincre Diana que j'y étais étranger. Mais la coïncidence était malheureuse. Elle me dit que ce journaliste « allait recevoir un sacré savon » dès qu'elle serait de retour à Nairobi.

Entre-temps, il semblait que nos entretiens eussent réveillé les souvenirs de Diana, et bien qu'elle n'eût en rien cédé sur ses menaces de poursuites judiciaires, la discussion reprit entre nous. C'est là que j'admirai la sûreté de son jugement. Elle avait compris que je m'étais lancé corps et âme dans mon entreprise et que j'écrirais ce livre ; mais au lieu de suivre le conseil de ses amis et de m'éconduire, elle s'était dit qu'en me parlant, elle avait plus de chances de faire valoir son point de vue. Et bien sûr, elle avait raison. Lorsque je lui dis que si elle lisait le manuscrit avant publication, elle s'opposerait à toute évocation du meurtre d'Erroll, elle me répondit : « Ce n'est pas cela qui m'inquiète. C'est la façon dont c'est présenté. »

L'ambiance était des plus délicate, et je m'abstins de poser un certain nombre de questions. Mon insistance à revenir sur le sujet au cours des quatre heures que nous passâmes ensemble me donnait déjà le sentiment d'abuser de l'hospitalité de Diana. Ce qu'elle me dit, pourtant, fut du plus haut intérêt. D'abord, elle réfuta deux témoignages importants : d'une part, Broughton et June n'étaient pas venus au Claremont Road House la nuit du crime, et d'autre part la tentative de chantage de Broughton n'avait rien à voir avec les perles, bien qu'elle refusât de me dire de quoi il s'agissait.

Je lui parlai du voyage qu'elle avait fait à Nyeri aussitôt après le meurtre. J'étais surpris, dis-je, qu'elle ne fût pas à la maison lorsque Broughton revint de Nairobi. Elle ne se souvenait plus pourquoi June et elle étaient sorties, mais elle se souvenait de l'arrivée de la police, la nuit précédente. Elle était au lit, affolée, mais elle descendit les accueillir. « Ils m'ont demandé : "Que croyez-vous qu'il s'est passé ?" et je répondis sans y penser : "Il conduisait très vite et il a dû se tuer dans un accident."

« La dernière chose que j'ai dite à Joss, c'était : "Chéri, s'il te plaît, conduis prudemment." Et ses derniers mots ont été : "Prudemment, chérie, mais pas lentement." » Elle pensait que Broughton avait dû se cacher dans les fourrés au bout de l'allée, avait demandé à Erroll de lui parler, puis à un moment donné avait demandé à descendre et lui avait tiré dessus. « Il connaissait bien la région. Nous l'avions si souvent parcourue à cheval. »

Je dis alors : « J'ai toujours été fasciné par... »

Diana m'interrompit et à ma grande surprise dit : « Jack Soames. C'était vraiment drôle que j'aie été meilleure tireuse que Jock. Il n'était pas bon tireur, mais ça n'est pas difficile quand on est assis sur le siège à côté de quelqu'un. »

Elle répéta son regret de ne pas avoir mieux compris l'état d'esprit de Broughton : « Quelle idiotie de ne pas avoir compris ce qu'il mijotait. » En prison, me dit-elle, il était comme d'habitude. La seule fois où il se fâcha, ce fut quand Diana accepta de rendre les perles d'Erroll à Walter Shapley, l'avocat qui représentait les intérêts du défunt. « Joss me les avait données et m'avait dit de ne jamais les enlever. Les gens se sont conduits de façon horrible à propos de ces perles. Elles ne faisaient même pas partie de son patrimoine, elles avaient appartenu à Molly. »

Pourquoi, lui demandai-je, June Carberry était-elle allée en voiture chez Erroll, encore en robe de chambre, dès qu'elle avait appris sa mort, pour en rapporter une boîte à bijoux ? « Ce n'était pas une boîte à bijoux, expliqua Diana. Parfois, un ange gardien arrive au moment crucial, et c'est ce qui s'est passé. » June, en fait, était allée récupérer un portefeuille contenant toutes les lettres d'amour que Diana avait écrites à Joss. L'ironie, c'est que la veille, elle avait demandé à Joss de les brûler. « Non, ma chérie, avait-il répondu, je veux les garder. » Elle se dit alors : « Je vais lui donner une leçon », et elle cacha le portefeuille dans une boîte de mouchoirs. Lorsque la police perquisitionna chez Erroll, elle emporta toute sa correspondance, mais ne trouva jamais les lettres de Diana.

Elle admettait qu'elle et June avaient joint leurs efforts pour défendre Broughton, mais après l'acquittement elle la revit à peine. « J'ai été tellement surprise. Les gens ont été vraiment ignobles avec moi après le procès. Beaucoup de gens m'ont totalement ignorée à ce moment-là, et se sont montrés amicaux par la suite. Gwladys ne m'a plus jamais adressé la parole. Je ne comprenais pas pourquoi les gens s'acharnaient sur moi aussi violemment. Certains pensaient sincèrement qu'en pleine guerre, cette affaire allait attirer l'opprobre sur le Kenya. D'autres étaient simplement jaloux de tout et de tout le monde. Il était tellement plus convenable de plaindre Jock. Certains aussi ont dû être furieux de voir que je ne me laissais pas aller et que je venais aux audiences tous les jours, aussi bien habillée que possible. Je me souviens des visages... Je ne veux plus y penser. »

Elle-même se rendit chez Erroll peu de temps après le meurtre pour récupérer ses deux chiens et un autre chien que Fabian Wallis — l'ami homosexuel d'Erroll, de la Vallée joyeuse — lui avait confié avant son départ pour l'Abyssinie. Elle fut très blessée en recevant un message de Wallis lui interdisant de garder son chien et lui ordonnant de le remettre à un de ses amis. Plus tard, Wallis, abattu et sans le sou, s'installa dans une pension de Nairobi. Ses amis organisèrent une souscription pour lui acheter une couverture chauffante. Diana déclara alors : « Il n'y aura pas de souscription. C'est moi qui la lui achèterai. »

Nous en revînmes à Broughton, et je lui dis que, s'il avait été coupable, son numéro dans le box des témoins avait été un chef-d'œuvre de duperie et de sang-froid. Elle me dit alors qu'il était très fier de son interprétation, et que sa remarque à Harragin, lorsqu'il était sorti de la salle d'audience, avait été simplement : « Je suis un très bon acteur. » Morris, me dit-elle, croyait Broughton coupable.

Vers la fin, avant son départ pour l'Angleterre, Broughton était torturé par des cauchemars et des peurs diverses, et donnait des signes de déséquilibre. Diana pensait qu'il avait tué l'un des teckels d'Erroll après le procès, par pure jalousie. Cette jalousie ne le quitta jamais, même après la mort d'Erroll. La rupture définitive avec Broughton intervint le jour où Colvile tomba sur une lettre non postée que Broughton avait écrite à Vera, et dans laquelle il lui disait qu'il voulait revenir à elle, mais qu'il ne pouvait se remarier « pour des raisons d'impôts ». Colvile recopia la lettre, envoya l'original à Vera et garda la copie.

La dernière fois qu'elle vit Broughton, ce fut dans le cabinet d'un avocat à Nairobi, et ce jour-là elle l'accusa du meurtre. « Il voulait que je rentre avec lui en Angleterre, dit Diana. Je ne voulais pas partir, mais je voulais le dire en présence d'un avocat. Je lui dis que je ne voulais pas rentrer parce que je pensais que c'était lui qui avait tué Joss. Il n'a rien dit. Il est simplement sorti de la pièce. »

Des années après la mort de Joss, elle ne ressentait rien. « J'ai toujours regretté qu'avec Joss ce ne soit pas devenu une réalité. C'était sublime et parfait, mais cela ne pouvait pas durer. Je le savais. »

D'après elle, il est parfaitement inexact que Joss et elle se fussent disputés la nuit du meurtre. Elle répéta que son éternel regret était qu'au cours de leur brève aventure, elle ne se fût jamais disputée avec Joss. « Si on ne se dispute jamais, on devient beaucoup trop vulnérable. »

Diana et moi avions à présent gagné la cuisine. En prenant un en-cas dans le réfrigérateur, elle me dit : « Aujourd'hui, Peterson m'a dit : ''Je vous ai acheté un œuf en mai et vous ne l'avez pas encore mangé.'' » En mai ! (On était à présent à la mi-septembre.) Visiblement, il s'agissait là d'une des rares visites de Diana à la cuisine. Tandis que nous prenions place autour d'une petite table en formica devant quelques biscuits et du fromage, elle me demanda quel genre de couverts il fallait utiliser. Puis, en dépit de mes protestations, elle entreprit de faire la vaisselle. Elle versa presque une tasse entière de produit à vaisselle sur une assiette et se mit à la nettoyer avec une brosse. « Je ne fais ça que deux fois par an environ, me dit-elle. Ça ne me déplaît pas. Je ne comprends pas pourquoi les gens en font toute une histoire. »

Avant mon départ, elle me dit que cet été-là, au moment des courses à Ascot, elle était allée consulter une voyante. « La première chose qu'elle m'a dite, c'était : ''Je suis heureuse de ne pas être à votre place. Vous avez eu des moments terribles dans votre vie mais vous vous êtes toujours ressaisie.'' Et puis elle a ajouté : ''Vos amis profitent de vous, mais si vous êtes en danger, ils ne vous aideront pas.'' J'avais encore une question à lui poser : ''Est-ce que ça va encore arriver ?'' (les ennuis dans sa vie) mais finalement, je n'avais plus envie de la poser. La seule chose dont j'avais envie, c'était d'un grand verre d'alcool bien raide. Voilà, je pensais que je devais vous le dire. »

24

La fin de la piste

On trouve vers la fin des carnets de notes de Connolly ce titre : « La fin de la piste ». Il s'agit d'une interview, réalisée en 1971, de Juanita Carberry, belle-fille de June Carberry. âgée de quinze ans à l'époque du meurtre. En réalité, ce n'était pas encore tout à fait la fin de la piste, car Juanita, du fait de sa réserve, l'avait au dernier instant empêché de toucher au but.

Au printemps de cette année-là (1971), Connolly s'était rendu, le dernier jour avant la clôture, à une exposition de peinture intitulée « La mort de Lord Erroll », à l'Upper Grosvenor Gallery de Londres. Les tableaux étaient pour la plupart des reproductions expressionnistes des photographies parues dans notre magazine. On avait également emprunté à notre article les titres des œuvres : « Une excellente soirée », « Comme je regrette Madère à présent », et ainsi de suite. Le peintre, Tom Hill, s'était inspiré directement de notre article et avait envoyé une invitation à Connolly.

Au moment de sortir, Connolly jeta un coup d'œil à la liste des visiteurs et remarqua le nom de Juanita précédé d'une adresse. En recevant la lettre de Connolly, Juanita lui téléphona au *Sunday Times*, sans réussir à le joindre ; fâcheusement, la personne qui lui avait répondu ne connaissait pas Connolly. Mais Juanita persista et ils finirent par se rencontrer au Queen's Elm Pub dans Fulham Road, le 17 septembre 1971.

Voici les notes de Connolly concernant cette rencontre :

> JC en retard. Petite, cheveux très courts, châtain, voix calme et agréable. Travaille comme chef du personnel de cabine sur les bateaux-citernes. Connaît de nombreuses langues, swahili courant, etc. Déjeuner au restaurant Le Français, boit du lait, commande en français. Mon impression : grande intégrité, sensibilité, observatrice, etc.

Juanita avait commencé par évoquer sa famille et June qui la faisait volontiers passer pour sa sœur, qui proclamait qu'en matière de boisson Juanita battait tous les ivrognes du Kenya... sauf qu'elle ne buvait que du lait. Mais toutes ces plaisanteries cessèrent pendant le séjour à Eden Roc et à Cannes, c'est-à-dire lorsque les soupirants de June commencèrent à montrer de l'intérêt pour Juanita.

Elle haïssait Carberry pour sa cruauté. Il ne manquait jamais une occasion de lui répéter combien il avait été déçu à sa naissance qu'elle ne fût pas un garçon. A Seremai, il avait fait construire un « bâtiment des enfants », éloigné de la maison, et dont Juanita était le seul et unique occupant.

« Il me faisait traverser à la nage la baie de Mombasa à marée montante en me mesurant à un garçon qui était excellent nageur. Il prenait des paris sur nos courses, mais le père du garçon avait posé comme condition qu'un bateau suivît son fils sur toute la distance. Dans le Midi de la France aussi, mon père pariait sur moi. Si je gagnais j'avais cent francs, si je perdais c'était la raclée. Je suis devenue une très bonne nageuse de compétition. »

Il obligeait Juanita âgée de treize ans à plonger du plus haut plongeoir.

« Il faut avoir des muscles très solides pour cela, disait Juanita. Sinon on bascule en arrière. Je montais, et j'en chialais de peur, mais en même temps j'avais envie d'y aller. »

Juanita crut atteindre le fond de l'horreur le jour où Carberry lui ordonna de plonger de son yacht dans le port de Kilindini infesté de requins. Elle fit une fois le tour du bateau à la nage puis agrippa le plat-bord en suppliant son père de la laisser monter. Pour toute réponse, Carberry lui piétina les doigts.

Carberry, dit-elle, attachait des boîtes de conserve à la queue des chevaux, qui s'affolaient et se jetaient contre les arbres. Une fois, il ligota un chat à une machine fonctionnant par force centrifuge et le fit tourner jusqu'à ce que son crâne s'ouvrît en deux.

L'histoire d'horreur de Juanita s'acheva lorsqu'elle s'enfuit de la maison à la suite d'une correction particulièrement violente. Un jour à Nyeri, elle reçut une lettre d'une amie, et June, persuadée qu'il s'agissait d'une lettre d'un soupirant, exigea de la lire. Juanita répliqua en la jetant dans le feu sans l'ouvrir. Elle entendit ensuite ses parents discuter de la meilleure punition à lui infliger : elle serait battue avec un kiboko jusqu'à ce qu'elle cesse de crier. Elle s'efforça donc de priver son père du plaisir de l'entendre pleurer, et cela lui demanda une telle concentration qu'elle aurait été incapable de dire combien de temps avait duré la bastonnade.

Ensuite, Juanita monta sur son poney et se rendit directement au commissariat de Nyeri.

« J'ai eu atrocement mal pendant ce trajet à cheval, dit-elle. Je leur ai montré les marques et ils ont pris note. Après cela je suis allée vivre chez mon oncle. »

Juanita dit ensuite à Connolly qu'elle ne voulait pas que ses propos soient utilisés contre Broughton. Elle avait de l'affection pour lui, parce qu'il aimait les chevaux autant qu'elle et parce qu'il avait toujours été gentil avec elle pendant les quelques mois qu'il passa au Kenya.

Le matin du meurtre, raconta-t-elle, on la conduisit à Karen avec Mlle Rutt, sa gouvernante. Broughton l'emmena aux écuries voir les chevaux, et c'est alors qu'elle remarqua au passage la paire de chaussures de tennis au milieu des braises du feu de jardin.

Après le déjeuner, June, Juanita, Mlle Rutt et Diana allèrent à Nyeri en voiture. Broughton parut le lendemain après-midi, trouvant Juanita seule dans la maison. Il agissait comme si elle avait déjà tout deviné. Il lui dit que la police l'avait suivi tout le long du chemin depuis Nairobi et il lui recommanda de ne pas s'effrayer si des policiers se présentaient. Il était très abattu à son arrivée, mais elle eut ensuite l'impression qu'il était résolu à lutter.

Neuf ans après sa conversation avec Connolly, Juanita et moi étions attablés sur la véranda du deuxième étage du club de Mombasa près de Fort Jesus, loin au-dessus des palmiers et du bleu éclatant de l'océan Indien. On nous servit des perroquets de mer et des cailles. Une personne méthodique et plutôt austère, m'étais-je d'abord dit en la voyant qui m'attendait assise bien droite dans un fauteuil. Elle se mit en effet à évoquer le manque de discipline dans le monde, les problèmes de surpopulation, l'économie chancelante de la Grande-Bretagne... Mais, peu à peu, au fil de la conversation, ma première impression s'évanouit. Je saisissais à présent ce qui avait plu en elle à Connolly et ce qui la rendait si populaire dans sa ville. Car des gens, pour la plupart des navigateurs et des officiers du port, nous interrompaient fréquemment pour la saluer. Elle avait le visage beau et énergique, une silhouette de sportive, et je lui aurais donné quarante ans alors qu'elle en avait presque cinquante-cinq. A ma grande surprise, je remarquai qu'en dépit de sa tenue fort classique elle portait à la cheville droite une fine chaîne en or.

Elle m'emmena chez elle. Elle habitait une maison moderne et très claire, toute blanche à l'intérieur et à l'extérieur, avec de larges fenêtres ouvrant sur l'entrée du port de Mombasa. Tout le jour durant, cargos et pétroliers doublaient le cap à quelques centaines de mètres de l'autre côté du jardin. Pour Juanita, navigatrice expérimentée, c'est l'emplacement idéal. Elle sillonne les mers tout au long de l'année avec son ami capitaine de vaisseau, et c'est en naviguant, si long que soit le voyage, qu'elle connaît ses moments les plus heureux.

Près de l'entrée de la maison de Juanita, bien en évidence sur un piédestal, il y avait un pistil de la taille d'un gros melon, poli et brun, comme sculpté dans l'acajou à l'image exacte d'une vulve. La nature avait si admirablement fait son travail d'imitation que même les poils pubiens étaient minutieusement représentés. A quelques pas de là, contre le mur de la véranda, se dressait un bel ylang-ylang, l'arbre le plus exotique du monde, et dont la senteur suave constitue la base inévitable de tout véritable parfum. Cet arbre, planté par Juanita quelques années auparavant, avait atteint sa taille adulte. Le décor de sa chambre à coucher, que j'entr'aperçus l'espace d'un instant, se réduisait au strict minimum : un lit étroit recouvert d'une courtepointe blanche à fleurettes, sans un pli, impeccablement tiré comme en prévision d'une tournée d'inspection.

Nous passâmes un moment sur la véranda à discuter en échangeant les jumelles pour regarder au large. C'est alors que Juanita remarqua deux prostituées attendant en haut de la falaise. « Voulez-vous que je vous y emmène tout de suite ? » demanda-t-elle.

J'ai voulu savoir ce qui était arrivé après sa fuite de chez son père. Elle n'avait jamais revu June, qui apparemment n'éprouvait aucun attachement pour elle, mais un jour elle rencontra Carberry par hasard à l'hôtel Norfolk. C'était la guerre, elle avait dix-huit ans et s'était engagée dans l'armée.

« Au sujet de la bastonnade, il m'a dit : "Tu penses que j'ai eu tort ?

"— Je n'ai jamais réfléchi à ça, ai-je répondu.

"— Tu penses que j'étais cruel avec toi, petite ?

"— Cruel est un mot difficile à définir.

"— Moi je trouve que j'ai été bien gentil, vu que tu n'étais pas mon enfant."

« Il m'a alors annoncé que mon véritable père était Maxwell Trench, son associé. J'ai dit : "Je me moque de savoir de qui je suis l'enfant. Tu ne t'es jamais conduit comme un père avec moi." »

Depuis lors Dan Trench et Juanita se considèrent comme frère et sœur.

Lorsqu'elle partit vivre chez son oncle, Gerald Anderson, Carberry la déshérita. Alors, à l'âge de dix-sept ans, Juanita s'est engagée dans l'armée et n'a jamais cessé de travailler depuis.

« Mon départ n'a fait ni chaud ni froid à June. Elle était si seule que ça faisait peine à voir. Elle buvait trop et j'avais horreur de ça, cela me faisait de la peine. Ses amis l'ont abandonnée quand elle est devenue moins jolie. Un jour, j'ai appris qu'elle était malade à Johannesburg et je lui ai écrit en lui proposant d'aller la voir, mais elle n'a jamais répondu. » Vers la fin, June passait ses journées à ramasser des chiens errants dans sa Rolls Royce et à sa mort elle légua ce qui restait de la fortune de son mari à un refuge pour chiens.

J'expliquai à Juanita la raison pour laquelle je poursuivais encore après tant d'années la piste du meurtrier d'Erroll ; mais le mystère restait complet... Dans ses carnets de notes, Connolly avait intitulé son interview d'elle « La fin de la piste », et cela, lui dis-je, me rendait perplexe. Juanita se mit à rire. Puis elle dit d'une voix rapide : « Il n'y a pas de mystère. C'est lui qui l'a tué. Je peux le dire maintenant. Il me l'a dit lui-même le lendemain. Il était désespéré. Ils riaient de lui. Le malheureux, il fallait bien qu'il se décharge de ce poids. Il est venu à Nyeri en fin d'après-midi. Tout le monde était à Nanyuki et il n'y avait que moi à la maison. Je crois qu'il était effondré de ne trouver personne.

« On a marché jusqu'aux écuries et je lui ai montré mon cheval. C'est là qu'il m'a dit qu'il avait tué Erroll. On a marché encore un peu. Nous avions des courts de tennis et je me souviens que c'est en les longeant qu'il m'a montré sa main. Je n'avais encore jamais remarqué qu'il était handicapé. Il m'a dit de ne pas avoir peur quand la police viendrait, et il a parlé du revolver, qu'il avait jeté dans les chutes de Thika. Il pensait que la police l'avait suivi et l'avait vu s'arrêter là-bas. »

Quand Broughton remplit le cahier où il notait ses goûts et ses aversions, elle se souvient qu'il inscrivit d'abord « La solitude », et que sa main trembla sur la première lettre de « Tous les animaux ».

Diana et June revinrent, raconte Juanita, et Diana, au bord de la crise nerveuse, accusa à voix haute Broughton de meurtre. Elle avait apporté avec elle le calot d'Erroll et avait amassé des photos de lui dans sa chambre à coucher.

Cet événement marqua profondément Juanita, qui ne posa aucune question à Broughton.

« J'avais tellement envie de lui venir en aide après cela. C'est la solitude, la clef de l'histoire. Ça a été sa réaction à leurs provocations. Il n'y avait rien de prémédité. Ils étaient allés trop loin. Ce dernier dîner, c'était trop dur, et c'est là qu'il s'est aperçu qu'il avait réellement perdu. En fait, il était amoureux de Diana. »

Petal Allen, qui avait exactement l'âge de Juanita et qui était proche de la famille Carberry, m'a raconté en 1980 n'avoir jamais oublié un changement étrange survenu après le meurtre d'Erroll : à cette époque-là, son amie Juanita, quinze ans comme elle, s'était soudain tue : elle s'était fermée comme une huître. Petal, qui ne savait rien de ma conversation avec Juanita, a continué : « Elle en était arrivée à aimer son poney palomino plus que tout au monde.

— Est-il possible que Juanita ait appris quelque chose ? lui ai-je demandé.

— Ma foi, elle entendait les adultes parler... et elle savait ce qui se passait derrière la façade. »

Quand vint le procès, Broughton laissa Juanita seule avec son secret.

« Il savait bien, je crois, ce qu'il m'avait confié, et il était sûr que je ne le lâcherais jamais », dit-elle.

Le témoignage de Juanita aurait suffi à le faire déclarer coupable, mais devant la police elle joua la naïveté. Elle prétendit ne pas se souvenir du feu de jardin. (Elle pense aujourd'hui que Broughton avait pu enlever les chaussures de tennis après qu'elle les eut remarquées.) Selon elle, Diana savait que Broughton avait commis le meurtre, mais après un revirement, elle avait décidé de le soutenir.

« Je me rappelle que les adultes n'arrêtaient pas de me dicter (« dicter », Dorothy Wilks avait utilisé le même mot) l'attitude à tenir face à la police. ''Il y va de la vie d'un homme'', me disait-on, et il ne fallait rien dire pouvant lui nuire devant la police. »

Le jour du meurtre, Juanita avait accompagné June et Diana chez van Shouten, le coiffeur de Nairobi. Elle avait remarqué que les courroies de maintien étaient à leur place dans la voiture, mais c'était une vieille voiture, dit-elle, et les courroies tenaient peut-être mal. Elle pensait que Broughton, caché dans la voiture, avait tiré sur Erroll par-derrière, puis qu'il s'était retenu aux courroies de maintien qui avaient été arrachées au moment du choc dans le fossé.

Juanita avait éprouvé une telle nécessité de protéger Broughton qu'elle n'avait jamais divulgué son secret jusqu'à ce jour, alors qu'il était mort depuis trente-sept ans. En 1971, elle avait été à deux doigts de révéler à Connolly l'aveu de Broughton mais elle était finalement restée fidèle à l'esprit d'un accord passé à l'époque de son adolescence. Elle avait dû alors l'enfouir bien profondément, cet aveu terrifiant confié à elle par le seul adulte ayant fait un pas vers elle au milieu d'une bande de noceurs qui ne songeaient qu'à l'écarter de leur route.

J'ai vu Juanita pour la dernière fois à Mombasa, dans une petite rue, où elle était allée à ma demande à la recherche d'un vendeur de *khat* ; le *khat* au goût amer est une écorce d'un jeune arbre largement utilisée sur la côte Est comme stimulant pour lutter contre l'effet débilitant de la chaleur torride. Il est également efficace pour tenir de longues heures sans s'endormir au volant. L'enseigne du marchand de *khat* est un petit bouquet de feuilles de bananier découpées en lanières, accroché au-dessus de la porte à la manière d'un talisman. Après m'avoir indiqué la bonne méthode de mastication du *khat*, Juanita m'en offrit une petite poignée comme cadeau d'adieu.

L'explication et la description par Juanita du meurtre d'Erroll semblaient si simples et indiscutables que j'éprouvai soudain une impression d'épuisement, comme si l'on avait court-circuité l'obsession en faisant s'écrouler la structure du mystère à la façon d'un château de cartes... une manière de dépression post partum avant même d'avoir commencé à écrire ! Mais il y avait aussi l'euphorie d'avoir approché d'aussi près la fin de la piste, plus près que je ne l'aurais jamais espéré.

Le récit de Juanita était hautement convaincant à bien des

niveaux. Sa brève description de l'après-midi passé en compagnie de Broughton à Nyeri s'intègre à la perfection au fil de l'histoire. A aucun moment, elle n'a cherché à broder ni avancé un seul détail qu'elle n'ait pu apprendre de la bouche de Broughton lui-même. Avec sa sensibilité d'adolescente, elle a fort bien perçu l'état d'esprit de Broughton, mari ridiculisé, poussé à bout par les railleries et les provocations, au cœur d'une solitude qui allait bientôt le briser ; tout cela a un accent de vérité indéniable. La vision de Juanita rejoint d'ailleurs celle d'autres gens qui connaissaient bien Broughton à l'époque, celle, en particulier et presque mot pour mot, de la très intuitive Paula Long. Connolly faisait remarquer :

> Voici un homme qui a tenu un rôle toute sa vie ; si sa fortune et sa position lui permettaient de flamber et de jouer les grands seigneurs, il avait en permanence sur le cœur une profonde blessure d'orgueil. C'était un vaniteux, et il eut à subir bien des humiliations de la part de ces jeunes gandins dans un pays neuf… « Le vieux devient vraiment difficile », « Alors, qu'allez-vous faire ? », « Allons, essaye plutôt de manger quelque chose »… Quelle arrogance ! Quelle insouciance ! Jusqu'où pouvaient-ils aller trop loin ?

« Il était avide de sympathie et d'affection », dit son ami le comte d'Antrim. Même Gwladys, pourtant hostile, remarquait après les obsèques d'Erroll : « J'avais l'impression qu'il était prêt à tout pour échapper à la solitude. » Les lettres écrites dans la maison des bords du lac Naivasha évoquent sans cesse cette « affreuse solitude ». Et il y a ce mot, « la solitude », inscrit d'une main incertaine dans le cahier des goûts et des aversions de Juanita. Ne souffrait-il pas en fait d'une sorte de névrose d'abandon ? Sa mère était morte quand il avait deux ans, son père n'était qu'un lointain ennemi, sa première femme s'était détournée de lui. Et sa nouvelle épouse, cette jeune femme pour qui il éprouvait de la passion, le laissait à son tour en l'humiliant publiquement. Broughton était trop fier pour montrer à quel point il souffrait de perdre Diana. N'avait-il pas passé toute sa vie à dissimuler ses sentiments ? Scènes de jalousie, crises de rage et ultimatums n'auraient servi qu'à l'avilir un peu plus et à le ridiculiser. Il y avait aussi les rires… de June et Diana couchées dans le même lit, ainsi que pendant les négociations dans le jardin au moment où Erroll entrait dans la maison préparer un cocktail.

Broughton, orgueilleux, susceptible, ne pouvait endurer pareil traitement. Son mariage avec sa « blonde » avait tenu deux mois et on en riait fort dans les clubs londoniens ; ses « confessions » tardives après son retour en Angleterre étaient-elles de simples tentatives de réparer son amour-propre blessé ? Ou s'il avait vraiment tué Lord Erroll, ces aveux étaient-ils une manière d'attirer l'attention sur sa performance de comédien à la barre des témoins, performance que l'on ne pouvait apprécier pleinement qu'en sachant la vérité ?

C'est surtout du fait de sa passivité apparente face à la provocation que Broughton finit par se trahir. Son attitude complaisante relevait en réalité du sadisme. Une conduite accommodante ne ferait qu'accroître le malaise des amants. Le roman d'amour devenait bien fade, privé du sel de la complicité et de la duperie ; en s'abstenant d'y faire obstacle, il faisait naître dans leur esprit un doute sur la force de leur passion, et sa « gentillesse » allait devenir bien plus évidente que leur drame. Erroll, pourtant habitué à affronter les maris courroucés, avait accepté docilement de ramener Diana à la maison à trois heures du matin le soir même de la « reddition » de Broughton. C'était aussi une manière d'humilier Diana : il traitait comme des enfants capricieux le couple qu'elle formait avec Erroll.

La seule explication que fournit Broughton au procès était qu'il honorait son pacte de mariage, et cela ne « sonne » pas très vrai. Il se montre prosaïque jusqu'à l'absurde :

> Q. : Je souligne simplement que votre femme était votre bien le plus précieux, et après avoir évoqué la terre, je vous demande maintenant comment il se fait que l'on vous enlève sous vos yeux votre bien le plus précieux et que vous preniez la chose avec flegme simplement parce que vous avez conclu un pacte.
> R. : Évidemment, autrement, à quoi aurait-il servi de conclure un pacte ?

Et ici, ne va-t-il pas trop loin ?

> Q. : Votre fierté elle-même n'était-elle pas atteinte à l'idée que l'on emmenait votre femme ?
> R. : Non. Celui qui l'emmenait était un homme plus jeune

que moi, un homme très intelligent, très beau, et jouissant d'une position sociale très élevée.

Dickinson, lui, évoque un Broughton « effroyablement jaloux et possessif, mais un peu trop orgueilleux ». Son extrême passivité fait donc immanquablement penser à une colère si terrible qu'il fallait à toute force la réprimer. Son attitude, aussi bien avant le meurtre qu'après, en prison et au procès, semble faire de Broughton l'exception qui confirme la règle énoncée par Morris, son avocat : « Personne ne peut taire à jamais un événement auquel il a participé. L'esprit conscient ne peut monter la garde indéfiniment devant l'inconscient. Le moment vient où l'esprit conscient est pris en défaut ou s'endort. L'inconscient, alors, reprend ses droits. »

Ce n'est pas une coïncidence si Erroll a été tué après que Broughton eut fait preuve de la complaisance la plus extrême, lors du dîner d'adieu au Muthaiga. Erroll a même eu un éclair de lucidité en commentant ensuite : « Le vieux bonhomme a été si gentil que ça en paraît louche. »

En fin de compte, quelle est la réaction naturelle d'un assassin acquitté ou de quelqu'un arrêté à tort ? Il tente de se disculper en découvrant qui est le meurtrier, il proteste avec véhémence de son innocence, ou il montre au moins quelque curiosité pour les circonstances dans lesquelles le crime a été commis. Et qu'a fait Broughton ? Rien. Tant de présomptions l'accablaient que s'il avait été innocent, il aurait certainement cherché à savoir lequel de ses amis avait pu monter une telle histoire, lequel avait cherché à l'envoyer à la potence. Auprès de Diana, il n'a jamais nié être l'assassin. Dans un moment de désarroi, il a simplement avoué à Juanita avoir tué Erroll, et lui a dit de ne pas avoir peur.

L'histoire des derniers jours de Broughton en Afrique est incontestablement tragique. Peut-être, au fond, est-ce l'Afrique qu'il faut blâmer. Le Kenya avait autrefois offert à Broughton certains de ses jours les plus heureux et devait par la suite donner à Diana ses plus belles années.

L'Afrique avait accepté Diana. Lui, il y était allé « une fois de trop ».

Cet ouvrage a été réalisé sur
Système Cameron
par la SOCIÉTÉ NOUVELLE FIRMIN-DIDOT
Mesnil-sur-l'Estrée
pour le compte des Presses de la Renaissance
le 1er février 1988

Imprimé en France
Dépôt légal : février 1988
N° d'impression : 8687